JORGE RAMOS ha sido el presentador del *Noticiero Univision* desde 1986. Ha ganado siete Emmys y el premio Maria Moors Cabot por excelencia en periodismo otorgado por la Universidad de Columbia. Ramos ha sido invitado a varios programas de televisión como *Nightline* de ABC, *Today* de NBC, *Talk Back Live* de CNN y *The O'Reilly Factor* de FOX News, entre otros.

"Una lectura palpitante." —Jeanne Jakle, *San Antonio Express–News*

"Una aguda reflexión sobre la condición del inmigrante y el complejo proceso de sumergirse y adaptarse a otra cultura sin perder los valores de la propia." —*Discover en Español*

"Unas memorias penetrantes." —*Booklist*

"Un hermoso libro." —Olga Connor, *El Nuevo Herald*

"Ramos revela una parte de su vida que muchos de sus fans y colegas no conocen . . . su infancia, su familia, su primer amor y sus sueños— incluso aquellos que han sido destrozados." —Verónica Villafañe, *San Jose Mercury News*

"Un libro honesto, escrito con maestría y lleno de agudas reflexiones." —*Buen Hogar*

"Un libro informativo, actualizado y bien hecho." —Gregg Barrios, *San Antonio Express–News*

"Sin tapujos, Ramos escribe sobre el racismo y la discriminación on a los que se ha hecho frente en Estados Unidos, pero también sobre por qué ama a este país y puede llegar a ser, incluso, más patriota que muchos ciudadanos estadounidenses." —Alejandra Villasmil, *El Latino*

"Ramos escribe desde el estratégico punto de vista de una comunidad que . . . está transformando la cultura y la política de los Estados Unidos." —Juliet Wittman, *Washington Post Book World*

"Escrito con honestidad, sensibilidad, vulnerabilidad y humor . . . *Atravesando Fronteras* es una obra magnífica, profunda e interesante sobre un inmigrante que alcanzó el éxito en un país extranjero porque no le tuvo miedo a lo desconocido." —Joel Morales, *El Hispano News*

"Una biografía seria y apasionante."

—Mike McDaniel, *Houston Chronicle*

ATRAVESANDO
FRONTERAS

UN PERIODISTA EN BUSCA DE SU LUGAR EN EL MUNDO

ATRAVESANDO FRONTERAS

JORGE RAMOS

 Una rama de **HarperCollins***Publishers*

Una edición en pasta dura de este libro fue publicada en 2002 por
Rayo, una rama de HarperCollins Publishers.

Libros de HarperCollins pueden ser adquiridos para uso educacio-
nal, comercial, o promocional. Para recibir más información, dirí-
jase a: Special Markets Department, HarperCollins Publishers Inc.,
10 East 53rd Street, New York, NY 10022.

PRIMERA EDICIÓN

DISEÑO DEL LIBRO POR SHUBHANI SARKAR

Library of Congress ha catalogado la edición en inglés.

ISBN 0-06-055929-2

03 04 05 06 07 DIX/RRD 10 9 8 7 6 5 4 3 2 1

A MIS HIJOS **PAOLA** Y **NICOLÁS** . . .
PARA QUE SEPAN UN POQUITO MÁS DE MÍ

No debemos cesar la exploración
Y al final de todo lo que exploramos
Llegaremos a donde empezamos
Y conocer el lugar por primera vez.

T. S. ELIOT[1]

. . . deseo y anhelo continuamente irme
a mi casa.

ULISES[2]

(LA ODISEA DE HOMERO,

RAPSODIA V, VERSO 215.)

¿Qué otro oficio permite a uno vivir la historia
en el
instante mismo de su devenir y también ser un
testimonio directo?
El periodismo es un privilegio extraordinario y
terrible.

ORIANA FALLACI

(ENTREVISTA CON LA HISTORIA)

Sí se puede.

GRITO DE LOS TRABAJADORES DEL CAMPO

Y DEL DESAPARECIDO LÍDER SINDICAL,

CÉSAR CHÁVEZ

---

[1] "We shall not cease from exploration / And the end of all our exploring / Will be to arrive where we started / and know the place for the first time" T. S. Eliot.

[2] Homer. *The Odyssey.* Farrar, Straus and Giroux. New York, 1998. Book V, verse 230: ". . . each day I long for home, long for the sight of home."

ÍNDICE

AGRADECIMIENTOS

Un libro es la victoria.

—PABLO NERUDA (ODA AL LIBRO II)

No sé lo que es escribir con calma. Este libro se logró en medio de interrupciones, viajes, cambios de casa, mudanzas, revisiones de contrato, traducciones, juegos de fútbol, exigencias de tiempo, mis otros trabajos como conductor de televisión, comentarista de radio, columnista de periódico y colaborador de la Internet. En tal sentido, el simple hecho de haberlo terminado es toda una victoria. Por eso la cita de Neruda.

Pero lo que más me duele del libro es el tiempo que le robé a mi hijo Nicolás. Y mi primer agradecimiento va para él. Nicolás tiene tres años y ha revolucionado la casa; sus juguetes, sus nuevas palabras, su energía, su maravilloso asombro ante lo nuevo están revoloteando por cada rincón. Algunas veces Nicolás me acompañó, pacientemente, viendo televisión mientras yo escribía. Quienes dicen que escribir es siempre un oficio solitario, se equivocan. En mi caso, escribí estas memorias con un fondo musical que incluía las canciones de Barney, Plaza Sésamo y los Teletubbies y bajo el asedio de los ojos saltarines de Nicolás esperando el alegre momento en el que apagara la maldita computadora para ponernos a jugar unas luchitas. Nicolás, gracias; aunque todavía no sepas leer. Pero déjame también decirte que me gustó mucho cómo cantabas el abecedario en inglés mientras yo recordaba mis años de niño. Fuíste una tremenda ayuda para ponerme en contacto con ese muchachito que mis tías llamaban "el ejote verde" y que dejé de ser hace mucho tiempo en México.

Mi hija Paola me ha mantenido joven con sus sueños y aventuras, y despierto después de las once de la noche. Sin ti, Paoli, yo sería de otra época.

Lisa, mi esposa, me abrió los espacios que necesitaba para escribir, en mi ya muy restringida y ajetreada agenda familiar. Gracias por entender y perdóname por las constantes distracciones; espero haber capturado en este libro el producto de tantas ausencias mentales. Tu amor y tu alegría han sido el mejor regalo de mi vida.

Este libro es terriblemente injusto con mis hermanos Alejandro, Eduardo, Gerardo, Lourdes y con mis padres, Lourdes y Jorge. Es imposible pensarme sin ellos; pasamos juntos, pegaditos, mis primeros 25 años en México. Son mi brújula vital. Sin embargo, estoy expresando aquí puntos de vistas muy personales sobre nuestra historia compartida. Ellos, seguramente, vivieron las mismas experiencias que describo en este libro de manera distinta. Pero si algo puedo decir es que, gracias a ellos, nunca me he sentido solo en la vida. Esté donde esté.

Patsy Loris—lo repito cada vez que puedo—conoce mi trabajo mejor que nadie. Detecta mis buenos y malos humores a distancia y critica lo que no le gusta con una irresistible sonrisa. Sin ella mi carrera periodística en televisión difícilmente hubiera despegado. Y una buena parte de los eventos noticiosos y entrevistas que aquí describo los viví con ella o gracias a su invaluable colaboración. Pero es, antes que nada, mi amiga.

Univision ha sido una empresa extraordinariamente generosa conmigo. Laboralmente soy como los antiguos empleados japoneses que trabajaban en la misma empresa durante toda la vida. Desde 1984 estoy con Univision y sigo contando. Univision compró mi boleto para ser testigo de la historia y luego me prestó el escenario para contar lo que vi. Su apoyo a mi trabajo y comprensión de mis muchas inquietudes periodísticas no tiene precio. Gracias en particular a Jerry Perenchio, Ray Rodríguez, Frank Pirozzi y Alina Falcón.

Tony Hernández y Gustavo Pombo, de Latino Broadcasting Company (LBC), me han mostrado una maravillosa generosidad para explorar en la radio varios de los temas que toco en este libro. Mi voz, mi verdadera voz, se escuchó primero en la radio gracias a Tony y a Gustavo.

Rosaura Rodríguez me empujó a escribir mi primer libro y desde el día que nos conocimos nunca me ha perdido la pista. Leyó, junto con Patsy, el primer sablazo de este libro. Sabe escuchar como una maga y es una librepensadora incorregible. Sus observaciones, como dardos, me han mantenido honesto conmigo mismo.

Gloria Meckel y Benjamín Beckhart, mis amigos de la infancia, quizás se sorprendan de esta mención en los agradecimientos. ¿Y yo qué tuve que ver con este libro? Se preguntarán. Mucho, yo diría. Desde la escuela secundaria hemos llevado vidas paralelas y ambos son mis confesores. Me ayudan a corregir el rumbo cuando ando volando bajo y, como buenos controladores de vuelo, siempre están ahí en los momentos más críticos. Por ellos, como si fueran mis hermanos, no me siento solo. Muchas de las historias que aquí cuento pasaron, hace mucho tiempo, por sus oídos.

Kela Terán ha sido, desde que la conocí en un campamento de verano en Cuernavaca, México, el mejor ejemplo que he tenido de lo que son ganas de vivir. A veces llegué a sospechar que el mundo, sin su energía, se pararía. Ninguna enfermedad la ha podido detener y su fe, enorme, sólida, es aún incomprensible para mí. Gracias por los empujones Kelita.

Bill Adler, mi agente, me envió una carta—anzuelo llena de posibilidades. No me conocía pero quería hacerlo. Esa carta, a la larga, se convertiría en un trampolín para saltar del español a mis primeros dos libros en inglés.

Rene Alegria, de HarperCollins, atrapó como de rayo la noción de mostrarle al resto de América qué es lo que hace y piensa un periodista inmigrante o un inmigrante periodista. Y en esta nueva aventura editorial me ha dirigido suave pero firmemente. Cuando le entregué el primer bosquejo del libro, me lo regresó con cientos de observaciones y una advertencia: ahora sí escribe todo lo que estás escondiendo. Gracias a su intuición, análisis casi psicoanalítico y buen ojo, descubrí cosas sobre mí que antes apenas sospechaba. Rene abrió las puertas que yo quería dejar cerradas.

Dennis Farney nunca tendrá idea de lo que su artículo en el Wall Street Journal significó para darme a conocer en Estados Unidos. Sin exagerar, gracias a él es que estoy escribiendo este libro.

Mis conversaciones—intensísimas y suaves a la vez—con Teresa Rioné salpicaron desde un principio lo que aquí escribo. A ella le conté este libro antes de poner en papel la primera palabra y, como si me conociera de toda la vida, me abrió el camino a sentimientos que ni siquiera sabía que existían. En estas páginas flotan sus presencias y sus ausencias; unas tiernas, otras muy duras. Todas esenciales para mí.

Por último, el capítulo sobre Afganistán está dedicado a la memoria de Johanne Sutton, Pierre Billaud, Volker Handloik, Harry Burton, Maria Grazia Cutuli, Julio Fuentes, Aziz Haidari y Ulf Stromberg, los periodistas que murieron durante la guerra, a fines del año 2001.

INTRODUCCIÓN A LA NUEVA EDICIÓN

Escribir una autobiografía es, a la vez, un acto valiente y estúpido. Lo valiente viene por el esfuerzo de contar las cosas tal y como son sin embellecerlas o empobrecerlas, por el inevitable espectáculo de hacer públicas vivencias muy personales, por mostrarse ante el mundo tal y como eres. O como decía un buen amigo periodista, por comerse el pollo hasta el huesito. Lo estúpido viene de creer que podemos presentar una imagen real de nosotros mismos y de hacernos la ilusión de que la persona que aparece en el libro es la misma que lo escribe.

Después de haber dejado reposar el libro durante varios meses, me tranquiliza corroborar que los eventos y personas esenciales de mi vida sí están incluidos en la autobiografía. Quizás no con la verdadera importancia que han tenido en mi vida ni con el lujo de detalle que se merecían. Pero sí están ahí.

Mi mayor temor al lanzarme a esta aventura de contar mi vida era dejar fuera momentos, pasajes y personajes que me marcaron pero que, extrañamente, escaparon el ejercicio de captura de la memoria. Funcionó bien mi primitivo método de vivir durante más de un año con una libreta y una pluma para apuntar cuanta cosa rescatara mi mente. Los apuntes de mi vida quedaron marcados en esa libreta, al igual que los garabatos que escribía poco después de despertarme.

Suelo despertar a mi hijo Nicolás con la pregunta: "¿Qué soñaste?" Y él, todavía estirándose en la cama y restregándose los ojos, me cuenta las historias más alucinantes y maravillosas. Caballos voladores, niños que escalan edificios, gigantes bondadosos, niñas crueles y mosquitos del tamaño de una casa pueblan sus sueños y mis mañanas. Esa misma práctica de rescatar los sueños antes que se laven con la pasta de dientes o que se escurran en el inodoro me ayudó a darme cuenta que mi casa, mi verdadera casa, está solo en mi mente.

Varias veces, al despertarme, trato de recordar lo que soñé. Y es frecuente que me haya pasado la noche en esa casa donde crecí en la ciudad de México. No es cuento; son sueños. Me voy ahí de noche a descansar. En esa casa no tengo miedos. En esa casa tengo todo a la mano: hermanos con quien jugar, una hermana y una madre con quien platicar y compartir, un padre protector de coraza dura y centro suave, comida rica, una cama amoldada a mi cuerpo, un universo bajo mi control. El problema es cuando me despierto.

Despierto me siento, inmediatamente, fuera de lugar. Me siento lejos de mi centro, sin balance, alejado del lugar donde crecí. Me siento solo. Cuando me despierto, después de soñar con mi casa de México, tienen que pasar unos segundos para darme cuenta que sí estoy lejos, que sí tengo canas, que sí tengo una nueva familia, que sí soy otro, que no tengo cinco, diez o quince años. En los sueños no envejezco.

Si pudiera cambiar algo de esta autobiografía, incluiría mas sueños y más sentimientos y menos hechos y menos datos. Creo que conté bien, demasiado bien, las cosas y dejé fuera algunas de las motivaciones, aspiraciones y miedos que me empujaron a hacerlas. Quisiera haberle hecho saber a más gente todo lo que la quiero, que su vida cambió la mía, que no sería lo que soy sin ellos. Me quedé corto. Las historias de amor las escribí con miedo a decir de más y terminar en la portada de una revista del espectáculo. Las historias de desamor fueron más cordiales de lo que se merecían. Y las historias escondidas se quedaron escondidas. Tal vez eso son las novelas; las historias secretas que los escritores no se atreven a poner en su autobiografía.

Quizás es que escribí mi vida como si fuera un reportaje. O tal vez no se pueden escribir cuarenta y dos o cuarenta y tres años en uno solo. Escribí de prisa y se nota. A mis palabras les falta respirar. Hay párrafos que parecen construidos mientras aguanto la respiración. Hay páginas hechas en una sentada. Hay capítulos en que las emociones apenas se asoman en un amasijo de datos. Pero no sé escribir de otra manera. Trabajo para la televisión, la radio, la internet y no sé cuántos periódicos, y tiempo es lo que me falta. Prefiero escribir de prisa a no escribir.

Si pudiera escoger escribiría sin prisa, sin presiones, sin horarios, sin fechas límite, sin editores, sin correctores, sin traductores, sin oficina, sin computadora, sin teléfono, sin reloj, sin bañarme, sin calcetines, sin cumpleaños ni bautizos, sin religión, sin fiestas de a huevo, sin comidas obligadas, sin rasurarme, sin pensar a quién lastimo, sin palabras del diccionario, sin preocuparme de las críticas, sin hacerle caso a los halagos, sin miedos ni cobardías, sin esperar el cheque al fin de mes, sin regalías y sin avances, sin cero y sincero, sin tantas pendejadas que hay que hacer y que quitan el tiempo. Pero no puedo escoger. Escribo de prisa, cargado de horarios, asesinado por los compromisos y presionado a que se lea y se venda lo que escribo. No le echo la culpa a nadie. Es la vida que yo escogí. Y aún así, prefiero escribir a no escribir.

Escribo a escondidas, como si me diera pena que supieran que escribo. Escribo con la culpabilidad de que hay otras cosas más importantes que hacer. Escribo sin que me vean, para no tener que justificar en cada momento que disfruto haciéndolo. Escribo sin inspiración. No recuerdo todavía haberme quedado en blanco ante una página. Por eso no hago literatura. Para mí escribir es cien por ciento esfuerzo y cero de inspiración. La inspiración divina nunca me ha tocado. A veces me atoro, como cualquier escritor, pero entonces recuerdo que tengo que escribir como hablo. Y eso es como abrir la llave del agua. Las palabras fluyen sin mucho orden, pero fluyen: es el James Joyce que todos llevamos dentro saliendo por la tubería.

Ya no puedo vivir sin escribir. Si no pudiera escribir tendría que correr más maratones y hacer más noticieros y me metería en más problemas y sería aún más insoportable. Pero, afortunadamente, aprendí que escribir ordena mi mente, recupera el pasado y le da un sentido a mi vida, al menos en papel. Mi vida era un desbarajuste . . . hasta que la vi escrita en la autobiografía. Entonces, y solo entonces, tuvo orden. Un orden artificial, pero orden al fin.

Habrá, quizás, un tiempo en que tenga más tiempo. Pero por ahora, tiempo es lo que me falta. Vivo de prisa, como mi amigo Felix Sordo. Hay veces en que me quiero comer el mundo y no hay mejor oficio para comerse el mundo que el de periodista. Escribo de prisa porque esa es la única forma en que saben escribir los que viven del periodismo. Si me diera tiempo para escribir no hubiera publicado nunca mi primer libro.

Me leo y no siempre me encuentro. Releo mi libro y a veces, como si me desprendiera, me suena ajena la vida que leo. Me veo en Afganistán y pienso: qué idiota fuiste al arriesgarte tanto. Estuve a un dedo, literalmente, de que me volara la cabeza un seguidor de Osama bin Laden. Me veo en el muro de Berlín y me molesta no haber comprendido en ese entonces que un mundo se desmoronaba, piedra por piedra, frente a mis ojos. Me veo comiendo con la familia completa en la ciudad de México y me entristece no haberme dado cuenta que la felicidad estaba escondida en la sobremesa, masticando un bolillo con cajeta. Me veo en el aeropuerto de Los Angeles despidiendo a mi hija Paola antes de irse a vivir a Madrid y el estómago se me hace un nudo al igual que esa mañana. Lo curioso es que, al releer lo que he hecho, me alejo como si hablara de otro distinto a mí.

Me gusta mi vida aunque esté mal escrita. Me tocó armarla con mi propia gramática, con errores de vida y de ortografía, evitando en lo posible los puntos suspensivos y enfrentando las caídas con un punto y aparte. Hay pocos "hubiera" después de los dos puntos pero hay mucho dentro de los paréntesis. No debe haber nada más triste que desear ser otro ni nada más frustrante que pasar por la vida haciendo algo que no te gusta. Confieso: no estoy triste ni vivo frustrado. Hago lo que más me gusta y tengo la vida que yo escogí.

Soy feliz a ratos, como todos. Feliz por el helado, infeliz por la guerra; feliz por el beso, infeliz por la uña enterrada; feliz por el reencuentro, infeliz cuando no puedo tocarla; feliz por el juego, infeliz por el silbatazo final; feliz por la llamada o el e-mail de un amigo lejano, infeliz por los muertos que no pudimos enterrar; feliz por este ratito frente a la pantalla de la computadora, infeliz porque tengo que dejar de teclear.

Como a una vida, a toda autobiografía hay que hacerle correcciones. Yo siempre creí que me había tragado el dulce de azúcar con el que casi me ahogué en un cine; mi madre me recordó que salió volando de mi boca tras los frenéticos jalones de mi padre. Mis tres hermanos, mi hermana y varias personas cercanas a la familia creen que exageré las dificultades económicas que tuvimos cuando yo era niño y adolescente. En particular creen que el incidente en que tuve que vender unas nueces entre los vecinos para conseguir unos pesos para la familia no fue más que una experiencia divertida y sin mayor importancia. No para mí. La vergüenza que pasé al tocar el timbre de cada casa para ofrecer las nueces aún me sonroja. Soy, desde entonces, un terrible vendedor; no me atrevo a pedirle a nadie que compre algo que no desea.

La narración de los golpes que recibí de niño por parte de los sacerdotes católicos de la escuela primaria a la que asistí en el estado de México me ha alejado irremediablemente de mis ex compañeros. "¿Cómo te atreves a escribir eso?" me dijo uno de ellos en un *e-mail*. "¿No te das cuenta que perjudicas a la escuela, dañas a los padres y nos haces ver mal a todos?" Sí me doy cuenta. Pero precisamente por eso lo escribo; para que nunca nadie se sienta impune al golpear a un niño, aunque el hecho haya ocurrido hace treinta años o más. Lo escribo para que otros que han pasado por experiencias similares o peores se den cuenta que no están solos y se atrevan, también, a denunciarlo.

Los principales pecados de mi autobiografía son de omisión. Es increíble que no haya escrito sobre los maravillosos momentos que viví con mis tíos/primos/amigos Luis Miguel, Jésica y Lourdes Cué. Perdón. Mil veces perdón. Durante años Luis Miguel fue mi ídolo y quería tener su vida, sus amigos, sus parrandas, su grupo musical, su alegría, sus chistes, sus cuentos. Tocaba la guitarra como yo nunca la pude tocar. Por él empecé a escuchar a James Taylor y a John Denver. No había mejor regalo que tenerlo un fin de semana en casa: era el tío que me hacía sentir grande, importante.

Jésica y Lourdes han sido algunas de las presencias más amorosas de mi infancia. Pasé años a su lado. Me cuidaban y me oían, me espantaban el aburrimiento, pero nunca me hicieron sentir que yo era el primo menor. Jésica y su esposo, "el abuelo," fueron durante años el mejor ejemplo que tuve de una divertida pareja de novios. Lourdes me introdujo, antes que nadie, al fascinante mundo del arte y la pintura. Y cuando los Cué se juntaban con el resto de la familia—Rocío, Luis Javier, Nanina, Jorge López, Tere, Miguel, las tías Marta, Raquel y Luz María, y las Gómez de la Llata—en casa de mi abuelo Miguel, siempre había fiesta. No había vacaciones más divertidas que cuando toda la familia—toda—se iba a la casa o al rancho de mi tío José en Valle de Bravo. El orden que reinaba en mi casa quedaba hecho añicos en esos viajes.

Los papás de los Cué, Luis y Elsa, estaban siempre ahí cuando más los necesitábamos. La muerte de mi tía Elsita, por cáncer, fue la primera importante en mi vida. Nunca acabé de entender cómo se nos había ido su risa y su alegría de un soplido. Luis Cué me enseñó a preparar el mismo coctel *bloody mary* que sigo haciendo los fines de semana, me llevó por primera vez al hipódromo y fue el primero que me habló de sexo: me contó—no sé por qué—las divertidas complicaciones que pasó en su noche de bodas y me explicó—¿por qué a mí?—cómo aplicándose hielo se puede tener una segunda erección después de eyacular. Pasaron décadas antes de poner en práctica sus clases.

Esa era mi familia en México: grande, cariñosa, parlanchina, pegadita, conectada por la oreja y el corazón y la comida y los sábados. Mi familia, la grande, la extendida, era como un abrazo. Y ese abrazo lo dejé en México cuando me vine a vivir a Estados Unidos. Aquí, muchas veces, extraño ese abrazo colectivo y temo que nunca más lo podré revivir. A veces dudo si hice bien al irme de México.

De hecho, mi gran incomodidad con la autobiografía es no haber hablado más de esas maravillosas reuniones familiares. Me hubiera llevado, estoy seguro, varios tomos. ¿Y a quién pudiera importarle? A mí, de seguro. Esa familia que tanto critiqué de adolescente— "¿otra vez vamos a casa de mi abuelito Miguel?"—me hace enorme falta de adulto. Sin ellos es como estar solo.

Una de las maravillas de escribir una autobiografía es la posibilidad de reestablecer contactos que creías muertos. Amigos y amigas a quienes les había perdido la pista por más de una década han regresado a mi vida. Las voces no han cambiado mucho; es en las fotos y en las experiencias— "tengo dos hijos," "me divorcié," "estoy viviendo fuera de México," "me dediqué a pintar"—donde hay que ponerse al día. He recuperado en reencuentros, en telefonazos, en correos electrónicos, a personas que creía que no volvería a ver en el resto de mi vida. Y ese ha sido el mayor regalo del libro.

"¡Pero no lo contaste todo!" es la queja más frecuente que he recibido de los amigos que han leído el libro. "Di la verdad." Para ser sincero, muchas de esas relaciones requerirían un libro completo. Efectivamente, es muy injusto que alguien que ha tocado mi vida de una manera especial tenga una mención esporádica o tres pinches párrafos en el libro. Me declaro culpable: no supe hacerlo de otra manera. Lo bonito ha sido el diálogo que el libro ha generado entre quienes me conocen. Mucho después de haber publicado el libro sigo teniendo encendidas discusiones con familiares, amigos y compañeros de trabajo sobre las cosas que escribí. Aprecio tanto que alguien se interese por lo que tengo que decir y ahora siento que es mi turno escuchar sus historias.

Entre quienes no me conocían, la respuesta ha sido muy positiva. Particularmente entre otros inmigrantes como yo. Durante las distintas lecturas públicas que hice del libro en Miami, Nueva York, Houston, Dallas, San Antonio, Los Angeles, San Francisco, Washington, ciudad de México y Guadalajara encontré a mucha gente que se identificaba con mi experiencia de inmigrante: lo difícil que es dejar nuestro país de origen, la complicada adaptación a nuestra nueva tierra y las esperanzas de que nuestros hijos tengan una vida mejor que la nuestra. "Yo también viví eso" o "Me identifico mucho con lo que escribiste" son dos frases que leo frecuentemente en las cartas que recibo.

Lo que más me ha alentado, tras escribir el libro, es lo que dicen algunos niños y adolescentes luego de conocer mi historia como inmigrante en Estados Unidos: si él pudo salir adelante yo puedo también. Sí se puede. César Chávez tenía razón.

No estoy acostumbrado a hablar mucho sobre mí mismo. Mi entrenamiento como periodista me obliga a hacer preguntas y a escuchar. Pero este libro ha abierto muchas ventanas y oportunidades para que otros se metan en mi vida personal. Sabía que eso ocurriría y no me arrepiento. Con muy pocas excepciones, fui tratado con absoluto respeto en cuestiones familiares e íntimas. Pasé de entrevistador a entrevistado y tuve que dejar a un lado esa insoportable costumbre de hacer preguntas como ametralladora y no decir nada de mí. Eso fue muy bueno. Aprendí.

Aquí digo mucho de mí y al verlo en papel me entiendo mejor. No se trata solo de recapitular lo más importante sino también de darme cuenta que tengo que aprender a vivir con mis conflictos y que, muchas veces, es imposible resolver mis contradicciones internas. Es absurdo pretender que todo lo que hago tiene sentido. Estoy lleno de olas que, muchas veces, chocan entre sí. Ya no trato de ponerle orden a lo que, sin remedio, fluye caóticamente dentro de mí. Así vivo mejor.

Al final de cuentas tengo que reconocer que quien más salió ganando al escribir este libro fui yo.

ATRAVESANDO FRONTERAS

No me siento en casa. Nunca. En ningún lado.

Quien me ve por las noches presentando un noticiero, trajeado y encorbatado, podrá suponer que tengo la vida resuelta. Que no me falta nada. Pero, en realidad, me falta encontrar un lugar —tanto físico como emocional— al cual pertenecer.

Llevo casi 20 años viviendo en Estados Unidos y todavía me siento como un inmigrante. De hecho, si decidiera algún día hacer de Estados Unidos mi residencia permanente sospecho que moriría sintiéndome como un inmigrante. Es una idea que me hace estremecer.

Inevitablemente ser un inmigrante implica sentirse fuera de lugar. No, no es necesariamente el sentirse discriminado en una nación ajena. Es el saber, como dice la canción, que "no soy de aquí ni soy de allá." Es tener la conciencia de que nunca te sentirás en paz porque estás lejos del país donde naciste. Y cuando regresas a ese país, lo percibes cambiado, extraño; es otro del que dejaste.

En Miami, donde vivo, soy un mexicano; es decir, miembro de una minoría en medio de otra minoría —la cubanoamericana— en medio de otra minoría, la latina. En México soy el que se fue, el agringado e incluso—en la mente de algunos—el traicionero. Mi español semineutral se entiende en América Latina pero le brinca a mis familiares y amigos de la infancia. Y cuando hablo inglés cualquiera se da cuenta que arrastro un irremediable y añejo acento. Me critican por no hablar el castellano aprobado por la Real Academia de la Lengua Española—salpicado de *espanglish*—y por pronunciar todas las vocales al decir Shakespeare o Beatles. "¿De dónde eres?" Me preguntan a cada rato. Nací en México pero mis hijos son estadounidenses. Viví 25 años en México y 20 en Estados Unidos. ¿Qué soy? ¿Latino, *hispanic*, inmigrante latinoamericano o mexicano? No es que tenga un conflicto de identidad. No. Sé perfectamente quien soy. Lo que no sé es a cuál de los mundos pertenezco. Quizás un poquito a cada uno.

Soy un exiliado *light;* no fui forzado a irme de una dictadura sino que decidí, por voluntad propia, alejarme de un sistema político y de una sociedad que me sofocaban. Fue una decisión personal. Nadie me obligó a irme a Estados Unidos. Pero no llegué, me quedé en el camino.

Vivo sin casa y sin fronteras.

Estos son tiempos interesantes; buenos, muy buenos, para ser un ciudadano y periodista del mundo. No tener fronteras definidas me ha dado la flexibilidad y la distancia que requiere un periodista para ver y analizar. Pero no tener casa me obliga—como Ulises en La Odisea de Homero—a pensar constantemente en el regreso.

El viaje me ha cambiado.

No soy el mismo que dejó México un dos de enero de 1983. Soy, simultáneamente, lo que fui y lo que quise ser. El pasado y la tierra—México—me siguen jalando. Pero Estados Unidos con su obsesión por lo nuevo me ha enseñado, también, a mirar hacia adelante y a reinventarme.

AHORA, LA PREGUNTA OBVIA—la que se cae de la mata, como dicen mis amigos cubanos—es ¿por qué escribir mis memorias a los 44 años cuando, idealmente, aún me queda por delante la mitad de mi vida? Vengo de una parte del mundo donde sólo los sabios, viejos, ricos o muy poderosos escriben sus autobiografías. Y yo no soy ni sabio, ni viejo, ni rico, ni poderoso. Pero la razón más sencilla por la que escribí este libro es porque creo tener algo que contar y que compartir. Mi camino es el de muchos en este país. De cierta manera, estoy rodeado de viajeros.

Además, echar un vistazo hacia el pasado ha sido un extraordinario ejercicio: me ha permitido poner orden, rescatar memorias que apenas mostraban el rabito y darle dirección a lo que aún tengo por delante.

Sin embargo, tengo que reconocer que la posibilidad de escribir estas memorias a la mitad del camino—o, más bien, mientras camino—me ha generado un placer muy personal; recordar ha sido, en muchos casos, volver a vivir. Para alguien que ha dejado tanto atrás: amigos, casas, familiares y relaciones, recordar es no perder el camino, es de cierta manera volver a vivirlo, disfrutándolo a través de una visión más madura.

Escribo también, porque estoy frustrado de la televisión. Después de tantos años de trabajar haciendo un noticiero en el que no puedo ni debo dar mi opinión, hay montones de cosas que se me han quedado atoradas en la garganta. ¿Cómo contar una guerra, la muerte de un inmigrante o la caída del muro de Berlín en dos minutos? ¿Cómo?

Escribir me ha liberado y me ha dado una nueva voz. Tras la publicación de mi primer libro en inglés *The Other Face of America*, de pronto, me convertí sin proponérmelo en un defensor de los inmigrantes y del uso del español en Estados Unidos y de los latinos. Curiosamente, la gente que me conoce y la teleaudiencia han aceptado sin mucha resistencia la idea de que doy mis opiniones fuera del noticiero, en algunos casos, de manera muy directa y sin ninguna pretensión de objetividad periodística. Está muy claro que el presentar y reportar noticias no significa vivir sin convicciones. De hecho, a veces pienso que muchas de las personas que me ven por televisión—particularmente los inmigrantes como yo—esperan que salga a dar la cara por ellos. Y de ellos, precisamente, hablo en ese primer libro en inglés.

Pero ahora, con este libro estoy tratando de quedar en paz conmigo mismo y de encontrar mi propia casa.

¿QUÉ SOMOS: lo que recordamos o lo que escondemos?

Las dos cosas.

"Hay mucha gente que preferiría olvidar o incluso borrar de sus vidas ciertos eventos y ciertas experiencias, los nudos que en la gran red de la experiencia en última instancia unen a todas las personas atrapadas en la misma telaraña del tiempo," [1] escribió en sus memorias el fantástico escritor indonesio y ex–preso político Pramoedya Ananta Toer. Y en este libro no he querido olvidar ni borrar los nudos que amarraron mi vida. Trato, eso sí, de develar las motivaciones que me han llevado hasta donde estoy parado.

En verdad se trata de un proceso algo extraño: me he pasado alrededor de dos años escarbando en mi memoria, buscando aquello que había olvidado pero que me define. En el proceso he recuperado una parte de mi vida que, de otra manera, hubiera perdido irremediablemente para mí y para mis hijos.

De joven siempre me impresionó la odisea de Marcel Proust en su intento por recuperar el tiempo perdido. Su intento es, también, el mío.

Vivir sin fronteras tiene sus ventajas. Implica estar ligado, en mi caso, a dos países. La experiencia es, así, mucho más rica. Y significa también poder contar mi vida profesional sin preocupaciones nacionalistas, partidistas, religiosas o sectarias.

No tengo que quedar bien con nadie.

De hecho, nunca antes había hablado de manera tan directa o escrito tan ampliamente, sin fronteras ni límites, de asuntos tan personales. La experiencia de hacerlo me ha quitado un peso de encima. Insisto: los artistas exploran otras vidas a través de sus roles teatrales o cinematográficos. Los periodistas, en cambio, sólo podemos vivir una sola . . . pero vibrando y con mucha intensidad. Una intensidad que a veces me deja desconcertado pero lleno de energía. Tal como se debe vivir la vida.

---

[1] *The Mute's Soliloquy. A Memoir.* Pramoedya Ananta Toer. Penguin Books. 2000. "There are many people who would prefer to forget or even to expunge from their lives certain events and certain experiences, those knots in the largest net of experience that ultimately bind together all people who find themselves caught in the same web of time."

UNO | MI CASA

Quería vivir tan sólo lo que brotaba
espontáneamente de mí.
¿Por qué habría de serme tan difícil?
—HERMANN HESSE[2]

El pasado es indestructible.
—JORGE LUIS BORGES

"¿Con qué sueñas?" me preguntó el periodista Dennis Farney, quien escribía un largo artículo que saldría en primera página, en el diario The Wall Street Journal.[3] "Sueño con mi casa," le contesté, "con la casa de México."

El artículo fue publicado antes de las elecciones presidenciales del 2000 y me dio a conocer ante muchos norteamericanos que no hablan español. Pero no incluyó la respuesta sobre mi casa. La política—no mis sueños—dominaban en ese entonces al país. Afortunadamente.

---

[2] *Demian*, Hermann Hesse, Harper and Row, Publishers. 1925. "I wanted only to try to live in accord with the promptings which came from my true self. Why was that so very difficult?"

[3] *The Wall Street Journal*—Page One, October 3, 2000

Contrario a mis días (llenos de noticias sobre guerras, violencia, asesinatos y golpes de estado), a los viajes constantes y a los estresantes y poco estructurados horarios, mis sueños son casi aburridos. Son como un refugio.

En realidad, esos sueños son una búsqueda desesperada de balance. Para alguien cuya profesión—el periodismo ¿qué más?—le impide saber con certeza, cada mañana, en qué país va a acabar durmiendo esa misma noche, soñar es escaparse. Un día me levanté en Los Ángeles y terminé acostado sobre las ruinas de una ciudad de México, recién azotada por un terremoto; otro, desperté en Miami y dormité frente a un muro de Berlín que se caía a pedacitos; una mañana pelé el ojo en Madrid y sólo el cansancio me tumbó en una destartalada cama a unos pasos de un Kosovo bombardeado . . .

Y por eso, porque vivo sin calma, sin paz interior, frecuentemente me escapo a la casa de México; a ese lugar donde viví la mayor parte de mi infancia y adolescencia y que, todavía, significa estabilidad y tranquilidad. Ese es mi verdadero, mi único hogar.

Sueño que camino, sin prisa, de un lado al otro de esa casa de dos pisos. Subo las escaleras, como flotando, hasta el cuarto que comparto con mi hermano Alejandro y le echo un vistazo a mis dos otros hermanos, Eduardo y Gerardo, que juguetean en su recámara tras un arco que nunca tuvo puerta. Sonrío sin abrir la boca. Oigo a mi hermana Lourdes acomodando sus muñecas sobre una cama alta, blanca y chillona. Salgo de mi cuarto y veo el pequeño baño de mosaicos azules; está abierto, con el lavabo manchado con pasta de dientes y el bote de la ropa sucia, rebosante, a punto de explotar y con la tapa tirada en el piso. La televisión suena al fondo pero nadie la ve. A unos pasos está el cuarto de mis padres con una cama gigantesca cubierta con una colcha verde y dorada. ¡Nunca supe cómo pudieron meter esa cama en el cuarto! Me asomo por la ventana y está el jardín, un poco descuidado pero siempre verde, que riega mi papá cuando regresa del trabajo. Mi mamá está abajo, en la cocina. Al entrar, del lado izquierdo, sobre una enorme barra de acero inoxidable hay cinco vasos en fila de leche con chocomilk. Es la plancha metálica que se trajo mi papá de uno de sus trabajos de construcción. La estufa suelta un humito blanco, rico, reconfortante. Es la olla *express* de los frijoles. A un lado se está cocinando la salsa de tomate para el queso guisado y en el centro de la estufa descansan, hinchadas y ulceradas por el aire caliente, un montón de tortillas. Cruzo la cocina, salgo al patio y huelen a limpio las sábanas blancas que cuelgan bajo el sol. Cuando llego a ese punto, casi siempre me despierto. A veces aprieto los ojos, suavecito, para tratar de regresar al sueño. Cuando lo logro me veo jugando futbol con mis hermanos en el jardín o colgado de un pasamanos verde junto a un árbol que nunca dio aguacates. Pero no siempre puedo regresar a mi sueño. No importa; ya estuve en mi casa. Estoy tranquilo. Sé de donde vengo.

Yo soy de esa casa en la calle Hacienda de Piedras Negras # 10, Bosque de Echegaray, Estado de México, teléfono 560-51-20. Puedo olvidar cualquier cosa, pero no esa dirección ni ese teléfono. Si lo olvidara, perdería el centro; no sabría a dónde regresar cuando me pierdo, cuando estoy confundido, cuando el mundo me parece demasiado grande.

Cuando regreso a México me gusta pasar frente a la casa y verla de lejitos. La última vez todavía tenía una reja verde y un tejado rojo. Pero es curioso que esa misma casa—localizada a unos pasos de una ruidosa supercarretera y ahogada por la contaminación ambiental, rodeada por una ferretería, un hospital y una farmacia homeopática—me genere tanta calma interior.

Varias veces he estado a punto de bajarme del auto, tocar el amarillento timbre y pedirle a quien quiera que hoy viva ahí—mis padres la vendieron para mudarse a un apartamento—que me deje pasar a ver la casa. Se me antoja, lo reconozco, trepar sobre la reja como cuando era niño y había olvidado la llave de la puerta. Ese movimiento, ese zangoloteo metálico, me recuerda los días en que nada—ni una reja—me podía parar.

Cosas terribles pudieron ocurrir en esa casa. Aun recuerdo con lujo de detalle los planes secretos de tirarme desde el techo hasta una imaginaria piscina en el centro del jardín—al menos cinco metros de caída libre—y los sueños de colocar muchas chinampinas (en realidad, pequeñas cantidades de pólvora) en las suelas de mis zapatos para poder volar como Batman o Supermán. Pero por falta de unos pesitos no me rompí el cuello ni me quemé los pies.

La verdad, no necesito ver esa casa. La tengo grabada dentro de mí.

Ahí viví 20 años. En comparación, durante los siguientes 20 años he vivido en por lo menos 16 casas, apartamentos u hoteles; acabo de hacer la cuenta.

Casi todo lo mío tiene su origen, su razón de ser, durante el tiempo que viví en esa casa. Me explico . . . y empiezo por lo más sencillo.

Dormir junto a una carretera por tanto tiempo me ha provocado una verdadera aversión al ruido. Ahora, que puedo escoger dónde vivir, jamás se me ocurriría comprar o rentar cerca de un lugar donde se escuchan los autos pasar. Recuerdo todavía, con una mezcla de emoción y miedo, cuando las sirenas de las nuevas patrullas y ambulancias sonaban, para mí, como platillos voladores. Durante varias noches dormí con una cámara junto a la cama para fotografiar a los extraterrestres que venían a visitarme. La extraordinaria tolerancia al ruido que tuve durante dos décadas la perdí rápidamente cuando pude empezar a escoger. Entonces, jamás se me hubiera ocurrido quejarme.

También, muchas de las cosas que, como niño, tuve que comer por la fuerza como la carne con "gordito" o grasa, col, brócoli, coliflor, sopa de tapioca . . . están fuera de mi dieta. Al cumplir los 40 me prometí no hacer nada que no quisiera hacer. (Un poco tarde, supongo.) Pero en ese entonces ni yo ni mis hermanos nos atrevíamos a repelar. O, más bien, repelábamos pero teníamos que comernos lo que había en el plato. "Pruébalo y luego me dices si te gusta o no," decía siempre mi mamá.

De la misma manera como ahora hay alimentos que rechazo casi de manera automática, hay otros que trato de comer cuando necesito un empujoncito emocional. La sopa de fideos y el filete frito en mantequilla acompañado con rodajas de aguacate que nos preparaba los domingos mi abuelita Raquel—un verdadero lujo en esos días para una familia con el cinturón tan apretado como la nuestra—son sabores que incluso hoy en día me transportan a un mundo ajeno al mío pero pleno de seguridad.

A pesar de las limitaciones económicas, una o dos veces al año mis padres nos llevaban a todos a comer a un buen restaurante; "para que aprendan a comportarse en la mesa," nos decían. Mi mamá me asegura hoy que eran muchas veces más. A mí, sin embargo, me parecieron pocas. Y yo lo que aprendí fue a comer lo que casi nunca había en casa: Camarones. Todavía, hoy en día, una buena comida para mí implica un plato de camarones.

Quizás mi idea de lo que es vivir bien está ligada a los camarones. Los camarones a principios de los años 70 eran sumamente caros en México; generalmente venían de la costa del Golfo y había que llevarlos, congelados, hasta la capital. Era la misma ruta—de Veracruz a la Ciudad de México—que utilizaban los antiguos aztecas para darle de comer pescado fresco al tlatoani. Y yo me fijaba que si, por ejemplo, pedía camarones en el restaurante ninguno de mis padres lo hacía para evitar que la cuenta saliera muy alta. Sólo la gente con mucho dinero o mucho poder podía comer camarones . . . o al menos eso es lo que yo creía. Y en esos días de pocos pesos, un coctel de camarones con aguacate o unos camarones al ajillo eran un verdadero lujo para una familia como la nuestra. Había que disfrutarlos uno a uno. Era impensable, jamás, llenarnos con los pocos camarones que había en la mesa. "Cuando yo sea grande"—llegué a pensar—"un día voy a comer puros camarones hasta no poder más." Tuvieron que pasar muchos años para poderme dar ese lujo. Muchos.

Al final, ese gusto por los camarones se convirtió en una especie de obsesión. Para mí, si había camarones eso significaba que estábamos de fiesta o que celebrábamos un momento importante. Mi madre y mis tías cocinaban un maravilloso caldo de camarón para navidad o año nuevo y en casa sólo había camarones cuando teníamos visita. Y las pocas veces en que todos mis hermanos y yo pudimos comer camarones en casa, sabíamos que se trataba de algo especial. O que mi papá había conseguido un nuevo contrato de construcción. El olorcito ese que queda en los dedos después de limpiar un camarón es, para mí una delicia. Hoy, todavía.

DE VEZ EN CUANDO íbamos al cine. Pero en una ocasión estuve a punto de ahogarme y debido a la trágica experiencia dejamos de ir al cine. Resulta que me estaba comiendo unos dulces de limón cubiertos de azúcar mientras veíamos las primeras escenas de la película *2001: Odisea del Espacio* cuando uno de los caramelos se me atoró en la garganta. Se me atragantó exactamente en el momento en que un simio lanzaba al aire un hueso. Tengo grabado el momento a la perfección.

Los cinco hermanitos Ramos estábamos sentados en la hilera de adelante de la de mis papás. Me di la vuelta y lleno de angustia le dije a mi papá:—no puedo respirar. Al principio no me oyeron porque apenas podía pronunciar una palabra. Y se los repetí como pude. "No puedo respirar." Tendría unos ocho o nueve años de edad. Rápidamente mi papá me cargó, y me llevó hasta la parte de atrás del cine. Me tomó por los pies y me puso con la cabeza hacia abajo, casi tocando el piso. Mientras me sacudía con fuerza, prácticamente dejé de respirar y me dejé ir, como un muñeco de trapo.

Recuerdo que por un instante desapareció mi angustia y con los ojos entreabiertos me vinieron a la mente varias escenas de mi corta vida; exactamente igual que los relatos de aquellos pacientes que están a punto de morir. Pero esa extraña calma del que se resigna ante lo inevitable fue rota por toces violentas y un intenso, doloroso calor en la garganta.

Mi papá me puso sobre el piso y pude inhalar una bocanada de aire, la primera en un par de minutos. El dulce de limón con azúcar áspera, nunca salió. Con tantos zarandeos me lo tragué. Mi papá y otros adultos preocupados por lo que estaba pasando me dieron un poquito de agua. Luego que se me pasó el susto, regresamos a nuestros asientos a seguir viendo la película. Mi mamá tomó la bolsa de los dulces y la guardó. Para siempre. Desde entonces no he vuelto a comer ese tipo de caramelos de tan niño, nunca pensé en la muerte pero estuve muy cerca de ella. Años más tarde, en Los Ángeles, fui a ver la misma película con la única intención de ver la escena en que el mono tiraba al aire un hueso. La vi con las manos sudadas y atrancadas en la butaca. Cuando el hueso cayó al suelo, me salí del cine. Necesitaba probarme a mí mismo que podía revivir ese momento, y salir vivo de nuevo.

Más o menos por la misma época, un viaje a Acapulco casi termina, también, en tragedia. Mientras mis padres se acomodaban en unas sillas junto a la playa, me metí al mar y me puse a jugar con un niño un poco mayor que yo. En esos días me sentía indestructible y, a pesar del incidente en el cine, no tenía un concepto muy claro de lo que era morirse. El caso es que el niño dijo: "que me sigan los valientes" y yo no me iba a quedar atrás. Lo empecé a seguir mar adentro hasta que las olas me taparon y dejé de tocar el piso con mis pies. Apenas sabía nadar y tragué mucha agua de mar; ni siquiera podía gritar para pedir ayuda. Ahí se me quitó lo valiente. Batallé por regresar a la playa y cuando, al fin lo logré, aterrado me di cuenta de que mis padres no habían notado mi ausencia. Me hubiera podido ahogar. Así es que antes de cumplir los 10 años, la presencia la muerte se había materializado en un dulce con azúcar y en las aguas del Pacífico.

Salvo estas dramáticas experiencias, las salidas de casa eran toda una celebración. Nos poníamos nuestras mejores ropas, nos relamíamos el pelo con goma y nos metíamos corriendo al coche de papá, que había llegado temprano del trabajo para la ocasión. Las entradas de la familia Ramos al restaurante o a misa los domingos inevitablemente llamaban la atención; eramos cinco güeritos —cuatro hombres y una mujer— con una diferencia de sólo un año de edad entre uno y otro, bien portados.

Las entradas tumultuosas, sin embargo, siempre me angustiaron un poco. Sobre todo cuando íbamos a misa los domingos a la iglesia de Polanco. Me gustaba ser el primero al entrar o el último, pero no hacerlo en bolita; me apenaba un poco que la gente se nos quedara viendo. Más que por una cuestión racial —éramos cinco güeritos con los ojos verdes y por eso mi abuelo Miguel nos llamaba los "pollitos" a los hombres y "polla" a mi hermana— llamábamos la atención por el hecho de que sólo había un año de diferencia entre cada uno de nosotros. La escalerita del mayor al menor era perfecta. Además, durante una época nos vestían casi iguales. Hasta que me di cuenta y empecé a escoger yo mismo mi ropa. Pero ahora entiendo que, entre tantos hermanos, estaba buscando sin mucho éxito una forma de diferenciarme.

Soy el mayor y supongo que no debió haber sido fácil el ver que, cada año, un nuevo hermano me quitaba un poquito más de la atención de mis padres y familiares. La historia es que mi padre estaba buscando una niña y no paró hasta que la encontró. Mis tres hermanos varones y yo somos prueba fehaciente de ello.

Ese distanciamiento que buscaba con respecto a mis hermanos se dio, por fin, cuando llegó el momento de ir al kínder. Pero la experiencia no me gustó. Me angustió mucho. Aún recuerdo esa horrible sensación de separarme de mi madre. La imagen está viva: estoy en el patio de la escuela, llorando, solo, mientras veo a mi madre irse a través de las rejas de la puerta principal. Esa fue la primera vez en que me sentí distinto.

Obviamente nunca aprecié lo suficiente la maravilla de vivir con tantos hermanos hasta que los dejé para irme a vivir fuera de México. El primer recuerdo que tengo de mi infancia es el de estar jugando con mis hermanos con unos soldados de plástico que yo llamaba "señoritos." Y cada vez que lo recuerdo hay algo, dentro de mí que me alegra. Más tarde, los partidos de futbol, los juegos a las escondidillas y hasta las peleas a golpes se organizaban con increíble facilidad. Alejandro, Eduardo, Gerardo y yo vivimos una infancia como de ósmosis; sus experiencias fueron las mías y las mías, estoy seguro, fueron las de ellos. De niño jamás me cuestioné una existencia sin ellos y, curiosamente, una vez que me fui a vivir a Estados Unidos—años más tarde—mantengo aún la misma convicción y cariño. Hoy en día ya estamos todos cuarentones pero es chistoso cuando nos vemos porque lo hacemos sin aspavientos; es como si nos acabáramos de levantar de la casa en Piedras Negras. La sorpresa sería que alguien faltara.

Los cuatro hermanos hombres pasábamos juntos una buena parte de nuestros días—primero en la escuela y luego jugando en la calle— mientras Lourdes, nuestra hermana, asistía a otro colegio y tenía un grupo distinto de amigas. Ella siempre se mantuvo en otra esfera hasta que con los años, se fue integrando a nuestro mundo eminentemente varonil.

La relación con mi hermana Lourdes ha sido fundamental en mi vida. Somos más parecidos de lo que los dos quisiéramos reconocer: somos tímidos y le huimos a la publicidad y a las presentaciones en público pero, irónicamente, terminamos ambos como periodistas en la televisión—ella en México y yo en Estados Unidos. Tenemos ideas muy firmes, a veces, francamente inamovibles. No es fácil (ni muy agradable), discutir con nosotros. Además compartimos un muy bien desarrollado sentido del ridículo. Eso nos ha evitado dar muchos pasos en falso.

Lo que no vivimos de niños lo hemos compensado con creces de adultos. No es el simple cariño de hermanos. Va mucho más allá. Nos llamamos casi todos los días y estamos al tanto de nuestras vidas—la pública y privada—con extraordinario detalle. Lourdes—nunca está de más repetirlo—es mi crítica principal y no me deja pasar una. Cuando mis artículos, reportajes o vestimenta no le gustan, me lo hace saber al instante con una franqueza que me dolería si no supiera cuánto me quiere. Y cuando le comento acerca de mis proyectos o de mis deseos de involucrarme en la política, es ella quien me regresa—rápido—a la tierra. Nadie me dice las cosas como ella. Nadie. Ni nadie tampoco me quiere de la forma tan única como ella lo hace.

Los tíos y abuelos, a quienes veíamos religiosamente—sábados a los Ávalos y domingos a los Ramos—me decían "el ejote verde"; difícilmente habría una mejor forma de describirme en mis primeros años. Era flaquito, asmático y con una piel verdosa. La cabeza era demasiado grande para mi cuerpo y huesuda para mi gusto. No faltaba quien le dijera a mi mamá: "Pobrecita Yuyú con un hijo tan feíto."

Las fotos de la época, casi todas en blanco y negro, me muestran con una mirada triste o, en el mejor de los casos, muy seria. Pero, la verdad, yo no recuerdo nunca haberme sentido así; era un niño bien querido.

Lo que sí me molestaba era mi cuerpo flaco. Y tan pronto como entré a la secundaria me propuse hacer algo al respecto. Un amigo había dado un impresionante cambiazo físico siguiendo los ejercicios por correo de Charles Atlas y, sin mucha pena, junté el dinero necesario y pedí el curso de ejercicios que me permitiría dejar de ser un "alfeñique," como aseguraba la publicidad en los *comics* que devoraba. Durante tres meses seguí al pie de la letra los ejercicios de *mister* Atlas y para mi sorpresa desarrollé músculos en mis brazos y abdomen que ni siquiera sabía que existían. El asunto, quizás frívolo, tuvo un enorme impacto en mi "autoimagen"; me demostró, por primera vez, que podía ser el arquitecto no sólo de los músculos de mi estómago sino también de mi propio destino.

Mis hermanos, sin embargo, nunca me pusieron de apodo "Charles Atlas" sino Pote. Nadie en la familia ahora puede explicar exactamente qué significa ni quién me lo dio. Creo que viene de potrillo, es decir, que siempre me la paso corriendo. Pero, como quiera que sea, todavía me siguen llamando así. Pote.

Otro apodo que afortunadamente no pegó tanto fue uno que me dio mi madre: "inutilito Ramos." En realidad, siempre tuve una incapacidad casi física para arreglar cosas. Martillear un clavo o arreglar un sencillo desperfecto en un aparato electrodoméstico era casi imposible para mí. Nunca pude entender cómo mis amigos podían emocionarse ante el motor de un auto y mucho menos, repararlo.

Soy exactamente lo opuesto a un *handyman*. Esa inutilidad sigue presente en mi vida. En casa todos saben, hasta mis hijos, que si algo se descompone soy la última persona a la que deben llamar. Me cuesta un trabajo enorme programar una videocasetera, conectar un sistema de radio, programar el *dvd* de una televisión, descifrar cómo grabar un mensaje en la contestadora automática del teléfono, hacer que funcione mi teléfono celular en una ciudad distinta a Miami o manipular el programa más sencillo de computación. Siempre—¡siempre!—estoy preguntándole a alguien cómo hacer las cosas más sencillas de la vida. Y ahora, como reportero, aún me parece un verdadero acto de magia la forma en que mis entrevistas y reportajes se van desde cualquier parte del mundo vía satélite hasta el noticiero en Miami. Sin los experimentados, pacientes y creativos productores que tenemos en Univision no tendría ningún chance como *anchor* o corresponsal. Lo reconozco.

La vieja máquina con que escribí a dedo limpio una exageradamente larga tesis profesional en la Universidad Iberoamericana de México ha sido reemplazada por un par de computadoras. Pero estos aparatos, que han simplificado enormemente mi vida, sólo me ayudan en la única función que me interesa: escribir. Todos los demás programas están horriblemente desperdiciados.

Es cierto, investigar a través de la Internet me ha ahorrado innumerables horas en archivos y bibliotecas. Pero esto no borra mi inocultable torpeza en las habilidades manuales y ni mi patética incapacidad para descifrar los más simples procesos mecánicos.

Desde pequeño fue obvio que no iba a ser un ingeniero y por eso desarrollé otros aspectos de mi personalidad—como escribir y discutir—que me permitieran compensar esa incapacidad de entender los aparatos y máquinas que nos rodean. Supongo que, en el fondo, siempre seré el "inutilito Ramos."

En la escuela era un pequeño líder, en mi casa siempre tenía con quien jugar o a quien molestar y en la calle vivía una interminable olimpíada centrada, por supuesto, en los partidos de futbol *(soccer)*. "Vamos a echarnos un fut" era el grito de guerra. Al llegar del colegio mis hermanos y yo gritábamos: "maaaaaaa" para asegurarnos que ella —¿quién más?— estaba en casa y luego de esa maravillosa certeza comíamos algo —yo, pan, la mayoría de las veces— hacíamos la tarea y después salíamos como el demonio a jugar a la calle. Las rodillas, siempre lastimadas y llenas de costras, eran prueba de mi vida callejera.

Esa calle fue la extensión de mi casa. Hoy no me puedo imaginar algo así ocurriéndole a mis hijos. En la casa de al lado vivían cuatro hermanas que todo el mundo quería empatar con los hermanitos Ramos. Pero nuestro mayor acercamiento fue una muy precoz clase de educación sexual que culminó con el sorprendente descubrimiento de que las dos mayores no eran iguales a Alex y a mí. Nos metimos a un cuarto y sin muchos preámbulos los cuatro nos bajamos los pantalones. Ni siquiera nos reímos; nos quedamos en absoluto silencio. Supongo que en *shock*. Tras constatar que a mi hermano y a mí nos sobraba algo que nuestras vecinas no tenían. Por primera vez partí el mundo entre hombres y mujeres. Tras dicha exploración anatómica, sobra decirlo, se acabaron las visitas a solas a la casa de las vecinas; nunca supe quién fue a chismear pero, eso sí, no fui yo.

Esa primera experiencia con mi sexualidad sólo me generó más curiosidad. No acostumbrábamos discutir ese tipo de temas en casa y, en cambio, el silencio envolvió todo el asunto. Con mis amigos tampoco lo podía discutir. No quería que se enteraran de lo que habíamos hecho aunque nunca me sentí culpable. Lo que sí se me quedó grabado de esa primera experiencia es que el concepto de sexo iba muy vinculado al concepto de ver; eso marcó mis relaciones sexuales como adulto.

Los Aceves, Sergio y Alejandro, vivían a dos casas de la nuestra y eran los únicos de toda la cuadra que tenían piscina. Eso los hacía, instantáneamente, tan populares como la tiendita de la esquina donde comprábamos todo tipo de porquerías: chamois, gansitos, chicles bomba, tamarindos. Cuando los Aceves nadaban, los hermanos Ramos nos subíamos por la pared que dividía la propiedad de la casa para que nos vieran, para causar un poco de cierta lástima y así tratar, de conseguir que nos invitaran. Era envidia de la buena.

Piff y Sassa Plaza leían tantos libros como cigarrillos fumaba su padre. Pero cuando no estaban leyendo participaban, gustosos, en el fut, en las carreras de patines y en los juegos de escondidillas. En el anecdotario de la cuadra resalta el día en que Leandrito, el padre de Piff y Sassa, se fue de la casa. Su esposa era una imponente y autoritaria pero cariñosa francesa a quien llamábamos *Oui Mama*, porque sus hijos siempre le respondían así cuando les daba una orden. Pues resulta que un día Leandrito dijo: "Ahorita vengo, voy a comprar cigarrillos." Y Leandrito—muchos kilos más liviano y varios centímetros más bajito que *Oui Mama*—no regresó. Creo que se fue a vivir a España, no estoy seguro. Y tampoco estoy seguro de que la historia haya sido exactamente así, pero para los que vivíamos en esa calle Leandrito dijo "ahorita vengo" y no regresó.

Para mí fue muy traumático el siquiera pensar en la posibilidad de que algún día mi padre desapareciera y no volviera más. La aventura de Leandrito era divertida siempre y cuando no me ocurriera a mí y a mis hermanos. En ese entonces, nunca me puse a pensar en la tristeza que dicho comportamiento pudo haber acarreado en mis amigos Sassa y Piff. Pero a mí me quedaba muy claro que una buena parte de la función de ser padre era, sencillamente, estar ahí. Presente. Firme. (Este concepto sería puesto seriamente a prueba cuando yo, como padre, me tuve que separar de mi hija Paola.)

Los amigos de la cuadra incluían también a los Hallivis—Luciano fue el primero de la cuadra en tener un auto y Beto era el carita del grupo, a los Mier y Terán—ligados a los católicos ultraconservadores del Opus Dei y sobreprotectores de la primera niña que me gustó, a los del Valle—quienes organizaban unos fiestones sensacionales—y a los Prieto y a mis primos los Ramos Miranda y a un sinnúmero de parientes, arrimados y conocidos que se unían todas las tardes y los fines de semana a nuestros juegos y aventuras. Nosotros éramos, orgullosamente, "los de Piedras Negras" y me hubiera encantado que mis hijos crecieran en un vecindario así.

Dentro del auto de Luciano nos pasábamos horas sentados escuchando música y hablando de la escuela y de nuestros planes. Pero era solo música en inglés. El México a principios de los años 70 estaba sumamente influenciado por la siguiente dicotomía: lo que venía de fuera era lo bueno y lo que era del país era, en el mejor de los casos, cuestionable. Sobre todo la música. Así, las estaciones de radio se pasaban horas y horas haciendo concursos para ver cuál de los dos grupos más populares del momento, los Beatles y los Monkeys, era el que obtenía el mayor número de votos telefónicos de los radioescuchas. Nosotros escuchábamos una estación de radio llamada La Pantera en la que no cabía, ni por error, una sola canción en español. Ese fue mi primer acercamiento a Estados Unidos; desde lejos y a través de una estación de radio que llamaba "bítles" al grupo de Liverpool.

La idea de un mundo sin fronteras comerciales era impensable a principios y a mediados de los años 70; el proteccionismo económico regía en América Latina e incluso existía la intención de crear un bloque de países del sur y en vías de desarrollo que se enfrentara —cultural, comercial y políticamente— al gigante del norte. El presidente mexicano Luis Echeverría —aún con las manos manchadas de sangre por la masacre de estudiantes en Tlatelolco en 1968, cuando él era secretario de gobernación, y por la constante represión que marcó su régimen— quería crear un nuevo orden informativo y cultural que contrarrestara la influencia norteamericana. Pero mientras más intentaba México cerrarse a Estados Unidos más atractivos nos parecían —a mis amigos y a mí— su ropa, su música, sus parques de diversiones como Disneylandia . . . en fin, todo lo que viniera de allí. Vivía en México pero mis oídos escurrían música estadounidense.

Dentro de casa, mamá siempre estaba ocupada en algo; con cinco hijos, apenas terminaba de servir una comida cuando ya estaba preparando la siguiente o barriendo, cosiendo, tendiendo las camas, lavando y planchando. En sus poquísimos ratos libres le gustaba leer; la televisión nunca fue santo de su devoción. Pero mi mejor recuerdo de ella es que cada vez que le preguntaba algo o deseaba platicar, ella bajaba su libro o detenía sus quehaceres para hacerme caso. No recuerdo, de verdad, un momento en el que me dijera: "ahorita no tengo tiempo." Siempre lo tuvo y lo tiene.

Mi mamá perdió a su madre (por cáncer) dos días antes de cumplir los 15 años y todavía hoy le molesta mucho recordar cómo le impidieron estar junto a ella en el momento de su muerte, supuestamente para protegerla de un trauma emocional. Y por eso, cuando mi padre fue operado de emergencia por una lesión cerebral en la Clínica Mayo de Rochester, mi mamá insistió en que yo estuviera presente. Mi padre corría muchos riesgos de morir en la sala de operaciones y mi mamá quería darme la oportunidad de estar cerca de él hasta el final. Aunque doliera. Nunca quiso hacerme a mí y a mis hermanos lo que le hicieron a ella sus parientes.

Ella creció en una familia muy tradicional, rodeada de tías solteronas. Mi abuelo Miguel, que mucho después abriría con entusiasmo su mente a las ideas de un mundo cambiante, no tuvo entonces la visión de permitirle a su hija que siguiera estudiando más allá de un secretariado. Ella aún recuerda que, cuando obtuvo su título profesional y le pidió a su padre que le ayudara a buscar un empleo, él le contestó: "¿Para qué vas a buscar un trabajo si no lo necesitas?" Y ahí quedó la cosa.

El matrimonio fue el único camino legítimo para esta mujer tan inquieta, quien entonces todavía no había acumulado el valor para retar la fórmula de la época y tener un hijo tras otro. ¿Métodos anticonceptivos? ¿Cuáles? "A mí nadie me habló de eso," recuerda. Pero Yuyú—así le decían desde pequeña—siguió leyendo y cuestionándose el rol que le tocó jugar. En su mesita de noche, junto a la cama, siempre había libros.

Una tarde, cuando entraba a la cocina tras la clásica cascarita de futbol, me detuvo en la puerta y me preguntó: "¿Tú crees en la felicidad?" La pregunta me sorprendió, no sólo porque yo tenía unos 10 años y jamás me había cuestionado esos esotéricos asuntos, sino porque siempre supuse que mi madre era feliz. "La felicidad," me dijo, sin esperar mi respuesta, "está en pequeños momentos; no es permanente." En mi mente futbolera, la idea de la felicidad pasó de largo y fugaz como una pelota junto al arco. Pero años después entendí que ese fue el momento en que mi madre se había rebelado ante la vida que le había tocado.

Las tensiones con mi padre crecieron y el día en que ella se rehusó a hacerle el chocolate caliente para la cena supe que algo dramático estaba ocurriendo y que un gran cambio se avecinaba.

El chocolate caliente era la bebida que mi padre siempre había tomado desde niño y para su preparación requería de una buena cantidad de tiempo y de destreza en su preparación. Había que derretir una barra de chocolate de caja en leche hirviendo y, luego, evitando que se cuajara o hiciera nata, batirla hasta que sacara espuma; no tanta que se derramara de la tasa ni tan poca que se perdiera en el líquido. Decenas de veces vi como mi padre le regresaba el chocolate a mi mamá porque no estaba bien hecho. Sólo mi abuela materna podía alcanzar el grado exacto de batido y mi madre sufría la gota gorda tratando de emular dicha perfección. Hasta que un buen día mi madre se cansó del teatrito y le dijo a papá: "No te voy a hacer más el chocolate; ahora te lo haces tú." Mi papá, consciente de la imposibilidad técnica de hacerse él mismo el chocolate caliente, empezó a tomar desde ese entonces leche con café que él mismo se preparaba en la estufa.

Ese fue el primer acto de rebeldía que le conocí a mi madre y me pareció, en ese entonces, insospechado y francamente revolucionario. Otros actos más, menos dramáticos que él rehusarse a hacer el chocolate caliente, le siguieron. Como cuando mi madre decidió empezar a estudiar en la misma universidad a la que mis hermanos y yo asistíamos.

Un buen día, cuando ya todos nos encontrábamos estudiando una carrera —Lourdes, mi hermana, entrando a primer grado en la escuela de comunicación y yo a punto de graduarme— me topé con mi mamá en los pasillos de la universidad. "¿Y tú que haces aquí?" estuve a punto de preguntarle. Pero hubiera sido sólo un ejercicio retórico. Fue un momento de una fuerte carga emocional en el que ella, con sus ojos traviesos, me estaba diciendo: por fin lo logré. "¿Cómo te va, ma?" le pregunté, como si yo fuera el adulto y ella la adolescente. Y en su respuesta —"muy muy bien"— había mucho más que nuestros típicos saludos en casa. Caminar los dos juntos, como estudiantes, por el mismo pasillo de la misma universidad era un acto cargado de simbolismo.

En casa, mamá nos había informado solemnemente, y ante la cara enfurruñada de mi padre, que regresaba a la escuela. Debido a que nunca terminó la escuela preparatoria no pudo registrarse oficialmente en la universidad. Sin embargo, eso no le impidió el tomar varios cursos universitarios de historia, literatura y psicología en la misma universidad y al mismo tiempo que sus hijos. Por eso me gusta decir que ella creció con nosotros.

Durante años estuve presumiendo—y creo que todavía lo hago—de esos breves pero impactantes encuentros con mi madre en la universidad. Era como si ella tratara de recuperar los años de juventud que había perdido encerrada en una casa donde sus tías sólo se interesaban por la comida, el bordado, las telenovelas y el último chisme en el salón de belleza. Lo maravilloso de todo el asunto es que esa primera discusión sobre la idea de la felicidad que tuve con mi madre se expandió a temas mucho más complicados: Freud, Marx, Nietzsche y cualquier otro connotado (y muerto) europeo que se atravesara en nuestro camino. Tanto ella como yo teníamos una obsesión: darle sentido a nuestras vidas. Ella lo estaba logrando, ya, a través de sus hijos. Pero quería más. Y es precisamente ese deseo de ir más allá de los deseos convencionales de una familia de clase media—una buena casa, viajes, ropa de moda, carro del año—el que chupé de mi madre y de nuestras discusiones. Nunca quise lo mismo que mis compañeros de escuela. Por principio, no tenía los mismos medios económicos que ellos; particularmente en mis años universitarios. Pero, además, estaba buscando—al igual que mi madre—algo que me llenara la vida. Y esa búsqueda la llevó hasta la universidad a una edad en que otras mujeres hubieran pensado en vivir solo a través de sus maridos.

Con esto, mi madre completó su liberación. Ella, a partir de ese momento, escogería su vida. Y así ha sido desde entonces. Yuyú—a quien sus tías le impidieron estar junto a su madre en el momento de su muerte, a quien su padre le impidió seguir estudiando o buscar un trabajo, a quien su marido y sus hijos le retrasaron temporalmente su desarrollo intelectual—por fin podía decir que ella (y nadie más) era responsable de sus actos. Es por ello que en mi madre he encontrado siempre los rasgos de una heroína silenciosa.

Estos cambios liberadores en la conducta de mi madre, como es de suponerse, no le cayeron muy bien a mi papá. Él provenía de una familia acomodada del norte de México. Ramos Arizpe, Coahuila, para ser más exactos; los Ramos de Ramos Arizpe. Estudió arquitectura en un país donde la prioridad nunca fue construir casas o edificios sino sobrevivir. Así que siempre tuvo que luchar duro para sacar adelante a una familia con cinco hijos. A cambio, él esperaba—supongo—una familia como la que tuvo en la cual la autoridad del padre nunca fuera cuestionada. Su padre era implacable y su abuelo materno fue general del ejército mexicano. Mi padre, pues, estaba acostumbrado a una autoridad vertical e incuestionable. Eso es lo que esperaba de nosotros. Y es ahí donde el destino le jugó una mala pasada.

Los roles en la casa estaban bien marcados: mi madre era la que proporcionaba el apoyo emocional y mi padre el que imponía la disciplina. Aunque, quienes realmente lo llegaron a conocer sabían que, en el fondo, mi padre era un pan dulce; un hombre que estaba lleno de cariño pero que padecía de una incapacidad casi física para expresarlo.

Como hijo mayor, me sentaba a su lado derecho en la mesa y eso, desde luego, me halagaba. De niño su figura me imponía: bien vestido, con corbatas a la moda, un bigote tupido y perfectamente recortado, y un inolvidable olor a una combinación de cigarrillo con loción. Compraba auto nuevo cada dos años—salvo en las malas épocas económicas en que había que apretarse el cinturón—y tenía una notable colección de discos de música instrumental norteamericana. Su carro y su música eran su refugio.

Recuerdo haber jugado poco con él. Quizás porque no tenía tiempo o porque no se acostumbraba en el mundo del que vino. Pero su presencia me marcó. Durante años creí, sinceramente, que era perfecto; que no cometía errores, que ganaba más dinero que cualquiera, que su auto era mejor que el del padre de mis amigos, que le pegaba al balón mejor que Pelé . . . hasta que un día nos pusimos a jugar futbol.

Para mí el futbol era la prueba de fuego; con eso dividía al mundo. Por una parte, estaban los que sabían jugar y por otra . . . el resto. En la escuela me decían "Borjita Ramos" en honor a un goleador de la selección mexicana de futbol llamado Enrique Borja. Sin embargo, mi papá no se parecía en nada, a Borja ni a Pelé. Una tarde, en casa de mi abuelo materno, le pedí a papá que pateara el balón para que yo, como portero, intentara detenerlo. Pero él no le dió al balón. Su zapato negro pasó a unos centímetros del balón fallando garrafalmente. Tengo la secuencia perfectamente grabada en mi mente. Él no le puso mayor importancia al incidente aunque para mí fue devastador. Cuando él se metió a la casa, yo me puse a llorar, solo, en el jardín. La imagen que tenía de mi padre como Supermán se había derrumbado. No, papá no era perfecto.

Este incidente, sin aparente importancia, fue fundamental en mi vida. Creo que marcó mi primer distanciamiento con mi padre. En ese momento y con mucho dolor, fue que reconocí que no quería ser como él ni copiar su vida. Quien durante años había sido un ejemplo a seguir, de pronto, se convertía—por un estúpido juego de futbol—en alguien ajeno a mis principales preocupaciones de niño. "¿Cómo es posible que no le haya podido pegar a la pelota?" me preguntaba, como si se tratara del asunto más importante del mundo. "¿Cómo?" Así, poco a poco, fui viendo a mi padre con una nueva luz; más crítica y con un poquito de distancia. El asunto de la pelota de futbol terminó, a la larga, por independizarme de maneras insospechadas y por definir mi concepto de lo que debe ser un padre.

Si mi padre hubiera jugado bien al futbol, estoy seguro de que nuestra relación se habría fortalecido durante muchos años más. A partir de entonces, en cambio, fui encontrando más puntos de distanciamiento hasta el grado de que, prácticamente, dejamos de jugar. Y ahora—con dos hijos—una de mis mayores preocupaciones es no llegar a envejecer hasta el punto de no jugar con ellos. (Mi hija Paola es una extraordinaria jugadora de básquetbol y una corredora muy rápida, pero no me gana. Todavía. Y espero poder darle una fiera competencia a mi hijo Nicolás cuando él decida qué deporte practicar, aunque no tengo que ocultar que me emocionaría muchísimo si fuera en una cancha de futbol on donde midiéramos nuestras fuerzas. Nicolás—¿habrá sido coincidencia?—nació un 14 de junio de 1998, el mismo día en que hubo tres fabulosos partidos en la Copa del Mundo en Francia. Y para poderle hacer frente a Nicolás en caso necesario, cada sábado, religiosamente juego futbol. Espero estar listo para cuando Nicolás se decida a jugar.

Como todo primogénito me tocó abrir camino y poner a prueba los límites que me marcaban mis padres. En asuntos académicos nunca hubo problema; no necesitaba estudiar mucho para sacar buenas calificaciones. En realidad, los retos a la autoridad paterna vinieron con la adolescencia.

La educación sexual que recibí de mi padre duró unos tres minutos, es decir, exactamente lo mismo que duraba el trayecto de la casa al centro comercial más cercano. Me subió a su auto, puso cara de circunspección y luego soltó: "si alguna vez quieres estar con una mujer, me avisas." La orquesta de Ray Coniff era el fondo musical. De ahí no pasó. Actualmente un consejo así suena absurdo y hasta cómico. Pero estoy seguro de que a principios de los años 70, en México, que un padre le hablara de sexo a su hijo era un gran avance (y producto de la presión de mi madre). Décadas después, comparando notas mentales, mis hermanos y yo nos reíamos incontrolables al darnos cuenta que los cuatro recibimos la misma, rápida y concisa clase de educación sexual; en el auto de papá, desde la puerta de la casa hasta el *mall*. Hoy lo recuerdo como un gesto y un esfuerzo maravilloso de alguien para quien el mundo estaba cambiando demasiado rápido.

Supongo que en la breve plática con mi padre había una oferta escondida de llevarme a un encuentro con una prostituta si yo lo deseaba. Para mí habría resultado una oferta imposible de aceptar. Primero, por la pena con mi padre; nunca antes habíamos hablado de sexo y la primera vez que lo hicimos me ofrecía, veladamente, llevarme a una "casa de citas" como se decía, en esa época. No le tenía la confianza como para hablarle de esas cosas. Sin embargo, la propuesta no me chocó. Culturalmente era aceptable, en ciertos círculos en México, que los padres iniciaran a sus hijos sexualmente con una prostituta. Era, también, una lección sobre un México que reprimía la conducta de millones de mujeres jóvenes, "hijas de familia," como solía decirse en esa época, para quienes cualquier contacto sexual estaba prohibido o muy mal visto antes del matrimonio.

Pero la segunda razón por la que la idea de estar con una prostituta me repugnaba era por que tenía una relación muy intensa con mi primera novia en la adolescencia y no veía motivo para dejarla por una extraña. De esa primera y única conversación sobre sexo con mi padre aprendí muy poco. Pero viéndolo desde otro ángulo, me doy cuenta de que su oferta sí me enseñó muchas cosas, sólo que nada tenían que ver con el sexo.

Seguramente aprendí más de las revistas Playboy que nos dejaban leer cuando íbamos con mi papá a la peluquería. Quedaba en Polanco, una de las mejores zonas de México, y el ritual era siempre el mismo; te sentabas, te ofrecían un refresco y luego el peluquero te tiraba sobre las piernas una revista pornográfica. Todo esto ocurría —estoy seguro— en plena complicidad con mi padre. Era otra forma de darnos a mis hermanos y a mí una lección sobre sexo: con extrañas está bien, con amigas no.

Por lo anterior, no es de extrañar que cuando le anuncié a mis papá que me iba con Kuas, mi novia, a Acapulco puso el grito en el cielo. "Si deveras la quieres," me dijo papá, "respétala y no te vayas con ella de viaje." Esa era la época en que uno de mis amigos, apodado el "Perro," había sido iniciado sexualmente con una prostituta que le consiguió su padre en un burdel. Y yo, sinceramente, no estaba dispuesto a tener una vida sexual así. La idea de tener una "noviecita santa" por un lado y a una puta por el otro nunca me convenció.

Fui con Kuas a ver a un ginecólogo, quien nos informó pacientemente sobre los métodos anticonceptivos disponibles, nos dio un maravilloso consejo que aún hoy es válido —"lo peor que pueden hacer, es tener relaciones sexuales con una persona y estar pensando en otra"— y nos fuimos felices a Acapulco. El viaje estuvo repleto de contratiempos —se descompuso el carro en la carretera, me caí en un manto de aguamala mientras estaba esquiando y la picazón se me quedó durante días, y nos quedamos sin dinero para ir a cenar la última noche por los gastos de reparación del auto— pero la sensación de libertad e independencia fue algo extraordinario. Es algo que todavía anhelo.

La relación con Kuas duró unos ocho años —*on and off*— y vivimos juntos ese primer gran amor de juventud que te deja marcado para siempre. Pero fue el viaje a Acapulco el que me unió a ella de manera indisoluble y que, irónicamente, terminó por marcar el rompimiento con mi padre. Había hecho exactamente lo opuesto a lo que él quería y las cosas nos habían salido muy bien.

En esos días descubrí la maravillosa libertad de los hoteles. Las cuatro paredes de un cuarto me daban —nos daban— la libertad que apenas empezaba a descubrir y la privacidad que nunca podíamos disfrutar en su casa ni en la mía. La madre de Kuas siempre tenía un oído bien afinado a silencios demasiado prolongados en la sala y en mi casa, con tres hermanos, una hermana y una madre siempre presente, hasta un pequeño beso hubiera sido registrado por alguien . . . con la subsecuente burla o pregunta incómoda. Así que los cuartos de hotel—en Cuernavaca, en Acapulco, en el Bajío—se convirtieron en una especie de oasis. Eran míos, sólo míos, y nadie nos podía molestar ahí. Fueron esas, curiosamente, mis primeras experiencias de total independencia y libertad. Algo tan sencillo como un cuarto de hotel se convirtió en un símbolo de la vida que quería llevar. (Ahora entiendo que esos deseos llegaron al extremo cuando mi vida de periodista me ha obligado, muchas veces muy a mi pesar, a hacer de los hoteles un residencia semipermanente.)

A KUAS LA CONOCÍ en la escuela secundaria y tanto a mi hermano Alejandro como a mí nos encantó. Era una güerita simpática, inteligente, amigable, muy abierta y con una fuerza de voluntad a prueba de fracasos. Hablábamos de filosofía, escuchábamos música y conectábamos muy bien física y emocionalmente. Tiempo para conocernos era lo que sobraba. Nuestra relación era tan pareja que me convertí, sin proponérmelo, en un ferviente defensor del feminismo. Jamás pensé en esos días que nuestra relación me marcaría para toda la vida y que mi manera de vincularme afectivamente con las mujeres dependería, en gran medida, de esa primera, maravillosa relación.

TODO COMENZÓ DE LA MANERA más típica en esa época estudiantil; tras un montón de conversaciones en la escuela, una noche, durante una fiesta, decidí declarármele. Seguramente dije lo que había que decir. Algo así como "¿quieres ser mi novia?" A lo que ella respondió con un suave "sí." Probablemente he idealizado el momento pero bailábamos con una canción de Stevie Wonder—que rápidamente se convirtió en "nuestra canción"—en un patio al aire libre, ella puso sus brazos alrededor de mi cuello, recostó su cabeza sobre mi hombro y yo me sentí de película.

En esas fiestas todos esperábamos la música suave del grupo Bread para sacar a bailar a tu novia o a la niña que te gustaba; era una oportunidad única para tocarle la cintura y sentir su cuerpo de cerca. Pero invariablemente—y ante los ojos preocupantes de los padres del organizador de la fiesta—tras una o dos canciones lentas seguían los truenos de Chicago, que poco a poco estaban desbancando a los Beatles y a los Monkeys en las estaciones de radio.

Kuas fue también la primera y única mujer a la que le he llevado mariachis en una serenata, un día antes de que se fuera por un año a estudiar a Inglaterra. Por cierto, junto a la fiesta vino la vergüenza. La parranda se prolongó a tan altas horas de la noche, que mis padres me fueron a buscar a la casa de Kuas. Ante la pena de que tus padres te sacaran en público de una fiesta tuve que enfrentar la tristeza de despedirme, así, de mi novia. A la mañana siguiente, sin que mis padres se enteraran, dejé de ir a la escuela y me fui al aeropuerto a darle un último abrazo.

El viaje de Kuas a Europa, tras la súbita y desconcertante muerte de su hermano Daniel por leucemia, me hizo sentir por primera vez el dolor de la separación. El teléfono no ayudó en nada. Las llamadas de larga distancia eran tan caras que sólo pude hacer una el primero de marzo, el día de su cumpleaños.

Pero, eso sí, cartas iban y venían. Es más, conservo todavía algunas de ellas. Además, cada vez que escribo tengo frente a mí el diccionario (*Oxford Advanced Learner's Dictionary of Current English*) que ella utilizó en Gran Bretaña.

Es extraño que tan jóvenes—yo tendría unos 17 años y ella un poco menos cuando comenzamos—hubiéramos mantenido un noviazgo por ocho años. Esa era una edad de experimentación y aventuras pero los dos preferimos seguir juntos frente a los innumerables canjes de parejas de nuestros amigos y compañeros de escuela. Los dos, también, hubiéramos tenido juntos nuestra primera relación sexual si no es que, en uno de nuestros rompimientos, acabé enrollado con una jovial norteamericana de Chicago que visitaba la ciudad de México y que quería olvidarse (temporalmente) de su esposo.

Kuas—creo—me perdonó o, mejor dicho, toleró el que yo hubiera terminado de un acostón con la ilusión de comenzar juntos nuestra vida sexual. Pero el incidente fue muy sintomático. A pesar de mi extraordinaria relación con Kuas yo me sentía atrapado en los ritmos y tradiciones de

México y no quería verme casado y con hijos a los 25 años de edad. Quería mundo, necesitaba viajar y abrir los ojos más allá de la tradicional sociedad donde me había tocado nacer.

Al final, mis ansias por explorar y liberarme de los nudos mexicanos—tradiciones, expectativas, presiones sociales—pudieron más que lo que me ataba a México; Kuas, mi familia, mis amigos, la comida, el futbol . . .

Kuas me fue a visitar un par de veces después que me fui a vivir a Los Ángeles pero ya nada fue igual. Ella siempre supo por qué huí de México, de qué me escapé y tan pronto como los dos empezamos a ver a otras personas, las lejanas esperanzas de nuestra adolescencia de que algún día terminaríamos juntos, se esfumaron.

MI ABUELO PATERNO, Gilberto, fue una figura autoritaria, como muchos de los hombres de éxito de su época, a principios del siglo XX. Fue abogado, dueño de un maravilloso rancho en Ramos Arizpe, Coahuila, de nueces, naranjas y aguacates, y no aceptaba ninguna discrepancia en su casa. Mi padre intentó implantar este mismo sistema en la suya. En principio tenía sentido: era el único sistema que conocía y con cinco niños era importante establecer una disciplina. Pero los tiempos en que me tocó crecer y elegir carrera eran de mucha mayor libertad que los de mi abuelo. De tal forma que sólo tenía dos opciones: aceptaba las reglas de mi padre o me rebelaba. Escogí el segundo camino.

En realidad, no sabía bien qué quería estudiar pero sabía perfectamente lo que no quería: algo tradicional. En esos días tomé un notorio interés por el lenguaje corporal—la idea del espacio vital (esa burbuja imaginaria que rodea a todos los humanos) la discutía enérgicamente con las "niñas" que me quería ligar—y la única carrera que tenía algo que ver con eso era la comunicación. Además, me divertía mucho en los restaurantes al comentarle a mis amigas que tocarse el pelo era una inequívoca señal de interés sexual y que la forma de colocar el salero, el vaso y los platos sobre la mesa podían indicar un rechazo o una aceptación emotiva. Sí, en esa época, cenar conmigo era un chiste. Sin embargo, todas mis teorías sobre las apariencias, la comunicación, y el subconsciente me han ayudado muchísimo como periodista.

Cuando le expliqué a mi padre que quería estudiar comunicación, él me contestó: "¿Y qué vas a hacer con eso?" Para él, las únicas carreras universitarias legítimas eran la de derecho (como su padre y su hermano), la medicina (como su cuñado), la ingeniería (como sus amigos) o la arquitectura (como él). Su hijo, estoy seguro que pensó, estaba dando un paso en falso y arriesgando su futuro. Él quería —¿que más?— lo mejor para mí y yo, sencillamente, no lo estaba escuchando y me había descarriado.

Mi mamá me recordó un incidente de adolescencia cuando entré a la sala de la casa y sin preámbulos le dije a mi papá —más por provocación que por convicción— que no creía en dios. Mis broncas con dios, ahora entiendo mejor, tenían que ver mucho más con sus supuestos e imperfectos representantes en la tierra que con un problema de fe. Pero también me estaba rebelando ante la convencida religiosidad de mi papá. Mi padre, en lugar de escucharme y tratar de razonar conmigo, se levantó furioso y fue a golpear con el puño la pared de la cocina. Desde luego, se rompió la mano —que tuvo que ser enyesada— y yo creo que, también, se rompió algo mucho más profundo; su hijo se había descarriado sin remedio. Las graves diferencias que, simultáneamente estaba teniendo con los sacerdotes que dirigían la escuela a la que asistía, terminaron por separarme del catolicismo.

Quizás he enfatizado demasiado las tensiones con mi padre y no los momentos suaves y agradables, que fueron la mayoría. Incluso mi deseo de tener un perro —Sunset— y un gato —Lola— surgen, creo, de la negativa de mi padre de tener mascotas en la casa cuando yo era un niño. Pero es que fueron esos enfrentamientos —surgidos de sus mejores intenciones y con todo cariño— los que me hicieron lo que soy. Curiosamente, una vez que me fui de la casa nuestra relación fue mucho más estrecha. Cuando ya no sintió que tenía que imponer su autoridad sobre mí, se soltó emocionalmente y se convirtió en un padre cariñoso, orgulloso, con franco apoyo.

Varias veces me vino a visitar a Estados Unidos con una actitud sorprendentemente abierta, casi aventurera. Cuando un defecto genético le provocó un derrame cerebral y su dieta de cigarros y huevos estrellados (aunado a la falta de ejercicio) le generó varios ataques al corazón, pasó muchas de sus tardes viéndonos por televisión a mi hermana y a mí. (¡Qué maravilla la televisión por satélite!) "Ya van a salir los hijos," le gritaba a mi mamá, antes de que Lourdes aparecieren su noticiero desde México y yo desde Estados Unidos. A mí me emocionaba saber que mi padre, cada tarde, veía el noticiero. Me aplicaba para no equivocarme al leer el Tele-PrompTer y me ponía corbatas que, estaba seguro, a él le hubiera gustado ponerse. Algunas veces, luego del noticiero, le hablaba por teléfono para preguntarle si alguna noticia le había llamado la atención. Pero en realidad, él nunca vio el noticiero por las noticias sino por verme a mí.

Tuve la suerte de poderme reconciliar con él mucho antes de morir y recuerdo dos fuertes abrazos que nos dimos la última vez que lo vi en su apartamento recién comprado en la ciudad de México. Estaba con un suéter y de pie, a pesar de que le costaba trabajo caminar. Le di el primer abrazo y me dirigí hacia la puerta. Pero no pude decir adiós. Me regresé y lo volví a abrazar. Fue como si ambos hubiéramos presentido que serían los de despedida. Y ese bigotudo que apenas le podía pegar a la pelota, que hubiera preferido ser mago a arquitecto y que nos engolosinaba con su música de elevador cada vez que nos subíamos a su coche, me dejó un vacío terrible. Extraño mucho su olor de tabaco y loción y esa mirada frágil, de niño asustado, que a veces tenía.

Cuando le comenté esta sensación de pérdida a la escritora chilena Isabel Allende, quien acababa de sufrir la muerte de su hija Paula, me envió en una notita (en febrero del 95, unas semanas después que muriera mi padre) uno de los mejores consejos que he recibido en la vida: "Los muertos más queridos nunca se van del todo. Paula es una dulce presencia en mi vida, tal como lo son mis abuelos, la Granny y tantos otros espíritus benevolentes. Tu padre está dentro de ti ahora, lo llevas en la memoria, en los genes y muchos gestos que tú haces, pero son suyos."

Hoy, todavía, brinco de sorpresa cuando me descubro algún gesto de mi padre. El otro día iba manejando en el auto, con las ventanas cerradas y escuchaba un cassette con la música a todo volumen. Igual que mi papá. También, ahora me doy cuenta que las conversaciones más íntimas con mi hija Paola, las tengo en el auto cuando ella está —¿como decirlo?— cautiva e imposibilitada de irse a otro lado. Pero incluso en asuntos más triviales como el comer únicamente helados de vainilla y chocolate, los ruidos que hago al bostezar, al comprar pan de dulce por las noches antes de llegar a casa o al tratar de agarrar a los mosquitos con una mano mientras vuelan, me asemejo a él.

"Eso," reconozco, "lo hacía mi papá." Y me alegra el día porque me doy cuenta que Isabel tenía razón y que no estoy solo. Llevo a mi padre en los gestos, en la memoria y en la panza.

Me acompañan, además, mis abuelos. La tolerancia, la pasión por la historia y por leer, y su incansable disposición a escuchar son rasgos de mi abuelo Miguel que trato—no siempre con éxito—de imitar. Pero incluso en asuntos más sencillos, estoy repitiendo a mi familia. En casa pocas veces faltan aguacates, como en casa de mi abuelo Gilberto. La forma en que él los cortaba y repartía, como el manjar más preciado, es muy similar al ritual de mesa de mi padre y que yo repito. De mi abuelo Gilberto aprendí a identificar los aguacates duros de los maduros, a acelerar su proceso de maduración envolviéndolos en papel periódico y a hacerle un hoyo a las naranjas, en la parte superior, para luego succionar su jugo con ruido y con gusto en los días de calor. De la misma manera que él lo hacía cuando yo visitaba su rancho en Ramos Arizpe.

Y si bien, hay cosas de ellos que se arrastran toda la vida, nunca deseé ser su copia al carbón.

El espíritu rebelde, contestatario, que desarrollé en casa se reforzó en la escuela. Fui a un colegio católico a las afueras de la ciudad de México; el Colegio Tepeyac que poco después cambió de nombre a Centro Escolar del Lago (C.E.L.) Y durante kínder, primaria, secundaria y dos años de preparatoria estuve sometido a los abusos disciplinarios—y a los prejuicios—de los sacerdotes benedictinos que estuvieron a cargo de mi educación.

Lo más divertido eran, por supuesto, los largos recreos en que podíamos jugar futbol, correr en campo abierto y torturar a quien se dejara, con el cruel juego del calzón, estirando en grupo el elástico de la ropa interior de un pobre compañero hasta llegar a arrancarle. Fue también en esos recreos que aprendí algunas de las lecciones más importantes de mi infancia.

Recuerdo todavía con dolor cuando, en la mitad de un juego de básquetbol, uno de los estudiantes más abusivos del colegio jaló violentamente por el pelo a mi hermano Alejandro. Aún me avergüenzo de no haber podido defenderlo en ese instante. Ojalá hubiera actuado con más decisión y rapidez. En cambio, poco después tomé valor y le advertí al estúpido que había maltratado a mi hermano que nunca más lo volviera a hacer. El incidente no se repitió. Y yo aprendí una de las principales lecciones de supervivencia: siempre protege a los tuyos y no te dejes.

Y hablando de supervivencia, una de las imágenes más fuertes que tengo de esa época escolar fue un paseo que hicimos a los Estudios Churubusco. Lo que iba a ser una visita para conocer la industria del cine se convirtió en una verdadera tragedia cuando nos acercamos a un cachorro de león. Estaba amarrado pero fuera de su jaula para ser utilizado en alguna de las películas que se rodaban. Jamás pensamos que el animal era un peligro; estaba comiendo y era la típica estampa de ternura e inocencia.

Sin embargo, cuando uno de nuestros compañeros, Ander, se acercó para acariciarlo, el cachorro se levantó en dos patas y lo empezó a morder violentamente en la cabeza y en el cuello. Ambos cayeron al suelo mientras el cachorro continuaba atacando a Ander sin que nadie hiciera nada por evitarlo. Todos estábamos en *shock*. No podíamos creer lo que pasaba frente a nuestros ojos. Entonces, otro de nuestros compañeros, Eduardo Fuentes, con un valor inusitado, se acercó al león y le dio un serie de potentes patadas en el estómago hasta que éste abrió las mandíbulas y liberó a Ander. Por supuesto, Ander fue llevado de emergencia al hospital y estuvo a punto de perder una oreja. Ahí terminó el paseo y también mi inocencia con respecto a la muerte.

Hasta ese incidente nunca pensé que yo o alguno de mis compañeros nos podíamos morir. La muerte nunca había formado parte de la ecuación de mi vida. Me sentía inmortal, al igual que los personajes de Batman y de Supermán que poblaron mi infancia. Pero con el ataque del león a Ander todo cambió. La muerte era una posibilidad. ¿Y si me muero sin confesarme? La idea de no volver a ver a mi familia y amigos me heló la cabeza.

En un plano más humano, me descubrí vulnerable. Había sido Lalo Fuentes y no yo quien había salvado a Ander de las garras del león. No tuve la claridad mental y el valor de Lalo. Hubiera querido hacerlo pero me congelé y me acobardé. Esa, quizás, era una respuesta natural ante un hecho como ese. Pero no concordaba con la idea, aún infantil, de que la muerte no me iba a tocar y que no había nada que yo no pudiera hacer.

El día a día, desde luego, no era tan emocionante como esa aventura. Nunca fui un estudiante particularmente aplicado pero sacaba buenas calificaciones. De hecho, presumía entre mis amigos por no estudiar y sacar un nueve o 10 (A o B) en los exámenes. No había tarea o presentación ante la clase que no pudiera superar con un buen rollo. Nunca me costó trabajo hablar para salir de algún aprieto y mis amigos todavía recuerdan una exposición que tuve que hacer sobre la conquista de América y en la que hablé de todo, menos del tema a tratar. Por supuesto, pasé la materia y el curso.

Casi todos tenían un apodo. Estaba el "Sope" y la "Tortilla" (por morenos), el "Chino," el "Cuco," mis buenos amigos "Lalo" y el "Perro" (el más agresivo y fiel de todos) y el "Huevo," quien acumulaba en su casa botecitos con el semen de sus masturbaciones y gozaba cambiándose los pantalones por shorts para la clase de gimnasia, en la última fila del salón, sin que se dieran cuenta los maestros.

Recuerdo también a una monja que se ponía lentes oscuros para que no pudiéramos determinar a quién estaba viendo. Así nos sorprendió muchas veces tirando papeles a la cabeza del vecino o copiando en las pruebas mensuales. Desde entonces le agarré manía a los lentes oscuros y me incomodan mucho las personas que no se los quitan para conversar.

Más tarde entrarían a la escuela Benjamín Beckhart y Gloria Meckell, cuyas amistades conservo hasta la fecha y Benjamín recuerda con particular intensidad nuestro primer encuentro.* Con Benjamín y Gloria siem-

---

* Benjamín Beckhart. Octubre 2001. "Se acerco a mí. Yo siempre me encontraba distante, frío, aislado. Jorge no mostraba una sonrisa. Era mi reflejo. Sus ojos de color verde metal penetraban y demostraban decisión. Nuestros primeros encuentros fueron de agresión. Yo era el extraño que invadía los terrenos de su escuela.

Al llegar a donde me encontraba, Jorge me preguntó. "¿Acaso llevas una bola de acero atada a tu pierna?" Continuó diciendo, "Ésta la cargas contigo todo el tiempo. Quieres pasarla a otros para que la carguen. Los demás no la quieren. Te la regresan. Al regresarla es más pesada." Recuerdo su analogía tan precisa, tan doliente. Recuerdo su pregunta tan curiosa, tan genuina.

pre tuve muy intensa una relación intelectual y un cariño a prueba del tiempo; nuestras conversaciones filosóficas, estoy seguro, marcaron su destino y el mío. Ninguno de los tres quería pasar desapercibido en esta vida. Y creo que, en la medida de nuestras posibilidades, lo hemos logrado: ella como una brillante abogada, él como un audaz hombre de negocios y yo en el periodismo.

Varias décadas después ambos son mis confesores y antes de cada decisión importante los consulto. E incluso hoy en día no me atrevo a dar un paso crucial sin saber que tengo el apoyo de Gloria y Benjamín. Están

---

En ese momento mi cuerpo se llenó de rabia. ¿Cómo se atrevía este niño de quince años a inferir que cargaba yo una bola atada por medio de un grillete?, pensé. Sentí como mi brazo levantaba a mi mano la cuál ya se encontraba encogida en un puño. Estaba lista para impactar sobre la cara de Jorge. Pasó medio minuto o más. No recuerdo. Mientras, veía directamente a sus ojos. Los ojos de Jorge no se movían. Veían a los míos. Jorge no tenía miedo.

Los ojos de Jorge buscaban una respuesta, no un golpe o un empujón de un niño enojado. De rabia pasaba a confusión. ¿Le decía o no acerca de mi bola de acero?, pensé. ¿Cómo la descubrió? ¿Quién pudo haberle dicho? Y ¿para qué quería saber?, me dije a mí mismo. ¡Bola de acero! Nunca creí que mi pesar fuera tan evidente.

Un año atrás había muerto mi hermana, un bebé. Su muerte fue sorpresiva y dolorosa. A sólo dos días de Navidad sería su primera o nuestra primera Navidad con ella. Mis hermanos y hermana oímos un grito punzante, único. Era mi mamá. Había descubierto a mi hermanita sin vida. Fue una muerte de cuna. Una muerte que a la fecha, treinta años después, no tiene explicación. Es sólo un síndrome. Sentí culpa, sentí dolor. Quería que Dios me escuchara. Que mi hermanita estaba dormida. Creía en el poder de la mente. Mi madre me lo decía, "Si uno usaba la mente mas allá del 10% de su capacidad lo imposible era posible." ¿Entonces, por qué nunca despertó? ¿Me faltó fe?

Ahora Jorge quería conocer mi "secreto." Quería conocer la razón por la cual yo tenía coraje contra la gente. Un coraje hacia aquella gente que estaba viva y no sabía él por qué vivía, según yo. Pensé por varios momentos y finalmente reconocí lo que Jorge me decía: "¿Acaso llevas una bola de acero contigo?"

Al reconocer este pesado obstáculo, me percaté de que Jorge tenía interés en mí. Tenía genuino interés y compasión por lo que me pudiese estar pasando. Lo generoso de Jorge es su enfoque hacia otros. Un interés que crece de adentro hacia fuera. Éste siempre busca lo que no es obvio. Y busca cómo darnos claridad y paz interna a través de su visión, de lo que ve. Lo que vio me liberó de la "bola de acero." Por primera vez me sentí ligero y capaz de volver a sonreír.

Con una pregunta, Jorge me dio su amistad. A través de los años su amistad ha sido incondicional. En su amistad permanece la curiosidad de saber lo que me hace feliz, lo que me genera inquietud, lo que me hace vivir y de saber que soy amado por mi esposa e hijos. "No dejes de ponerle atención a tu linda esposa e hijos," me dice Jorge.

Y como muchos que lo conocemos, me digo a mí mismo y a un Dios que me escucha: "Se acercó a mí. Gracias."

lejos—Bejamín vive en la ciudad de México y Gloria en Dallas—pero siempre han estado conmigo. Siempre. El sentido de competencia con ellos, particularmente con Benjamín, desapareció casi del todo. Pero tengo que reconocer que me dio mucha envidia (de la buena) cuando ellos pudieron irse a estudiar a una universidad de Estados Unidos y yo no. Sin embargo, de alguna manera, ellos me abrieron el camino y me hicieron, años más tarde, mucho más fácil mi transición de México hacia Estados Unidos. Cuando nos reunimos nos podemos decir las cosas más duras sin que haya malentendidos porque sabemos que, en el fondo, hay un verdadero cariño de amigos que ha pasado todas las pruebas de fuego. Además, me han mantenido honesto conmigo mismo. Ante Gloria y Benjamín no puedo mentir; se darían cuenta con una simple mirada o con el tono de la voz. Y, también, de alguna manera los tres hemos logrado tener el éxito que siempre nos propusimos cuando éramos solo unos adolescentes con deseos de trascender; no podemos decir lo mismo de todos nuestros compañeros de escuela. Y hay cosas que no podemos olvidar, como algunos de nuestros maestros.

El "Garapiñado" era el maestro de matemáticas que sufría un severo caso de acné y en cuya clase, una vez, los alumnos del curso superior metieron una vaca. *Miss* Nora nos enseñaba literatura. Ella no tenía apodo, quizás en agradecimiento por las emotivas discusiones e intensas búsquedas de identidad que generaban en clase las lecturas de los escarabajos de Kafka, las odiseas de Joyce y los laberintos de Borges, El Lobo Estepario y Demian de Hermann Hesse y La Ciudad y Los Perros de Vargas Llosa.

Los fines de semana, sin embargo, no eran para filosofar sino para ir a alguna fiesta a escuchar la música de Elton John y tratar de emular a John Travolta en *Saturday Night Fever*. Mi amigo Benjamín tenía muy buen ritmo y yo le envidiaba el que todas las chicas querían ser su pareja de baile. Pero, por mi parte, no había mucho que hacer. Ni siquiera unos espantosos pantalones de cuadritos amarillos, verdes y naranjas—que entonces me parecieron el último grito de la moda—me ayudaron mucho. Incluso hoy en día bailo la salsa y el merengue como si diera patadas de futbol o *soccer* o, peor aún, como si estuviera matando cucarachas.

Lo del baile nunca se me dio. Afortunadamente en la escuela tenía otras preocupaciones.

Lo peor, sin duda, eran los padres, es decir, los sacerdotes benedictinos que aprovechaban su posición de autoridad y sus supuestos contactos celestiales para intentar meternos, con sangre, gritos, castigos y miedo, sus retrógradas ideas.

Desde que entré a la escuela nos inculcaron un tremendo miedo al diablo y al infierno. La escuela estaba localizada a las afueras de la ciudad de México, en una zona aún no urbanizada, de tal manera que los remolinos de tierra eran muy frecuentes. Como niños nos encantaba perseguirlos y meternos en su centro. Desde luego quedábamos totalmente cubiertos de polvo, como pollos empanizados. Hasta que una vez se le ocurrió a una monja o a un padre —no recuerdo exactamente— decirnos que dentro de los remolinos iba el diablo. Fue la última vez que fuimos a perseguirlos.

Ese temor irracional al diablo me persiguió hasta mi adolescencia cuando la película El Exorcista, materializó mis peores pesadillas. La escena de la joven, con la cara llena de llagas y rotando sobre el cuello aún me genera mucha incomodidad y escalofríos.

De niño, el miedo al chamuco era muy real. Tanto así que nos decían que si moríamos sin confesarnos, nos iríamos derechito a achicharrarnos al infierno. Pero la confesión era una forma espantosa e inmoral de control por parte de los padres ya que los mismos sacerdotes que nos confesaban eran, momentos después, los mismos que nos disciplinaban. O sea, por la mañana del viernes le confesábamos a los padres nuestras travesuras de la semana y al poco rato (¡qué sorpresa!) grupos enteros de estudiantes éramos vistos con recelo. ¿Secreto confesional? Siempre sospechamos que todos nuestros secretos acababan en los oídos del director de la escuela y no precisamente porque supiera leer la mente.

Sin embargo, por muchos años el temor al diablo y al infierno fue muy real para mí. Y por eso, cuando me confesaba, inventaba pecados en una especie de cuenta bancaria. De tal manera que si la muerte me sorprendiera antes de la siguiente confesión, yo estaba protegido con el sobrepago de penitencias de la semana anterior. Le inventaba al confesor que le había mentido a la maestra, que había copiado en clase, que le había pegado a mis hermanos—bueno, eso generalmente era cierto—para tener crédito en el banco del cielo. Desde luego, cuando más tarde me di cuenta de la manipulación sacramental que estaban realizando con nosotros los sacerdotes, me alejé de la religión y de todo lo que ellos representaban.

Durante años creí que la hostia que comulgaba viernes y domingos realmente se transformaba en la sangre y el cuerpo de Jesucristo. Hasta que un día pegué la hostia en mi paladar y la saqué a escondidas en el baño. La vi tan blanca, tan común, tan parecida al pan que comía todos los días en casa, que me molestó haberme tragado el cuento de los sacerdotes por tanto tiempo. En ese momento, sus palabras dejaron de tener peso para mí. Mientras disolvía la hostia en mi lengua, se disolvió también la fe que inútilmente me trataron de inculcar.

Pero los chantajes iban más allá del ámbito espiritual. Cada vez que alguien cometía una falta de conducta, olvidaba su tarea o llegaba tarde a clase, corría el riesgo de ser golpeado por el prefecto de la escuela con un *neolaitazo* en las manos o las nalgas. El *neolite* era una suela de zapato que ardía al contacto y dejaba una marca roja en la piel. En mi paso por el C.E.L recibí decenas y quizás centenares de *neolaitazos*. Y con cada uno de ellos creció mi odio por los padres.

Sin duda, yo no fui el más golpeado. Compañeros como Gerardo Solis, el Chino, Pavía, es decir, los más inquietos y traviesos, recibieron toneladas de *neolaitazos*. Mi hermano Alejandro me ayudó a recordar un brutal incidente en el que un compañero de clases fue cargado de las dos patillas y levantado hasta que su cabeza golpeó varias veces el techo del autobús escolar.

Es cierto, yo no era de los elegidos frecuentemente para ser golpeado. Pero lo que me tocó, me marcó. Y sólo puedo imaginarme las huellas emocionales que esas prácticas disciplinarias dejaron en los estudiantes que me acompañaron por más de una década en los salones de clase del C.E.L.

El padre Rafael, un gigantón norteamericano, sin pelo y de ojitos azules, caminaba siempre amenazante, balanceándose como un gorila, por los pasillos de la escuela y con un *neolite* colgando del bolsillo de su pantalón y con unas tijeras para cortarle el pelo, ahí mismo, a cualquiera que le pareciera demasiado greñudo. Cada vez que algún alumno pasaba junto a él, se cubría las nalgas; no era extraño que desembolsara el *neolite* o las tijeras con la rapidez de un *cowboy* para apurarnos a clase. Y cuando nos quejábamos de su violencia, la frase que repetía era: "si no te gusta esta escuela ¡váyate!"

Irónicamente, este era el mismo profesor que nos daba clases de ética—"¿y qué vas a hacer tú con tu vida?"—y quien mandó a prohibir las clases de educación sexual después de la primera sesión—"los chachitos y las chachitas se juntan . . ."—porque todos los alumnos nos moríamos de la risa con el lenguaje del instructor que, era obvio, nunca había tenido relaciones sexuales. El padre Rafael también perfeccionó otros métodos de humillación. Aquel que después de varios *neolaitazos* no aprendía la lección, era hincado en el centro del patio, a la vista de todos, y tenía que cargar pesados libros con los brazos extendidos en señal de la cruz.

El padre Hildebrando cantaba como los ángeles en el coro de la escuela, pero jalaba las patillas con singular destreza y tenía un carácter explosivo. Una vez, cuando una maestra ya no nos pudo controlar, le llamó al padre Hildebrando. "Ven la tempestad y no se hincan," gritó el sacerdote, ante lo cual un grupo de alumnos nos hincamos en plena clase. A nosotros nos pareció muy gracioso. Pero a Hilde no. Esa tarde terminé sin patillas, con las nalgas rojas y un reporte de mala conducta enviado a mi casa.

El más cruel de todos, sin embargo, se llamaba el padre Williams. Era un rubio con un corte de pelo militar que destilaba odio. Nunca entendí cómo un ser humano tan perverso y despiadado se pudo convertir en sacerdote. Siempre me pareció que todas sus frustraciones y broncas las desahogaba con nosotros, los estudiantes. Además de golpear brutalmente con el *neolite* era un experto en bajarte la moral y hacerte sentir como hormiga; era su forma de control.

En noviembre de 1975 varios amigos escribimos un panfleto de protesta por la forma en que nos trataban en la escuela y que llamamos "Nosotros." Estábamos aterrados de la reacción de los curas católicos cuando lo leyeran, pero nuestra indignación fue mayor que el miedo. Ahí escribí un artículo titulado "Hasta Hoy Permanecimos en Silencio" con frases como "se han tragado nuestra alegría," "se gobierna con base en el miedo," y "rompe tus cadenas y actúa." Releyendo el texto me doy cuenta que muchas de las frases e ideas que escribí a los 17 años las he repetido décadas después en distintas formas y sobre los temas más dispares.

La inconformidad con los métodos disciplinarios era creciente. En una ocasión, cuando logré con muchísimo esfuerzo que me aceptaran en la preselección del equipo mexicano de atletismo que se encontraba en preparación para las próximas olimpíadas, el padre Williams hizo todo lo posible para impedir que llegara a tiempo a los entrenamientos. "Eso de las olimpíadas es para gente sobrenatural," me dijo Williams con su cargado acento estadounidense, "y tú no eres ningún supermán."

Lejos de afectarme los comentarios del padre Williams, decidí cambiarme de escuela a la primera oportunidad. Lo hice en mi último año de preparatoria, tras 12 años de haber estado en la misma escuela. Hasta ese momento pocas cosas me habían dado tanta satisfacción como esa declaración de independencia. "Me voy de aquí por usted," le dije a Williams. Se quedó frío; fue la primera vez en que no me contestó con un golpe, una sonrisa sarcástica o un castigo. El yugo se había roto. El odio por el "buen católico" Williams era tal que muchas veces fantaseé con agarrarlo a golpes para vengarme de todas las que me había hecho.

Esos años, no me queda la menor duda, afectaron el resto de mi vida. Mis problemas con la autoridad se manifestaron con mucha claridad y mi respuesta inicial a cualquier imposición de alguien con poder—profesores, padres, policías—siempre fue de rechazo. Las discusiones con mi padre sumadas a los enfrentamientos con los sacerdotes en la escuela me fueron formando como un rebelde.

Quizás lo más importante de esa época fue mi alejamiento, casi total, de la religión formal. Mi razonamiento de pre-adolescente era muy claro: si estos sacerdotes que me golpeaban dicen ser los representantes de dios en la tierra, entonces yo no quería tener absolutamente nada que ver con ellos ni con lo que representan. Aún sin saberlo—era todavía muy joven—me fui convirtiendo en un existencialista. Como aprendería más tarde en mis años universitarios, el existencialismo reflejaba exactamente como yo me sentía: arrojado al mundo y con la libertad para hacer lo que se me pegara la gana. Esto—como luego experimentaría también en carne propia—me generó una típica "angustia existencial" al no tener la certeza de que hay vida después de la muerte. Pero al menos estaba viviendo de manera muy honesta conmigo mismo.

Me di cuenta que no era cierto que hay un destino previamente escogido para cada uno de nosotros—como nos querían hacer creer los padres—que la suerte no existe y que la astrología y demás rollos esotéricos eran para charlatanes. Es decir, que mi vida dependía de mí y de nadie más y que nadie, absolutamente nadie, me podría asegurar nada después de morir. Desde entonces he vivido con esas creencias con muy ligeras modificaciones.

La vida, para mí, no tenía sentido: había que dárselo. Como todo adolescente pasé momentos difíciles, en los que creía que mi vida no tenía mucha dirección. Sin el apoyo de la fe religiosa tenía que encontrar otra cosa que la reemplazara. Y en lugar de buscar hacia fuera busqué hacia adentro. Esas clásicas preguntas de juventud que tanto me impresionaron en los libros de Herman Hesse—¿quién soy? ¿cuál es el verdadero sentido de vivir? ¿para qué? ¿cómo trascendemos?—me agobiaban. Me acuerdo que me tiraba en la alfombra de la sala, boca abajo, con la luz apagada y las manos sobre la cabeza mientras escuchaba música muy fuerte, y siempre buscando respuestas a estas, para mí, cuestiones fundamentales. Hasta que un buen día, después de varias noches de angustia, encontré dos palabras que me sirvieron mucho: ser y amar. ¿Cursi? Es posible. Pero me funcionaron. Era seguro que yo no había sido tocado por ninguna figura divina, pero si actuaba con autenticidad y trataba de amar a los que me rodeaban—pensé—podría llevar una vida bastante decente. E hice un esfuerzo por ponerlos en práctica. Para mí esos dos preceptos no han cambiado.

El rompimiento con la religión formal y con la iglesia católica me obligó a tener una muy personal vida espiritual en la que no participan santos, vírgenes, diablos, papas ni sacerdotes. No creo en milagros ni en apariciones ni en designios divinos. Todo, o casi todo, tiene una explicación mucho más terrenal. Y mis lecturas de Nietzche sólo reforzaron en mí la importancia de centrarse en lo humano más que en lo divino. Al final de cuentas—pensaba como un insolente adolescente—si dios realmente existe y hay vida después de la muerte, él o ella deberán reconocer que he vivido sin mentirme y sin inventarme mundos ilusorios. Mi espiritualidad era de otra índole, más humana, más sucia, más llena de lodo y de dudas.

Todo esto me ha convertido en un agnóstico con ganas de ser creyente. Hay momentos en que desearía tener la certeza de que el cielo existe, de que siempre estarán junto a mí, de alguna manera, las personas a las que quiero, que la vida no termina sino que sólo se transforma. Quisiera tener la certeza. Pero no la tengo. Y envidio enormemente a los que están convencidos de que sí hay un cielo lleno de querubines donde me podría volver a reunir con mi padre y con mi amigo Félix y con mi abuelo Miguel. Pero—y de nuevo surge mi terrible escepticismo—¿cómo lo saben? ¿qué pruebas tienen? Es, supongo, cuestión de una fe que yo no tengo y que, si algún día la tuve, me fue arrancada a *neolaitazos*.

¿Rezo? A veces. Cuando estuve en un fuego cruzado durante la guerra en El Salvador o en un par de aviones con problemas mecánicos sobre Venezuela y Arabia Saudita recé, sinceramente, porque tenía mucho miedo y no sabía qué más hacer. Mientras caían a mi lado un montón de balas en San Salvador recuerdo haber rezado un padre nuestro y varias Ave María. Y, lo sé, me hicieron sentir un poco mejor. Suena contradictorio y hasta hipócrita pero refleja ese deseo, auténtico, de algún día creer y tener fe.

Como ex–católico nunca he cargado el peso de la culpa. Mis primeras aventuras sexuales las tuve sin ningún sentido de culpabilidad y ahora, como periodista, tengo la tranquilidad de hacer preguntas respecto a la iglesia católica que algunos podrían considerar blasfemias. Me aterra la actitud de silencio del Vaticano ante los casos de pedofilia y de abuso sexual de sus sacerdotes; no entiendo cómo se mantiene la prohibición al uso de condones cuando el Sida arrasa con el continente africano; no me trago las explicaciones de que fue el propio Jesucristo quien decidió con sus acciones que las mujeres no podían ejercer el sacerdocio como los hombres; y como reportero me genera muchas sospechas la supuesta infalibilidad papal y la renuencia a dar entrevistas o conferencias de prensa. Sin la iglesia, supongo, vivo más libre pero también más angustiado. Es el precio que estoy dispuesto a pagar.

Mi vida espiritual, lo decidí desde muy joven, nunca estaría ligada a la iglesia o a instituciones religiosas. Sin embargo, dentro de ese ambiente de abusos y golpes, tengo que rescatar el recuerdo del padre Sergio Gaytán.

El padre Sergio fue el prefecto de disciplina en mis años de primaria, antes de que pidiera un permiso temporal para alejarse del monasterio de los benedictinos y que luego se convirtió en permanente. Lo recuerdo como en las películas, jugando futbol con su larga sotana negra y luego conversando, demostrando interés en nuestras preocupaciones infantiles. Nunca salió un golpe de él. Más bien, mis amigos Eduardo Fuentes, Mario Vasquez y yo lo sentíamos como nuestro protector ante el resto de los sacerdotes que vivían convencidos de que las lecciones entraban a golpes y con miedo.

Cuando el padre Sergio dejó el monasterio le perdí la pista hasta que recibí una carta, que aún guardo, un 22 de junio de 1988. Habían pasado al menos 20 años desde la última vez en que lo había visto. Me vio por la televisión, consiguió la dirección del programa que hacía y me escribió una carta llena de anécdotas y de cariño. Me contó que había dejado de ser sacerdote pero que continuaba con sus mismos ideales aunque ahora dentro del laicismo. Una beca Fullbright lo había llevado a la Universidad de Columbia en Nueva York y fue ahí donde me vió. La carta me llenó de alegría pero como estaba pasando por una época muy conflictiva en mi vida personal no le contesté inmediatamente. Pasaron varios meses antes de hacerlo.

Luego me extrañó que no hubiera respondido a mi carta inmediatamente pero razoné que no podía esperar algo distinto después de mi dilatada respuesta inicial. De verdad, deseaba saber más de Sergio y que me ayudara a manejar los odios que cargaba contra los otros sacerdotes de la escuela. Era un peso que me quería quitar de encima y sólo él podría ayudarme.

A las semanas recibí una carta desde Nueva York. La escribía uno de los compañeros de estudios de Sergio. Sergio Gaytán se murió, me contaba. Nunca pudo leer tu carta. Y esa experiencia me dolió mucho. Lloré, solo, la muerte de un hombre que en sus últimos momentos pensó en rescatar sus recuerdos y que estiró una mano hacia mí. Desafortunadamente no supe comprenderlo a tiempo. Hoy cargo esa carta, única, que me escribió el padre Sergio —no sé llamarlo de otra manera— y al que respondí demasiado tarde. Sergio se fue dejándome otra gran lección: la vida es para hoy, la muerte no espera.

Si mis encuentros con figuras religiosas fueron casi siempre conflictivos —con la excepción del padre Sergio— mi paso por el deporte tuvo también su buena dosis de dramatismo. Entré al Centro Deportivo Olímpico Mexicano (C.D.O.M.) cuando tenía alrededor de 14 años de edad. Y entré, no precisamente por mis dotes de atleta, sino porque logré convencer a un funcionario del Comité Olímpico mexicano de que quería una oportunidad para ir a una olimpiada. "Corro muy rápido," le decía, "y en mi escuela le gano a todos." Insistí con tanta convicción que, aún sin conocerme, levantó el teléfono y le dijo a uno de los entrenadores del equipo de atletismo: "te voy a enviar a un muchachito para que le hagas una prueba." Y ese muchachito, por fin, iba en camino de cumplir el sueño de ir a una Olimpíada.

Me inicié en salto de altura. En esa época estaba muy de moda saltar de espaldas, como lo había hecho el norteamericano Dick Fosbury en los juegos olímpicos de 1968 en la ciudad de México. Y logré saltar varios centímetros por encima de mi cabeza. Pero como soy tan chaparro, eso nunca hubiera sido suficiente para ir, ni siquiera, a unos juegos panamericanos. Pero más que aprender a saltar, aprendí a tratar de controlar mis nervios en momentos clave. Me molestaba mucho que en las competencias no pudiera saltar tan alto como lo hacía en entrenamiento. Tiraba la varilla varios centímetros por debajo de lo que estaba acostumbrado. Y siempre luché para vencer esa experiencia de fracaso. Años después, frente a una cámara de televisión, supe que había vencido con creces el miedo al fracaso que experimenté como saltador de altura.

Mi estatura y lo que entonces parecía una leve lesión en la espalda me obligaron a dejar el salto alto y empezar a entrenar en la carrera de 400 metros con vallas. Participé en varios campeonatos nacionales con cierto éxito y con la mira en poder integrar el equipo olímpico mexicano de 1976 o 1980. Entrené arduamente, después de mis clases, durante más de tres años y estoy seguro que, de haber continuado, habría logrado mi objetivo. Pero lo que originalmente parecía una pequeña lesión en la columna se convirtió en el fin de mi sueño olímpico.

Los especialistas médicos del C.D.O.M. determinaron que mi problema era una vértebra lumbar que no estaba totalmente cerrada. Era, probablemente, una situación que se corregiría con el tiempo. Pero, en ese momento, la lesión no me permitió seguir entrenando. Hubiera requerido una peligrosa operación que fusionara dos vértebras, la de arriba y la de abajo, con la que estaba medio abierta. El riesgo de quedar parálitico era muy alto. Definitivamente no me iba a someter a una cirugía pero quería seguir entrenando bajo mi propio riesgo. Sin embargo, el *coach* rumano que estaba a mi cargo se rehusó. "Tienes *spina bifida*," concluyó. "No puedes correr en competencia." Y me mandó a mi casa.

Esa noche, en la cocina de la casa, se lo conté a mi mamá y me eché a llorar como nunca antes. Mi objetivo de ir a unas olimpíadas —que comenzó cuando tenía 10 años al ver correr frente a la casa de mi abuelo a los maratonistas de Kenya que participaban en los juegos olímpicos de México en 1968— desapareció como gotas de sudor. Tantos años, tanto esfuerzo y tantos planes, todo en vano. Esa noche algo se rompió dentro de mí.

Sin embargo, si algo aprendí de esa época fue que el correr me ayuda a sacar el *stress*. Cada vez que estaba a punto de enfrentar una situación difícil o complicada, me ponía unos horripilantes pero comodísimos tenis verdes (unos *Converse*) y salía a correr. Pronto descubrí que mis mejores ideas surgían mientras corría y hoy en día no es extraño que salga a trotar y regrese con un nuevo proyecto de reportaje, unos planes de vacaciones y un artículo, todo "escrito" u organizado perfectamente en mi mente.

En el CDOM, además de correr, aprendí otras cosas más importantes. Allí conocí a Ana Laura, la niña a quien le di mi primer beso. Más bien, fue ella —mayor y con más experiencia— quien me enseñó cómo hacerlo en la esquina de una transitada y ruidosa calle. La gente se nos quedaba viendo y los camiones de pasajeros pasaban a un ladito pero nada rompió mi asombro ni mi concentración. La relación terminó, de pronto, cuando me dijo que quería tener un hijo conmigo. Me asusté tanto que nunca le di un beso más; desde entonces desarrollé un pavor a que un embarazo me cortara mi libertad y mi carrera. Siempre me cuidé y, tras esa experiencia, no me atreví nunca a tener relaciones sin antes preguntarle a mi pareja si se estaba cuidando o si yo debía hacerlo. Fue así que se despertó mi curiosidad por el sexo y donde aprendí, también, lo que era reprimirse.

Cuando viajé con un grupo de atletas al balneario de Oaxtepec para una competencia a nivel nacional, más importante que las carreras y los saltos para ellos eran las escapadas de noche para ir a acostarse con prostitutas. Nunca acompañé al grupo y para evitar las presiones —yo era el más jóven de todos— me escondía por una o dos horas en el baño hasta que todos se iban. Al día siguiente, con la preocupación de la competencia, nadie me preguntaba nada.

MI CORTO PASO POR EL DEPORTE de élite coincidió con mi despertar sexual. Uno de los momentos más emocionantes del día era el de los largos regaderazos después del entrenamiento. El baño de los hombres y el de las mujeres estaba separado únicamente por una puerta metálica. Pero alguien se las había ingeniado para hacerle un hoyito a esa puerta. Pocas veces en mi vida me ha caído tanta agua por tanto tiempo mientras me quedaba solo en el baño colectivo para poder ver bañarse a las mejores atletas mexicanas a través del hoyito de la puerta.

Finalmente, no fue el deporte mi camino. En mis alucinaciones de estudiante me hubiera encantado ser rockero o futbolista; me emocionaba pensarme frente a un estadio repleto y escucharlo rugir con un acorde o una jugada de gol. Sin embargo, la palabra escrita —a través de un incipiente diario— poco a poco se fue convirtiendo en un desahogo y una forma de canalizar mis frustraciones. La música no fue mi fuerte. Durante mi adolescencia estudié ocho años de guitarra clásica . . . por error. Sí, yo quería tocar como los Beatles o los Monkeys y le pedí a mi papá que me regalara una guitarra. El problema es que la guitarra vino pegada a una extraordinario maestro, Óscar, quien además de enseñarme a tocar la canción *Michele* de los Beatles, me introdujo a Bach, Tárrega, Albéniz y Villalobos.

No debí haber sido tan malo ya que di dos conciertos de cierto grado de dificultad, algo bastante respetable para un mocoso como yo. De hecho, mi primera aparición en televisión fue a los 12 años en un concurso de guitarra. Pero conforme fui creciendo, la guitarra no me permitió expresarme como quería. Tocar música sin gritar lo que estaba cambiando dentro de mí era muy insatisfactorio. Así es que, con toda la pena del mundo, le dije a Oscar que iba a dejar la guitarra por un tiempo aunque él sabía que la decisión era definitiva. Se que fue un golpe duro para él ya que yo era su alumno más adelantado y tenía en mente grandes planes para mí. Sin embargo, la misma guitarra que me acompañó de joven continúa aún conmigo.

Con la guitarra de lado y mi carrera como atleta truncada, ingresé a la Universidad Iberoamericana perfectamente confundido. Y escogí la carrera más nueva y la más difusa: comunicación. Mi papá tenía razón; en el fondo no sabía qué iba a hacer con "eso." Pero coincidí con un maravilloso grupo de inquietos y divertidos estudiantes con quienes saltaba con singular alegría de una clase de marxismo y antropología a otra de publicidad y estadística; de Mc Luhan a Mc Donald's, de la semiótica a las discotecas y de los funcionalistas a los pachangones frente al lago de Tequesquitengo donde un cuate tenía una casa de fin de semana.

Durante esa época escribí un poema que refleja la incertidumbre y la angustia existencial de un adolescente que se está buscando a sí mismo (igual que en los libros de Hermann Hesse). El poema repite nueve veces la frase "a los veintiún años todavía no sé lo que quiero" y era una queja despiadada, grosera, a todas las reglas (familiares, religiosas, escolares, sociales . . .) que me estaban agobiando. Al mismo tiempo, no tenía muy claro qué es lo que quería hacer con mi vida. Pero lo que sí sabía es que el México que me había tocado vivir me estaba sofocando y se estaba convirtiendo en un callejón sin salida. Necesitaba aire, nuevas ideas, una razón de ser. Y allí no lo estaba encontrando.

Casi todo lo que soy puede entenderse por las experiencias de mi infancia y adolescencia en esa casa de México. De hecho, actúo muchas veces en franca oposición a las experiencias negativas que viví en esa época. Huyo del ruido, del brócoli y de los solemnes y acartonados, devoro aguacates y aprieto las naranjas para extraer su jugo como me enseñó mi abuelo, reacciono con violenta indignación frente a las figuras autoritarias, me escabullo como pescado de las imposiciones sociales, trato de saltar por encima de mi cabeza, creo más en la fuerza de voluntad que en la fe y nunca le echo a nadie la culpa de lo que me pasa; vivo la vida que escogí. No creo ni en ángeles ni en horóscopos ni en las cartas astrales ni en brujos ni en magia.

Estamos hechos de pedacitos. Y todo lo que sé lo aprendí en la casa de Piedras Negras número 10.

LA PRIMERA OPORTUNIDAD

Un hombre nunca es igual a sí mismo:
se mezcla con los tiempos, con los espacios,
con los humores del día, y esos azares lo
dibujan de nuevo.

Un hombre es lo que es, y también lo que está
por ser.

—TOMÁS ELOY MARTÍNEZ (SANTA EVITA)

Mis años universitarios agarraron a la familia Ramos en una mala situación económica. Los jesuitas de la Ibero nunca entendieron que en mi casa no había dinero suficiente para pagar mi colegiatura ni la de mis tres hermanos y hermana. Las becas que disfruté por buenas calificaciones durante una buena parte de mis estudios se detuvieron ante la puerta de la universidad. Así que no me quedó más remedio que buscar un trabajo.

Había días en que me levantaba a las cinco de la mañana y tomaba dos autobuses y el metro para llegar a clase de siete. Pasaba toda la mañana en la universidad, entrenaba con el equipo de basquetbol a la hora del *lunch*, volvía a tomar un autobús y el metro para llegar al trabajo a las cuatro de la tarde y terminaba hecho una piltrafa a las ocho de la noche. El regreso a casa, después de haber recorrido en transporte público toda la ciudad de México —vivía en el norte, la universidad quedaba en el sur y mi trabajo en el centro lo hacía semidormido. Para volverlo a repetir al día siguiente.

El dinero siempre fue un asunto que manejaba en secreto mi papá pero que nos alteraba la vida a todos. Tuvimos épocas buenas, como cuando nos fuimos la familia completa a Disneylandia; eso fue algo que presumimos en la escuela por meses. Pero lo que más recuerdo, por supuesto, son las cosas que no podíamos hacer cuando llegaron las vacas flacas ligadas a la enfermedad cerebral de mi padre.

Cada vez fue más difícil para él conseguir un buen empleo y eso se reflejó en las escasas vacaciones, en no poder comprar los pantalones de rayas verdes y naranjas que estaban de moda y en compartir la ropa interior con mis hermanos; en los apuros que pasaba mi mamá con el gasto diario, en tener que salir un par de veces a vender nueces del rancho de mi abuelo, puerta en puerta, y que me causaba una enorme vergüenza. Pero gracias a esa dura experiencia aprendí a vencer mi timidez y a enfrentarme al "qué dirán" de mis amigos y no tan amigos. Así como me enfrentaba a personas absolutamente desconocidas (para ofrecerles nueces), décadas más tarde lo haría con presidentes y altos funcionarios.

Desde entonces, creo, fui muy consciente del valor del dinero y comencé a ahorrar de a poquitos para una emergencia. También guardaba con mucho cuidado las cosas que me gustaban. Tenía, por ejemplo, una camisa amarilla que me encantaba y, como no quería que se gastara, la guardé para tan solo ocasiones especiales. Esas ocasiones, supongo, nunca llegaron porque el día que la quise usar ya no me quedó; la había guardado tanto tiempo que yo crecí una o dos tallas más que la camisa.

Vivimos en el mismísimo borde de la clase media, algunas veces —pocas— rascando hacia arriba y otras empinándonos hacia abajo. Éramos *borderline middle class*. En ese sentido, nos parecíamos a millones de familias mexicanas que fluctuaban con cada crisis sexenal, los cambios de gobierno y los malos manejos de las clases dirigentes. Pero a mí esos ciclos me dejaron muy claro cuál era el tipo de vida que no quería repetir.

Durante los veranos y varios fines de semana me iba a un campamento,

Lomas Pinar, en Cuernavaca, como consejero y guía de niños. Y además de sacar algunos pesos tuve mis primeras experiencias de plena autonomía como adolescente. Ahí conocí a un extraordinario sacerdote jesuita, Federico Zatarain, con quien siempre pude discutir abiertamente mis dudas existenciales y con quien aprendí, como director del campamento, mis primeros trucos de liderazgo. Espiritualmente, Zatarain me dirigió en las turbulentas aguas de la adolescencia; nunca impuso sus creencias ni los dogmas del catolicismo sobre mis inquietudes. La conversación fue su mejor arma de convencimiento. Me enseñó mis primeras lecciones de liderazgo al ponerme al frente de la dirección del campamento durante un par de veranos; con él también descubrí cómo detectar lo que él llamaba los "momentos oportunos." Es decir, cómo encontrar el instante apropiado o perfecto, para hablar sobre cosas importantes: frente a una chimenea, antes de dormir, y no, en medio de un centro comercial lleno de gente ni con prisa. Esa técnica, tan sencilla, ha sido fundamental para mí, en las conversaciones con mis hijos al igual que en mis negociaciones de trabajo. Sabía, sí, cómo crear esos "momentos oportunos." Pero seguía sin ingresos suficientes para continuar con mis estudios.

El caso es que, sin dinero para la colegiatura de la universidad, empecé a trabajar en Viajes Horizonte, la agencia de viajes de los padres de mi amigo Benjamín Beckhart. La señora Martha Beckhart, impecablemente vestida, con don de mando y el mejor carro negro del año, era mi jefa y fue mi salvavidas. Sin su ayuda—y ella lo sabía—no habría podido seguir estudiando en la universidad. Es muy posible que no necesitara a nadie más en la agencia, pero me dió el trabajo por cariño y porque, la verdad, me urgía. Así que me puse a hacer las facturas por cobrar que tenía la agencia y que aprendí a teclear con suma rapidez. (Años más tarde, esa misma destreza me ayudaría a escribir noticieros.)

Sin embargo, más que pasar cuatro horas diarias frente a una máquina de escribir, lo que absorbí de esa experiencia laboral fue el placer por los viajes. Los señores Beckhart iban y venían de todas partes del mundo y me llamaban mucho la atención los clientes que pasaban a recoger sus boletos de avión para irse a Japón, a Europa, a Israel . . . ¿Quién podía tener tanto dinero como para viajar de esa manera? me preguntaba, mientras regresaba por las noches en un ruidoso y destartalado camión de la Ruta 100 (Toreo-Satélite) a mi casa.

Bueno, gracias a esa chambita pude viajar por primera vez a España, a Francia, a Inglaterra y además seguir estudiando en la universidad. En París, con mi amigo Benjamín, fuímos a un bar de Pigalle donde conocimos a la que nos pareció una preciosísima holandesa. Pero resulta que la beldad era una prostituta. Y así, con nuestra ingenuidad, la tratamos de convencer frente a un par de cervezas para que dejara la prostitución . . . y se fuera con nosotros. El asunto terminó mal cuando, después de una hora, el dueño del bar se dio cuenta de que no estábamos consumiendo nada y que la muchacha perdía, divertida, su tiempo con nosotros. Salimos corriendo del bar sin pagar. Al regresar de Europa yo ya sabía que mi futuro no sería dentro de una oficina haciendo facturas.

La carrera de comunicación probablemente no me serviría de nada en el futuro, pero en ese momento me estaba dando una muy completa formación humanística a la vez que ayudándome a poner los pies en el mundo. Los pensadores existencialistas marcaron desde muy joven mi filosofía de la vida; estamos arrojados al mundo —decían Sartre y compañía— y cada quien es responsable de su propia vida: esa es nuestra única certeza.

Esa visión agnóstica, rebelde, cuestionadora del *status quo*, un poco angustiante y centrada en el ser humano, no en asuntos celestiales, encajaba perfectamente conmigo. Y eso, aunado a una buena dosis de Freud, Marx (impartido, irónicamente, por algunos de los propios sacerdotes jesuitas) y al trabajo social que me puso en contacto con algunos de los mexicanos más pobres de la ciudad de México —niños sin zapatos y con gusanos en el estómago, colonias sin agua potable y casuchas con techos de lámina agujereada— redondeó mi formación intelectual y social. Era curioso que en una de la universidades más caras de México muchos estudiantes hubiéramos podido aprender cómo hacer la revolución. Por supuesto, pocos pusieron en práctica la teoría. Pero el germen de la inconformidad social quedó bien plantado.

Yo no iba a ser de los que se iban a la montaña a cambiar el mundo; había mucho que hacer en la ciudad. Así que, dentro del área de las comunicaciones, decidí especializarme en psicología. Acabaría, inevitablemente, como psicoanalista o profesor universitario. El periodismo, sin embargo, no me interesaba. "No me gusta andar persiguiendo a la gente," le decía a mis amigos que ya empezaban a caer ante la magia reporteril. "Prefiero hacer noticia en lugar de cubrirla." Pero no pasaría mucho tiempo antes que tuviera que tragarme mis palabras.

Una mañana de 1978, mientras caminaba por uno de los pasillos de la universidad, me detuvo una mujer que decía trabajar para Televisa, la más grande empresa de telecomunicaciones en México. Y sin conocerme, preguntó: "¿Te gustaría hacer una prueba para trabajar en Televisa?" No tuve que pensarlo mucho para decirle que sí; Televisa tenía muy mala fama periodística pero, después de todo, conseguir un empleo en radio o televisión tendría mucho más que ver con mi carrera que continuar en la agencia de viajes.

Pero mi entusiasmo por el posible cambio quedó congelado cuando llegué a Televisa a hacer la prueba y me encontré con cientos de jóvenes, tan ilusionados por conseguir un trabajo como yo. Recuerdo haber leído un par de textos en español y luego hacer comentarios al respecto en inglés y en francés. No fui particularmente brillante; por el contrario, mi inglés era apenas aceptable y mi francés se basaba en unas pocas clases que había tomado. Pensé que, quizás, el hablar otros dos idiomas me daría una pequeña ventaja sobre el resto del grupo. Y así fue.

A los pocos días recibí una llamada para presentarme a trabajar en la XEW, la estación de radio de más tradición del país, o como decía el famoso *slogan*, "la voz de América Latina desde México." En una práctica típica de esa época, un ejecutivo de Televisa me ofreció firmar un contrato en blanco. Cuando le señalé que el salario no estaba estipulado en ese contrato, sólo respondió apuntando con su dedo una línea del documento: "Si quieres trabajar, firma aquí." Y firmé. No tenía, en realidad, mejor opción. Además, ya tenía un pie dentro del periodismo.

Mi salario terminó siendo bastante menor que el de la agencia de viajes. Apenas me alcanzaba para la colegiatura y los camiones, pero lo compensaba sacando copias en las oficinas de Televisa de los libros que tenía que leer en la universidad y que no tenía suficiente dinero para comprar. Mis amigos más acomodados me prestaban los libros por la tarde y se los regresaba a la mañana siguiente. A pesar de las dificultades, estaba contento. "Me están pagando para aprender," pensaba.

Las oficinas de la XEW estaban en una descuidad azona del centro de la ciudad de México pero la tradición de la "W" era inigualable. Allí comencé a entrenarme con el grupo de jóvenes seleccionados tras la prueba. No pasábamos de diez.

Empezamos desde abajo, recortando información de los teletipos, buscando datos y escribiendo notas para otros periodistas. Pero, poco a poco, supimos cuál era el verdadero objetivo de nuestra contratación. El director de noticias de la "W," un tal Armendáriz, quería tener en sus radioprogramas "las mejores voces de México" y esperaba encontrarlas en algunos de nosotros.

Ahora me parece muy sintomático y preocupante que en esa estación de radio buscaran las mejores voces y no a los mejores periodistas. Pero en ese entonces ni siquiera me lo cuestioné.

En esa época los locutores y periodistas radiales utilizaban un estilo muy acartonado, con la voz impostada y un lenguaje formal y distante. Los locutores más viejos acostumbraban ponerse la mano ahuecada en uno de los oídos, haciendo eco a sus palabras. Con eso, sí, escuchaban mejor lo que decían pero también desarrollaban un horrible vicio de no poder hablar al aire sin ponerse la mano junto al oído.

El caso es que a no me seleccionaron para ser una de "las mejores voces de México" y fui condenado a trabajar detrás del micrófono. Y gracias a que mi voz no pasó la aprobación del director de noticias, me relegaron como asistente de producción de un noticiero de radio, el Noticiario de América Latina. Ahí tuve mis primeras lecciones de periodismo.

Mi tarea, cada día, consistía en conseguir reportajes de todo el continente y me convertí, sin proponérmelo, en un especialista de temas internacionales. Eso me dio mucha libertad, ya que la información nacional estaba sumamente restringida y supervisada. En esos días, un veterano reportero me dio un consejo para sobrevivir en la estación de radio: "Lo primero que tienes que aprender aquí, muchachito, es a no hablar mal del presidente ni de tus compañeros de trabajo."

En realidad era difícil no hacerlo porque muchos de ellos recibían "chayotes," es decir, dinero del gobierno y de sus fuentes para adecuar la información a los intereses de quien pagaba. Pero mantuve el pico cerrado y me dediqué al área internacional a la que nadie hacía caso, quizás, porque ahí nadie pagaba "chayotes."

En el Noticiario de América Latina tuve dos grandes amigos y aliados: Félix Sordo y José Manuel Gómez Padilla. Ellos—con una paciencia y preocupación de verdaderos compañeros—me inculcaron la pasión por el periodismo. Admiraba cómo leían el noticiero que yo les ayudaba a preparar y cómo improvisaban, con absoluta facilidad, cada vez que había un problema al aire. Discutían enfurecidos antes y después de cada transmisión los detalles más oscuros de cada noticia y, sobre todo, disfrutaban enormemente lo que hacían. Desde luego, no pasó mucho tiempo antes de querer hacer lo mismo que ellos.

Para ese entonces la idea de Armendáriz de contratar a las mejores voces de la nación había sido declarada, extraoficialmente, un fracaso y él fue despedido. Con esa noticia, podía pensar en un futuro dentro de la "W"; en lugar del intratable Armendáriz llegó un nuevo director de noticias mucho más abierto a otras voces y a otros estilos.

Aprovechando la coyuntura, le propuse que me dejara hacer un reportaje o una entrevista para salir al aire en el noticiero. Me dijo, sin darle mucha importancia, que hiciera la prueba y luego se la mostrara. Salí feliz de su oficina. "Gol," me dije en voz bajita.

Inmediatamente me di a la tarea de entrevistar por teléfono al embajador de México en Uruguay donde estaba ocurriendo algún tipo de crisis internacional que—sinceramente—ni siquiera recuerdo. Pero lo que sí recuerdo es que el embajador no tuvo ningún empacho en ponerse al teléfono y hablar conmigo. Después de todo, yo trabajaba para la "W" aunque él no sabía que esa sería mi primera entrevista y mi prueba de fuego.

Según mi parecer, la entrevista había salido muy bien pero cuando la escuchó el nuevo director de noticias, puso cara de preocupación. "La entrevista está bien," me dijo, "pero no la podemos poner al aire." "¿Por qué?" le pregunté, sospechando que mi futuro en la empresa estaba marcado. "Porque la entrevista está llena de *okeys*." Efectivamente, estaba tan nervioso al hacer la entrevista con el embajador que ante cada cosa que él decía, yo respondía: *okey*. Decenas de *okeys* plagaban la conversación.

A pesar de este primer trancazo contra la realidad, el director me dio el *okey* para seguir haciendo entrevistas y reportajes. Aprendí de mis errores y mi siguiente entrevista, con la encargada del Palacio de Bellas Artes, salió al aire sin un solo *okey*.

A partir de ese momento tuve una mayor participación al aire en el noticiario y en otros programas de la "W" y de la XEX, una estación de radio (también de Televisa) que transmitía noticias 24 horas al día. Participé en la cobertura del Festival Cervantino en Guanajuato —fue mi primer viaje de trabajo pero lo recuerdo más porque me enamoré de una bailarina norteamericana del American Ballet Theatre que jamás me hizo caso— y exploré nuevas áreas dentro de la radio. Los sábados, por ejemplo, me asignaron a que trabajara en la producción de una radionovela sobre extraterrestres. Y a nadie, afortunadamente, le preocupó mi voz.

Simultáneamente a mis chambitas radiales, terminé los cursos de la carrera de Comunicación y me puse a escribir la tesis para graduarme. No tuve más remedio que escribir sobre las dos cosas que más me intrigaban en ese momento: la comunicación y las mujeres. Con el rimbombante y pretencioso título de "La mujer como figura comunicativa en la publicidad comercial de la televisión mexicana" exploré en 535 interminables páginas el problema de la secundariedad del sexo femenino en los medios de comunicación en México. Ahí descubrí la enigmática figura de Lilith; la primera mujer quien, según la mitología, habitó la tierra pero que por rebelársele a Adán fue sustituída por Eva. Y compartí como si fueran mías las denuncias contra el machismo hechas por Simone de Beauvoir en su libro El Segundo Sexo. Más que un análisis académico, mi tesis universitaria resultó ser un frustrante ejercicio de escribir y volver describir —en ese 1981 todavía no había computadoras personales— y un reflejo de las enormes desigualdades de una sociedad en la que ya no encontraba mi lugar.

Mis compañeros de universidad, en particular José Luis Betancourt y Neka Malvido, estaban —como yo— más preocupados en aprender a vivir que en quemarse las pestañas con los libros. La universidad resultó ser una aventura interna en donde traté de encontrar respuesta a las preguntas básicas: ¿Qué hacemos aquí? ¿para qué? ¿qué sentido tiene todo este rollo? Y tres maestros—Jorge Gonzalez, a quien apodamos Cepillín, Alberto Almeida y Paco Prieto—me apuntaron en la dirección correcta para que por mí mismo, encontrara paz a mis interrogantes. Jorge abriéndome los ojos a mi responsabilidad social (con fuertes dosis de Gramsci, Marx, Marcuse, Freire, y viajes a comunidades pobres y rurales) y Alberto y Paco dándome algunos salvavidas (desde la escuela de Frankfurt y el psicoanálisis hasta Lacan, Erick Fromm, Erick Erickson y Ortega y Gasset) para no ahogarme en mis angustias existenciales.

Todo esto transcurrió como si fuera ficción, en una universidad cuyos edificios se cayeron por el terremoto de 1979. Sorprendentemente nadie se murió. Poco después del temblor, con la universidad Iberoamericana hecha polvo, apareció una manta sobre los escombros puesta por un grupo de estudiantes que decía: "La universidad somos nosotros, no los edificios." Era conmovedor pero la realidad era que no teníamos dónde estudiar. Esto obligó a que todos los estudiantes nos trasladáramos a unas instalaciones que nos prestó generosamente el Instituto Politécnico Nacional hasta que se construyeron, en los mismos terrenos donde se había caído la universidad, unas aulas con techos de metal que bautizamos "los gallineros."

Cuando llovía el ruido era tal que era imposible continuar impartiendo las clases. En esos "gallineros" tuve mi primera clase de televisión. Desde luego que, tras el terremoto, no teníamos un estudio en el cual practicar de manera que el profesor encargado de la clase de televisión, con mucha creatividad, se puso a dibujar en un cartón con lujo de detalles. Poco después, orgulloso, nos lo mostró. "Así es un estudio de televisión," anunció. No supimos si reírnos o echarnos a llorar. Ese cartón dibujado fue toda la experiencia televisiva que obtuve en la universidad.

En las fotografías de esos días aparezco, casi uniformado, con un suéter amarillo y unos tenis *Converse* color verde perico. Esos tenis eran mi único símbolo de *status*. En el México gobernado por José López Portillo no cualquiera podía conseguir unos tenis norteamericanos. Más me atraían los productos y estilo de vida estadounidenses que las ideas que empezaba a exportar el presidente Reagan—calificadas, a veces, como simplistas y reaccionarias, y otras como reformistas y audaces, por la prensa mexicana. La guerra fría estaba en todo su apogeo, sin embargo, el viraje hacia la izquierda que había dado el gobierno de México durante el sexenio de Luis Echeverría—y el claro distanciamiento de las políticas de Washington—había sido corregido por López Portillo. Pero era la vida en mi casa, y no la política exterior de México, la que me estaba definiendo.

NO CREO EN EL DESTINO. No creo en la suerte. Creo en estar preparado para aprovechar las oportunidades que se nos presentan. Y creo, también, que casi nunca hay una segunda oportunidad.

La tarde del lunes 30 de marzo de 1981 estaba preparando el noticiero de radio cuando los teletipos se alocaron. El presidente norteamericano, Ronald Reagan, había sufrido un atentado al salir del hotel Washington Hilton y se temía por su vida. Conforme pasaron las horas, la preocupación aumentaba y nosotros no teníamos a nadie en Washington. Los directivos de la "W" sabían que si se moría Reagan y ellos no tenían a alguien cubriendo la noticia desde Washington sería, también, el final de sus días en un medio de comunicación.

Así que el director de noticias salió como un torbellino de su oficina—pensando, seguro, más en su cabellera que en la de Reagan—y llamó a todo el equipo de periodistas que se encontraba en la sala de redacción. "Uno de ustedes se va a ir a Washington," gritó, y corrió un murmullo de aprobación. En esa época no se acostumbraba enviar a nadie al extranjero ya que el transporte y las comunicaciones eran muy costosas. Sin embargo, esta noticia obligaba a no escatimar gastos. Nunca pensé en que me iba a tocar ir a Washington; era el periodista más jóven del grupo y el de menos experiencia.

"¿Quiénes de ustedes hablan inglés?" preguntó el director. Y sólo un puñado de reporteros levantó la mano. "¿Y tienen su pasaporte y visa en orden?" Para sorpresa de todos, yo fui el único que mantuvo la mano arriba. Volteé a mi alrededor y vi muchas caras molestas. Pero el director de noticias no tuvo más remedio que decir: "Ramos, te vas a Washington ahoritita mismo."

El atentado había ocurrido a las 2 de la tarde con 25 minutos hora de Washington y ya habían pasado varias horas cuando se decidió enviarme para allá. Ningún avión volaba por la tarde desde la ciudad de México a la capital norteamericana, así es que conseguí una conexión para dormir en Houston ese lunes y seguir el día siguiente a Washington. Y lo hice así porque, la verdad, tenía miedo de que mis jefes se fueran a arrepentir y enviar a otra persona.

Así tuve mi primera asignación a nivel internacional. Sin duda, era el corresponsal extranjero con menos experiencia cubriendo esa historia. Al llegar a Washington el martes por la mañana no sabía dónde ir, ni cómo conseguir entrevistas, ni conocía la manera de acreditarme para entrar a las conferencias de prensa.

Los periódicos ya hablaban de una persona de 25 años que había sido arrestada, John Hinkley, quien con una pistola calibre .22 había tratado, además de matar al presidente, llamar la atención de la actriz Jody Foster, estrella de la película *Taxi Driver*. En México les urgía que les enviara los primeros reportes por teléfono, pero yo no tenía ni la menor idea de cómo conseguir unas entrevistas. ¿Qué podía hacer?

Lo único que se me ocurrió fue meterme en un hotel y empezar a grabarlas de la televisión. No fue lo más profesional, ciertamente, pero me sacó del apuro. Luego, con un poco más de tiempo, me fui al hospital donde estaba internado Reagan y esperé, junto con cientos de personas, la última información. Allí mientras informaba sobre el ambiente tras el intento de asesinato, detecté a una mujer que parecía distinta a las demás. Me acerqué y resultó ser una de las enfermeras que estaba atendiendo al presidente Reagan en el hospital. Ella no quería hablar pero conseguí muy buena información, *off the record*, y salvé mi muy frágil reputación periodística en México. Mi labor, lo sé, dejó mucho que desear pero ésta había sido mi primera tarea como reportero en el extranjero y había pasado, de panzazo, la prueba.

Más importante, sin embargo, fue el impacto que ese viaje tuvo en mis planes a corto plazo. El periodismo, después de todo, no estaba nada mal. Eso —viajar a los lugares donde se hacía noticia en cualquier parte del mundo— era lo que quería hacer. Pero en la radio, salvo en circunstancias excepcionales, no había ni el dinero ni el compromiso periodístico para hacerlo.

Pasó poco tiempo antes de convencerme de que el saltó a la televisión era inevitable si, de verdad, quería ser un reportero que viajara por todo el orbe. La televisión era el lugar donde estaban la mayor parte de los recursos de la empresa y, sin duda, la que recibía mayor atención por parte de sus directivos.

Sin que lo supieran mis compañeros de radio, fui a ver al jefe de redacción de los noticieros de televisión de Televisa. Me puso a redactar una nota sacada de un incomprensible comunicado de prensa sobre política petrolera, y en un par de semanas ya estaba trabajando como escritor para Antena Cinco, uno de los telediarios más conocidos del país. Atrás dejaba a Félix y a Juan Manuel y todas aquellas experiencias radiofónicas que me introdujeron al periodismo. Tenía muy claro que, si quería avanzar en mi carrera, era preciso trabajar en televisión.

Y en televisión quienes parecían estar en control de sus carreras eran los conductores y reporteros que salían al aire. Era muy fácil darse cuenta de eso. Esa era una época dominada por un solo nombre en la televisión: el comentarista Jacobo Zabludovsky y su programa "24 Horas." Nunca compartí su estilo ni su ética periodística y más tarde en mi carrera, ya lejos de México, me tendría que enfrentar a él. Pero en ese entonces, en los noticieros de Televisa a principios de los 80, lo que Zabludovsky decía, se hacía.

Nunca trabajé directamente para él. En cambio, estuve varios meses redactando para un noticiero de otro canal —Antena 5— hasta que surgió la oportunidad de irme como investigador a "60 Minutos"; sí, el mismo nombre del programa que tanto éxito tiene en los Estados Unidos pero que en México era sinónimo de amarillismo.

"Por lo que más quieran," nos decían los profesores de periodismo en la universidad, "hagan cualquier cosa, menos trabajar en '60 Minutos.' " Yo estaba muy consciente de la terrible reputación periodística que tenía el programa, pero entendía también que ahí podría surgir la mejor oportunidad de convertirme en reportero de televisión. Y así fue.

Al poco tiempo de trabajar como investigador, me pusieron a hacer mi primer reportaje—sobre la violencia en las cárceles mexicanas. Y luego un segundo, sobre la erupción del volcán Chichonal en Chiapas. Tenía tantas ganas de demostrar que podía convertirme en un buen reportero, que me acerqué (junto con el camarógrafo y sonidista) lo más posible al volcán en un carro automático. Los caminos de terracería y la ceniza se encargaron de tapar el motor. Por supuesto, el carro no llegó muy lejos y un grupo de campesinos, que huían de las hirvientes cenizas del volcán, nos tuvo que ayudar a empujarlo hasta la carretera más cercana. El auto fue declarado pérdida total por la compañía de seguros.

Lo que supimos, también, dos días después fue que el mismo lugar donde se había atorado el auto y poco después que nos ayudaron los campesinos, quedó destruido por una poderosa explosión causada por la acumulación de los pesados gases del volcán. Nos salvamos por un pelito. El reportaje, sin embargo, fue muy bien recibido en la empresa y por mis jefes. Estaba—creía—en camino a convertirme en un reconocido periodista de televisión.

Pero en ese entonces, no tenía ni idea de que las prácticas de censura periodística practicadas por Televisa y por la mayoría de los medios de comunicación en México iban a ser mucho más peligrosas para mi carrera que las explosiones del volcán Chichonal. Mi tercer reportaje de televisión fue sobre la psicología del mexicano. La intención era tratar de determinar si había algún tipo de características típicas en el comportamiento de los mexicanos.

Para eso recorrí varias ciudades del país y entrevisté a expertos sociólogos y antropólogos. Sin embargo, incluí también a dos agudos intelectuales—Carlos Monsivais y Elena Poniatowska—quien, como era de esperarse, fueron muy críticos con el cerrado y autoritario sistema de gobierno que por décadas habíamos tenido los mexicanos. En ese entonces el Partido Revolucionario Institucional llevaba más de 50 años en el poder y seguía tan campante con sus abusos y fraudes electorales. Pero jamás pensé que me fueran a censurar mi reportaje.

Cuando le presenté el guión al director del programa—un tipo al que todos llamaban "licenciado," que se llamaba Gonzalo y que estaba más preocupado por la suerte del equipo de futbol América, que también administraba—palideció. "Esa no es gente de Televisa," me dijo furioso, refiriéndose a Monsivais y a Poniatowska. "No, no es," le contesté, "pero si son dos de los mejores escritores que tiene México."

Nada sirvió y el "licenciado" me pidió que volviera a escribir el guión, lo cuál hice sin sacar las participaciones de los dos intelectuales y manteniendo la idea general del reportaje. El reportaje hablaba claramente sobre la autoridad vertical que siempre habían padecido los mexicanos, desde el tlatoani azteca, pasando por el virrey español y culminando con los presidente priístas. En medios académicos ese tipo de discusión era lo más frecuente pero en televisión ni siquiera se sugería.

El "licenciado" se volvió a enfurecer cuando vio la segunda versión del guión, me lo quitó de las manos y se lo dio a "Kalimán," uno de sus incondicionales. "Reescríbelo," le ordenó. Y "Kalimán"—así le decía porque otra de sus chambitas era escribir los textos de un héroe de los *comics* con el mismo nombre—contestó dócil como siempre: "Sí licenciado."

"Kalimán" era todo lo opuesto al personaje de las historietas. Cargaba una pistola, se acostaba con "una putita muy linda" y destrozó el guión original de mi reportaje, sacando de un tajo a los entrevistados que no eran "gente de Televisa." Con la aprobación del "licenciado," me dieron el guión reescrito por "Kaliman" y me obligaron a grabarlo. La idea original del reportaje había desaparecido y en su lugar había un serie de alabanzas al sistema de gobierno priísta y a las bellezas naturales del país. Tranquilamente ese *script* podría haber sido usado como un anuncio promocional de la Secretaría de Turismo de México. Eso no era periodismo.

Grabé el guión un viernes por la noche; la intención del productor era empezar a editar el lunes. Pero me sentí muy mal; estaba aceptando la censura y violando uno de los principios éticos del periodismo. Mucha gente en "60 Minutos" sabía lo que estaba pasando—Kalimán se encargó de decirlo—y si cedía en esta ocasión tendría una bien ganada reputación de periodista censurado y mediocre.

El viernes no pude dormir y el sábado muy temprano me fui a hasta las oficinas de "60 Minutos," tomé la cinta donde había grabado el guión de

"Kalimán" y la borré. Eso era lo correcto. Me había quitado un gran peso de encima . . . y también me iba a quedar sin trabajo. Así que, antes que me corrieran, presenté mi renuncia en una carta que repartí por todos lados: desde el señor Emilio Azcárraga Milmo, dueño de Televisa, hasta cada uno de los jefes del "licenciado." Quería que se supiera exactamente por qué me había ido.

La carta de renuncia, que aún guardo como un documento importante en mi carrera periodística, la entregué el 28 de junio de 1982 y concluye diciendo: ". . . lo que se me pidió que hiciera va en contra de mi honestidad, principios y profesionalismo . . . el haberlo hecho sería también atentar contra la más sencilla y clara idea de lo que es el periodismo: buscar la verdad."

Cuando llegué a la casa, luego de renunciar, busqué a mi mamá y le dije: "quemé las naves." Era muy jóven pero tenía las cosas claras.

En un hecho del que apenas me enteré hace poco, Eduardo, el productor del reportaje, me confesó que la noche del viernes él había hecho varias copias de mi grabación para protegerse en caso de que una de las cintas se echara a perder. Pero no se lo dijo a nadie, ni al "licenciado," en callada solidaridad con mi protesta. Dentro de Televisa siempre hubo una pequeña y silenciosa oposición a las prácticas de censura que prevalecían en muchos de los medios de comunicación. Pero esta forma de resistencia casi nunca generaba un conflicto abierto.

En la prensa mexicana nadie reportó mi renuncia —yo era un verdadero desconocido— y en cuestión de horas me convertí en un desconocido desempleado sin posibilidad de encontrar trabajo en los medios en México. ¿Quién iba querer contratar a alguien que había acusado de censura a Televisa? En los ojos de muchos, había cometido un suicidio profesional. Pero a nivel personal, pocas veces me había sentido tan satisfecho. De ahí surgió mi convicción de nunca dejarme censurar. Nunca.

He revisado una y otra vez este incidente en mi mente. Lo he corroborado con algunas de las personas que trabajaban conmigo en ese entonces y estoy convencido de que no se trató de una mera corrección del guión a un aspirante a periodista ni de un berrinche personal. Fue un típico caso de la censura que se practicaba en esa época y que hoy en día —en el am-

biente de plena libertad de prensa que disfruta la democracia mexicana—
es, incluso, difícil de entender. Así es como recuerdo las cosas.

Para ser franco, dos personas dentro de Televisa (Ricardo Rocha y Graciela Leal) me ofrecieron una segunda oportunidad en la empresa, retando
la política de no poder contratar a alguien que había renunciado. Y de
hecho, cuando el "licenciado" se fue a otro puesto, regresé por unos meses
a "60 Minutos" para trabajar con Graciela Leal. Sin embargo, ya no me
sentía a gusto y decidí irme a probar suerte a Estados Unidos o a Europa.
"Haces bien, güerito," me dijo Graciela. "Si quieres crecer, te vas a tener
que ir de aquí."

El problema era cómo irme. Casi no tenía dinero para el pasaje y
mucho menos para mantenerme en el extranjero. Pensé que lo más fácil
sería irme becado a alguna universidad para estudiar mi maestría, pero la
agencia gubernamental encargada de dar becas—CONACyT—era un
trampolín para enviar al exterior a los hijos de políticos y a la gente bien
conectada. La *London School of Economics and Political Science* en Inglaterra me aceptó pero sin otorgarme ayuda económica. Y mi abuela Raquel—la única de la familia con posibilidades de echarme una mano—se
hizo mutis y me dijo: "no puedo." Pero yo sí iba a poder. (Ese rechazo de
mi abuela, más que indignación, me hizo prometerme que nunca permitiría que alguien de mi familia pasara por lo que yo estaba pasando.)

Consideré irme de "mojado" al norte pero si quería trabajar en algún
medio de comunicación norteamericano (como estaba en mis planes) hubiera sido imposible hacerlo sin documentos legales. Conseguí, finalmente, que me aceptaran en un curso especializado de televisión y
periodismo en la Universidad de California en Los Ángeles (UCLA) y en
sólo unas semanas cambié mi vida.

Vendí un "bochito" rojo que tenía—un destartalado pero muy querido Volkswagen; mi primer auto—saqué los ahorros que durante más de
dos décadas había acumulado de los "domingos" que me daban mis abuelos, me despedí tristemente de mi novia de ocho años y le dije adiós a mi
familia.

Cuando ya había conseguido todo el dinero para mi partida en pesos mexicanos, hubo un hecho político que casi me deja vestido y alborotado. A finales de su gobierno, en 1982, el presidente de México, José López Portillo, nacionalizó la banca provocando una terrible devaluación y evitando temporalmente el retiro de los depósitos bancarios.

Cuando llegué a mi casa, la noche de la nacionalización de la banca, encontré a mi mamá llorando. "No te vas a poder ir *m'hijo,*" me dijo. "No se puede sacar dinero de los bancos." La volteé a ver y no le dije nada. Fui a mi cuarto y detrás de los calzones —mi lugar secreto— saqué un sobre. Regresé a donde estaba mi mamá, le mostré el sobre y le dije con una enorme sonrisa: "No te preocupes; ayer por la mañana saqué todo el dinero del banco y lo cambié a dólares."

Varios años más tarde me enteraría de que mis hermanos, en particular Eduardo, sintieron que los había abandonado sin darles una explicación. Yo también me tardé en entender, exactamente, porqué me fui.

Sería una simplificación injusta decir que me fui a Estados Unidos por la censura que sufrí en México; sí, fue un factor importante en mi decisión pero no el único. Lo que estoy seguro es que, más que irme a Estados Unidos, me fui de México; es decir, pesaron más las cosas que me expulsaron del país que las que me atrajeron del norte. Si hubiera surgido una oportunidad en Francia, Inglaterra o cualquier otro lugar, igual me habría ido.

El México a principios de los años 80 me ahogaba. Si me hubiera quedado en México, posiblemente, habría sido un periodista pobre, censurado y muy frustrado. O, tal vez, un psicólogo o profesor universitario arengando eterna y patéticamente, contra quienes me habían censurado.

Políticamente, el sistema priísta me daba asco —por eso nunca voté en unas elecciones— los militares me provocaban absoluta desconfianza —la masacre del 68 seguía siendo un tema tabú en los medios— y la sociedad mexicana arrastraba valores muy tradicionales que me hubiera costado trabajo resistir sin ostracismo. Las presiones para seguir el camino de mis padres y abuelos —casarme, formar un hogar, tener hijos, trabajar para alguien más, sufrir penurias económicas y desquitarme los fines de semana— eran sutiles pero siempre presentes. Yo quería una vida distinta, más independiente y libre, menos estructurada, abierta al mundo.

Por eso, Eduardo, me fui.

Compré un boleto de ida con el regreso abierto. "En un año o dos, a más tardar, estoy de vuelta," le anuncié a familiares y amigos. Pasé navidades y año nuevo en casa y la tarde del dos de enero de 1983 me subí a un avión de Mexicana que me llevaría a Los Ángeles.

DOS | LA EXPERIENCIA
AMERICANA

LIBRE EN LOS ÁNGELES

no te quedes inmóvil
al borde del camino
no congeles el júbilo
no quieras con desgana
no te salves ahora
ni nunca
no te salves

—MARIO BENEDETTI

Llegué de noche a Los Ángeles y al recoger mi equipaje tuve una extraordinaria sensación de libertad. Todo lo que poseía, todo, lo podía cargar con mis dos manos: la maleta, el portafolios y mi guitarra. Nada me ataba al pasado. Ligero de equipaje, como sugería la canción de Serrat, marqué mi raya con lo que quería dejar atrás y comencé una nueva vida. Desde cero.

Era la libertad del que puede dejarlo todo atrás y volver a empezar en otro lugar.

Mi madre me cuenta ahora que lloraba al ver uno de mis retratos en la casa de México. Hasta que una mujer indígena que le ayudaba en la limpieza le dijo con mucha sabiduría: "que bueno que lo lloras vivo y no muerto."

Estaba, en realidad, más vivo que nunca.

Pasé las primeras dos semanas durmiendo en la sala del apartamento de Westwood que mi amiga, Shawnesee Colaw, compartía con otras dos estudiantes de UCLA. Ahí tuve mis primeras lecciones de música y albúres en inglés. Me divertí con Shawnesee y sus compañeras tratando de repetir frases y groserías que mi pobre inglés nunca había conocido. Pronunciaba la B y la V sin ninguna diferenciación—igual que en español—y la letra R, en mis labios, era un tronido grosero, y mi vocabulario el de un niño de primaria.

Cuando Shawnesee—a quien había conocido años atrás en mi país— me presentó con sus amigas y les comentó que yo era de México, su respuesta me sorprendió: *"But you don't look Mexican."* No pareces mexicano, me dijeron. Y la verdad no sé lo que esperaban. ¿Qué sería? ¿Un mariachi con sombrero, guitarra y bigote? ¿Un jardinero con las uñas llenas de tierra? ¿Un delincuente con un diente de oro?

Era obvio que estas simpáticas muchachas no tenían ni idea que México había sido conquistado por españoles y que muchos mexicanos y latinoamericanos tenemos claros rasgos de ese mestizaje con europeos, como los son mis ojos verdes y mi pelo castaño; de la misma manera, que mi piel aceitunada y mi casi total carencia de pelo en la barba y en el pecho delatan mis raíces indígenas. Pero una explicación de esa índole me pareció demasiado abrupta para quien me estaba dando una bienvenida tan cordial.

Durante mis ya dos décadas en Estados Unidos he recibido sin embargo, la misma respuesta cientos de veces cuando me presentan a alguien. *"But you don't look Mexican."* Sin saberlo en ese soleado enero de 1983, me estaba enfrentando a la tendencia de generaciones de muchos norteamericanos de estereotipar a las minorías para tratar de explicarse, de alguna manera, el inevitable proceso de mestizaje étnico que está viviendo Estados Unidos. Ante los ojos de esas chicas rubias y blancas—ahora lo entiendo mejor—era importante destacar aquello que nos asemejaba—el color de los ojos—y no lo que nos distanciaba y pudiera parecer amenazante.

Al mismo tiempo, yo tenía que hacer un esfuerzo por conocer los simbolismos y puntos de referencia de la cultura americana. Durante algún tiempo, comencé muchas conversaciones diciendo: "En México . . ." tratando de vincular el presente con el pasado y mi nación huésped con mi país de origen. Pero rápidamente busqué mi inmersión a la experiencia americana.

Lo único que mi raquítico presupuesto me permitió al llegar a Los Ángeles fue comprar un aparato de radio y televisión con una pantalla del tamaño de la palma de mi mano; así pude aumentar mi pobre vocabulario en inglés y monitorear el noticiero en español en el que, algún día, esperaba trabajar. El mayor lujo que recuerdo de esa época fueron, unos zapatos *topsiders* marca Timberland; era lo que usaban muchos jóvenes universitarios en UCLA y me quería parecer a ellos. Además, usar unos cómodos zapatos sin calcetines era, tontamente, otra forma de liberarme de las costumbres de mi país.

En esos días sonaba mucho la canción *África* de Toto.

> ". . . I bless the rains down in Africa
> Gonna take some time to do the things we never had
> (. . .)I know that I must do what's right . . ."

Y no es por el cuestionable valor poético de la canción, pero algunos de estos versos rescatan de mi mente imágenes de mucho sol y me recuerdan unos pulmones llenos de libertad.

El ambiente de Los Ángeles de esa época, a principios de los 80, era mucho más permisivo respecto al sexo y a las drogas de lo que jamás hubiera imaginado. El Sida no se había convertido en una epidemia, la marihuana y la cocaína fluían sin mayor problema en las discotecas y en las reuniones estudiantiles y yo estaba dispuesto a tener los ojos bien abiertos para no perderme ninguna experiencia.

No era el único.

Con mi amigo Paco Guarneros, un excompañero de la universidad Iberoamericana, fui durante lo que prometía ser un aburrido fin de semana a una playa nudista en San Diego. Era una experiencia nueva para ambos. Nos desnudamos y empezamos a caminar, como todos, pretendiendo no ver directamente a las chicas. *"It's rude,"* nos advirtieron, "y los va a delatar como novatos." El experimento de pasar desapercibidos fracasó cuando, en un momento de descanso, una muy bien redondeada californiana se desvistió frente a nuestros ojos. Los dos notamos que algo bajo nuestro abdomen empezaba a moverse y rápidamente nos pusimos boca abajo, escondiendo nuestra excitación en las toallas sobre la arena. Al poco rato, como derrotados voyeristas, nos vestimos y regresamos a Los Ángeles. No paramos de reír en el camino.

En otra ocasión, regresé con Paco a San Diego para salir en una camioneta con dos amigas que habíamos conocido. Sin dinero pero con mucha imaginación pasamos los cuatro la fría noche dentro de la camioneta. Y la hicimos rechinar hasta el amanecer.

Ahí en California hice un buen grupo de amigos, abierto siempre a un buen reventón y a una mejor plática. De esa época aún mantengo la confianza sin secretos con Willy Lizarraga —un escritor peruano emparejado con una norteamericana— y que, como a mí, California le enseñó a soñar despierto. Cuando me encuentro con Willy o conversamos por teléfono, los "añales" han pasado pero con un par de palabras nos ponemos al día.

Antes de salir de México, creía conocer Estados Unidos; después de todo, los programas de televisión, la ropa de moda y las tendencias gastronómicas —llámese pizza y hamburguesas— nos bombardeaban constantemente desde el norte. El mundo cambiaba primero en Estados Unidos y luego se filtraba, lentamente, hacia el sur por la frontera. Desde luego, el compartir tres mil kilometros de frontera y una conflictiva historia, en la que México perdió ante Estados Unidos la mitad de su territorio en 1848, generaba en muchos mexicanos la percepción de una trayectoria común aunque claramente desequilibrada. Y yo no era ajeno al bombardeo cultural del norte ni a sus excesos. Pero, en realidad, no conocía Estados Unidos.

Cuando llegué a Los Ángeles, California en 1983, Ronald Reagan era un popular presidente; sus ideas —simples pero impactantes— estaban transformando el país. La idea de que los recortes en los impuestos harían que el dinero de los ricos cayera, como en cascada, hacia los pobres— *trickle down economics*—aún se tomaba en serio y varios de mis compañeros en la universidad tenían un solo objetivo: hacer mucho dinero y convertirse, antes de los 30 años en multimillonarios. Para mí la figura de

Reagan tenía un importante valor simbólico: fue el ataque contra su vida el que me sacó por primera vez de México como corresponsal extranjero; además, llegaba a un estado —California— en el que él había sido actor y gobernador y en una época marcada por sus desmesurados proyectos presidenciales —incluyendo, por supuesto, la llamada "guerra de las galaxias"— y los constantes enfrentamientos verbales con los líderes de la Unión Soviética. En Los Ángeles percibía la fuerza del cambio aunque no compartiera las simplistas y peligrosas ideas de Reagan.

CUANDO NIÑO MIS ABUELOS PATERNOS, Gilberto y Raquel, me llevaron en auto desde la ciudad de México hasta Laredo, Texas. Los aviones le aterraban a mi abuelo. Y lo que más recuerdo de ese viaje es la enorme variedad de ropa y de juguetes que encontramos, nada más y nada menos, que en una farmacia donde les gustaba comprar a mis abuelos. La otra experiencia que llevaba colgada a mi llegada a Estados Unidos fue la de un viaje a Pittsburgh a visitar a mi gran amigo Benjamín Beckhart, quien estudiaba en la universidad de Wharton a principios de los años 80. Fue en pleno invierno. Desde luego, no iba preparado con ropa gruesa, ni tampoco para ver granos de sal en las aceras que ayudaban a evitar que se acumulara la nieve. Con absoluta ingenuidad, recogí un grano de sal de la banqueta y me lo puse en la boca. Por poco me desintegra la lengua.

Mi idea de Estados Unidos se había formado con la serie de televisión Combate, un viaje a Disneylandia en el que me sorprendió la blancura y la gordura de varios norteamericanos, las compras en una farmacia de El Paso, las lecciones escolares de cómo el traidor general Santa Anna vendió parte de México a los gringos por un millón de pesos, los dogmas anti-imperialistas que engullí en la universidad, un granito de sal que casi me desbarata la boca en Pittsburgh, el asombro por los detectores de orina en las piscinas —un lujo fuera del alcance de la mayoría de la gente que yo conocía— y la ilusión de vivir en una nación que mirara hacia adelante sin dejarse arrastrar por el pasado. Con este bagaje llegué a Los Ángeles.

Tras dos semanas en el apartamento de Shawnesee, había que buscar un lugar permanente dónde vivir. Las risas que le causaban mi ininteligible acento en inglés corrían el riesgo en convertirse en incomodidad. Sin embargo, no me alcanzaba el dinero para rentar un apartamento por mi mismo. Es más, ni siquiera tenía suficiente para compartir uno con alguien. Así es que caí en la casa de Jorge, un mexicano mayor de edad que vivía en la biblioteca, con su sobrino, y quien alquilaba ilegalmente el resto de los cuartos a estudiantes internacionales por cinco dólares la noche.

La casa, a la que llamábamos *The Pink House* por sus estridentes colores, quedaba en la elegante zona de Westwood y a una cuadra de UCLA. Era un verdadero desastre. Pero divertida. Jorge la había heredado de un familiar y acumulaba compulsivamente libros, papeles, muebles y cosas. Muchas cosas. A mi me recordaba la oscuridad de la casa de la familia Adams que veía por televisión cuando era niño.

Hacía años que la casa no se había pintado y olía a encerrado. Los estudiantes podíamos usar el refrigerador pero no la cocina. De tal manera que, sin saberlo Jorge, nos obligó a comprar unas pequeñas hornillas y a cocinar en los clósets. Nunca nos "cacho" pero de vez en cuando entraba como un torbellino a los cuartos, sin avisar, con la intención de descubrirnos en plena faena culinaria.

Mi primer compañero de cuarto fue Charles, de la tribu Asante de Ghana quien preparaba en el clóset un extraño brebaje con tomates y escuchaba por horas los cassettes con la voz de su esposa, que había traído de África. Charles le escribía a su esposa casi todos los días y así aplacaba la nostalgia. Pero una tarde recibió un paquete por correo. Allí venían todas las cartas que había escrito en seis meses.

Desesperado, fue al banco a sacar un poco de dinero para llamar por teléfono su esposa; un lujo que no podía darse más de una o dos veces al año. Del otro lado del auricular ella, llorando, le explicó a Charles que los camiones del correo del país se habían quedado sin repuestos de llantas y que el gobierno de Ghana no tenía dinero para comprar nuevas. Como consecuencia, poblaciones enteras se habían quedado sin correo. Yo no sabía si me daba más tristeza la tragedia de Charles o el inconfundible olor a tomate que impregnaba mi ropa cuando él cocinaba en el clóset.

La historia de Charles nos tocó muy de cerca a todos los que vivíamos en la *Pink House*. Había, regularmente, entre seis y diez estudiantes así es que desarrollamos un sistema para que Charles pudiera llamar a su casa y, de paso, nosotros también a nuestros países de origen. Para no tener que prestarnos su teléfono, Jorge había mandado instalar un teléfono público, de monedas, dentro de la casa. Y lo que hacíamos era pegar una moneda de 25 centavos de dólar a un hilito que metíamos y sacábamos de la rendija del teléfono. El teléfono registraba la entrada y salida de la moneda como si fuera una nueva y durante semanas hablamos interminablemente a Ghana, México, Pakistán, Irán, Brasil . . . Tarde o temprano, la compañia de teléfonos detectó algo extraño en ese aparato y le instaló un candado protector. Y se acabaron las llamadas gratis.

Del cuarto entomatado de Charles pasé al de Emil, un iraní obsesivamente limpio. Lavaba con cepillo de dientes la bañera pero, al igual que todos nosotros, cocinaba también en el clóset para no morirse de hambre. Sus guisos eran más normales: pasta, la mayoría de las veces. Mi especialidad era un plato de arroz y fideos al estilo español. Compraba el paquetito de *Rice-a-Roni* en el supermercado, hervía agua y luego dejaba caer todo su contenido.

Durante meses comí arroz y fideos en un clóset. A veces, cuando me aburría de comer lo mismo, preparaba unos espaguetis con carne molida. En la oscuridad del clóset brillaba el rojo de la hornilla mientras hervían los espaguetis y, luego, en la misma ollita cocía la carne con pedazos de mantequilla. Para mí eso era un lujo y un manjar. Algunas veces, cuando Jorge nos permitía sentarnos en la mesa de la cocina, preparaba unas monumentales ensaladas de lechuga. Eso me llenaba el estómago. Y en momentos de urgencia, cuando el hambre arreciaba, recurría a paquetes enteros de pan blanco. Esa era mi dieta de estudiante.

El par de veces que mi novia Kuas de México me visitó en Los Ángeles, Emil prefería irse por unos días a la casa de sus ricos primos antes que sufrir la pena de verme despertar con ella a unos metros de su cama. En Irán, me aseguraba, ese comportamiento me hubiera llevado a la cárcel en el mejor de los casos.

Hashmi, un religioso paquistaní, trató un camino más directo para evitar ese tipo de conflictos morales en la *Pink House*. *"You have to marry her,"* me decía. Te tienes que casar con ella, insistía. Hashmi se casó con su esposa en una ceremonia musulmana el mismo día que la conoció. No fue amor a primera vista; fue un matrimonio arreglado por sus padres.

Se me quedó muy grabado cuando Hashmi me describió el primer momento en que la vio. Los padres los sentaron a los dos, lado a lado—ninguno había siquiera cumplido los 17 años—y les pusieron un espejo de frente. Así, ambos podían robarse miradas y evitar la vergüenza de verse directamente a los ojos. Tras romper el hielo y luego de conversar por unos minutos, ella desapareció y Hashmi se fue a celebrar su boda con puros hombres. El encontraría a su esposa por la noche en casa de sus padres. La madre de Hashmi saldría, feliz, por la mañana enseñandole a propios y extraños la sábana manchada con sangre de su nuera, quien hasta la noche anterior había sido virgen.

No me casé con Kuas, como había sugerido Hashmi, pero sí nos fuimos a Hawaii a ver el volcán Kilawea; tal y como ella siempre había querido. El dinero se me estaba acabando. Había pagado por adelantado la colegiatura de los cursos de extensión universitaria en UCLA—para asegurarme que al final del año tendría un certificado de televisión y periodismo-pero un accidente automovilístico en el coche de un amigo se llevó una buena parte de los escuálidos ahorros que me sobraban. Ese accidente fue mi culpa; di una vuelta a la izquierda tan pronto como cambió a verde el semáforo sin darme cuenta que venía, del otro lado de la calle, un motociclista a alta velocidad. Consideré por unos segundos escaparme; llevaba sólo unos días en Los Ángeles y no quería tener problemas con la policía pero finalmente paré dos cuadras más adelante porque pensé que el motociclista se había muerto y, eso sí, no lo podría cargar en mi conciencia. Regresé, temblando, al lugar del accidente y noté con un respiro que el moticiclista estaba parado junto a un montón de chatarra. Él se había salvador pero la moto no.

Desde luego, yo no tenía seguro y tuve que pagar en *cash*. Hice unos cálculos rápidos y me di cuenta de que el dinero no me alcanzaría para más de seis meses. Es decir, tendría que conseguir, pronto, un trabajo. Saqué mi guardadito y nos fuímos a Hawaii. Allá, sobre las playas de arena negra de la Isla Grande, pensaría en cómo salir adelante.

Desde luego, el viaje a Hawaii despilfarró lo poco que tenía. Me urgía trabajar. Se lo comenté al brasileño que vivía conmigo en la *Pink House* y me dijo que en el restaurante donde él trabajaba necesitaban otro mesero. Me entrevisté con la dueña de *Chez Louise,* un restaurantito de comida europea en Beverly Hills, e inmediatamente me contrató. Mi sueldo consistía en 15 dólares diarios y una comida. Lo más importante, sobra decirlo, era la comida; la única que hacía durante el día. El dinero apenas me alcanzaba para pagar la renta de la casa y los gastos extras de mis estudios. Pero, eso sí, comía hasta reventar una vez al día.

Era un mesero terrible. Es el trabajo más difícil que he tenido. No sabía abrir las botellas de vino y me ponía muy nervioso al tratar de explicarle a los cliente el menú. Mi primitivo inglés no me permitía muchos malabarismos lingüísticos y cuando me preguntaban: "¿Cómo viene preparada la carne?" me limitaba a decir, *"It's good, very good."* Mi empleo como mesero, sin embargo, no duró más de dos o tres meses. Una mañana me enteré que alguien se había robado dinero de la caja registradora y la dueña, Louise, amenazó con llamar a la policía. Dejé que pasaran un par de días y luego renuncié. Lo menos que necesitaba durante mis primeros meses en Estados Unidos eran problemas con la policía.

La dueña del restaurante sospechaba que uno de mis compañeros en la *Pink House,* el jovial muchacho brasileño que se la pasaba en las discotecas todas las noches, era el responsable de los robos. Y tenía razón. Una mañana, mientras la dueña estaba en el banco lo descubrí sacando dinero de la caja y, para que me callara, me ofreció unos billetes. No los acepté, pero sabía que pronto habría problemas. El restaurante ganaba tan poco dinero que unos dólares menos inmediatamente iban a ser detectados. De todas maneras decidí irme; no quería ser el chivo expiatorio. No me podía dar ese lujo. Además, mi compañero brasileño hubiera sido capaz de acusarme a mí del robo con tal de salir del aprieto. El último día me atiborré de lasagna y me fui argumentando que tenía muchas tareas en la escuela.

El día que dejé el restaurante llegué a la *Pink House,* abrí mi chequera y me di cuenta que no tenía más que 127 dólares, según recuerdo. La situación era tan crítica que analizaba con mis compañeros de casa, medio en broma, las mejores técnicas para evitar sacarle hoyos a los calcetines. (Nunca usarlos dos días seguidos y cambiarlos de un pie a otro). O sea, no me alcanzaba ni para comprar calcetines nuevos. Tenía que encontrar otro empleo. Urgente. "No," pensé, "todavía no puedo regresar a México." La simple idea de volver a México como un fracasado me aterraba. Y entonces, sonó el teléfono.

Era mi amigo Marco Antonio Mendoza, un excompañero de la Universidad Iberoamericana. Me invitó a comer *sushi* por primera vez en mi vida —"¿Estás seguro que un pedacito de pescado crudo sobre arroz avinagrado sabe mejor que unos taquitos al pastor?"— y tras escuchar mis broncas económicas me ofreció chamba.

La familia de Marco era la dueña del Teatro Fiesta, localizado en una pobre zona latina cerca del centro de Los Ángeles. Por las noches pasaban películas, pero de día el teatro se transformaba en una oficina de compra y venta de pesos y dólares, y de envíos de dinero a México. Los Mendoza necesitaban a alguien de confianza que se encargara del negocito diurno y terminé conociendo, de primera mano, cómo los mexicanos en Estados Unidos mantienen a millones de familias en México. (Las remesas son la tercera fuente de ingresos de México, después del petróleo y el turismo. Cálculos extraoficiales a principios del nuevo siglo sugerían que los mexicanos enviaban más de ocho mil millones del dólares anuales a su país.)

También aprendí otras cosas. No era extraño que hubiera balaceras por la noche frente al Teatro Fiesta o en el *boulevard* Pico. La zona estaba llena de mercaditos con comida típica mexicana y de oficinas de abogaduchos que prometían por unos cuantos dólares resolver la situación migratoria de un indocumentado. Y cuando comparaba mi situación con la de muchos de mis compatriotas, no tenía la menor duda, de estar entre los afortunados.

Parte de mi fortuna consistía en tener acceso a un mastodóntico carro blanco que era de los Mendoza y a una enorme motocicleta que nunca habría podido levantar si se me hubiera caído al suelo. Por fin estaba motorizado. Pero más importante era poder meterle diente a los chocolates y a las palomitas de maíz que vendían en el cine. Así al menos, me ahorraba, una comida diaria.

En esa época mis amigos Benito Martínez y María Amparo Escandón acababan de llegar a Los Ángeles a probar fortuna. Querían, junto con

Marco, abrir una agencia de publicidad. Y durante semanas durmieron en la oficina del Teatro Fiesta, bajo un techo que se caía a pedacitos por la humedad y peleándose por las noches con los ratones por las raciones de dulces y palomitas.

Años después, ambos tendrían su propia agencia de publicidad, Benito se convertiría en un locuaz pero genial artista plástico y María Amparo en una conocida novelista. Su primer novela (Santitos o *Esmeraldas' Box of Saints*) fue un éxito mundial. Durante esos meses a finales de 1983, Benito y María Amparo fueron mis fieles y divertidos acompañantes en la dura aventura de abrirse paso como inmigrante en Los Ángeles.

Después de Benito y María Amparo, llegarían a Los Ángeles José Luis Betancourt y su esposa Angélica. José Luis había sido mi compañero en la universidad pero nuestros años californianos nos acercaron más que nunca. Mis amigos se convirtieron en una verdadera familia adoptiva. Caía en casa de José Luis y de Angélica cada fecha importante, nunca me dejaron quedarme solo en un cumpleaños; conocimos juntos los restaurantes de moda de la ciudad y las fiestas más reventadas fueron siempre con ellos. José Luis, "el pelonchón," sigue siendo (a la distancia) uno de mis mejores amigos.

En esas fiestas oíamos música en español, en plan nostálgico, como para recordar lo que habíamos dejado atrás. Sin embargo, la música que escuchaba fuera de ahí sí era en inglés. Jane Dalea, una amiga de UCLA con quien empecé a salir, me llevó a un concierto de Supertramp a cambio de que, más tarde, la acompañara a la maratón de más de cuatro horas que acostumbraba realizar un muy patriótico Bruce Springsteen. Jane eventualmente me dejaría por un taxista australiano; los posteriores intentos de reconciliarnos, aunque hermosos y bien intencionados, no fructificaron. Pero guardo magníficos recuerdos de ella. A la vez que me cuidaba, me sacudió un montón de prejuicios que traía arrastrando de México. Nos reíamos mucho.

De hecho, cuando oigo la música de esos años 80 en la radio, me transporto —al igual como me ocurre con ciertos olores— a una época en que mi mundo empezaba a expandirse; vivía una sensación única de libertad. Mis barreras estaban cayendo. Los límites sociales que acepté en la ciudad de México fueron desapareciendo uno a uno, ante los ojazos y actitud despreocupada de Jane, los gritos de Madonna y Cindy Lauper, la suavidad de Dan Fogelberg y una pegajosa y divertida canción que preguntaba: "... *do you come from the land down under, my love?*"

ANTES DE SALIR DE MÉXICO entre mis documentos, había guardado un papelito que decía PETE MORAGA. El reportero de "60 Minutos" Armando Guzmán me lo había dado. "El es el director del Canal 34 de Los Ángeles," me dijo Armando. "Llámale, es buena gente."

Una vez que tuve medio resuelta mi supervivencia económica—trabajaba en el Teatro Fiesta por las mañanas y estudiaba por las tardes—busqué a Pete Moraga. Efectivamente, Pete era muy buena gente. Me dio una cita sin conocerme. Nos caímos bien. Pero no tenía trabajo que ofrecerme. Quedamos de mantenernos en contacto.

Y así lo hicimos hasta que estuve a punto de graduarme del curso de UCLA. Volví a tocar a la puerta de Pete, en los quejumbrosos estudios de KMEX en la calle Melrose, y para mi sorpresa me dio una oportunidad. "Mira," me dijo. "Vas a estar a prueba tres meses como reportero; si funcionas te quedas, sino, te vas."

Hice mi primer reportaje el dos de enero de 1984. Lo recuerdo perfectamente porque fue un día después del Desfile de las Rosas. Con la dirección de Pete y la paciencia del camarógrafo Eduardo Kashkovski y el técnico de sonido Mario Jurado, *"Homeboy"* salí adelante. Mis puntos de referencia profesionales eran de México y tuve, uno por uno, que irlos desechando. Desconocía las diferencias entre condado y ciudad, y la idea de entrevistar a un *sheriff* era, para mí, una cuestión de caricaturas del viejo oeste. Mi inglés había mejorado un poco pero aún me apenaba hacer preguntas en las conferencias de prensa.

Por fin, pasaron los tres meses y nadie me dijo nada. Creí que me iban a correr y me fui deprimido a la casa. A la mañana siguiente fui a la oficina de Pete y le pregunté que qué había pasado, por qué no me iban a contratar. Pete se echó a reir. "Estás contratado," me dijo, "y ahora vete a trabajar."

Dos de las grandes oportunidades que me dio el nuevo trabajo fueron dejar a un lado la típica dieta de *Rice-a-Roni*, lechuga y pan,—cuando me llegó mi primer cheque me pareció una pequeña fortuna: alrededor de 28 mil dólares al año—y la cobertura de los Juegos Olímpicos que se celebraban en ese año 1984 en Los Ángeles. Mi frustración de adolescente de no poder formar parte del equipo olímpico mexicano debido a una lesión en la columna se calmó un poco al poder presenciar, como testigo de primera fila, unas Olimpiadas. Era el reportero más verde e inexperimentado del Canal 34 pero aún así estuve mucho tiempo al aire.

Aprendí más en la calle que en cualquiera de mis cursos de periodismo. Yo era uno de los tres reporteros del canal 34 y había días en que tenía que preparar dos y hasta tres reportajes. En esos tiempos la creciente comunidad hispana de Los Ángeles no contaba con muchos medios de comunicación a su alcance. Además, estaba representada por varios políticos que ni siquiera hablaban español. "Yo soy *bilingual*," decía con orgullo un consejal angelino pelirrojo. La verdad es que ni siquiera existían los comunicados de prensa en español ni había jefes de prensa bilingües. A nadie parecía importarle. Había eso sí, muchos latinos pero su poder político era casi nulo. Incluso los polticos hispanos hablaban mal el español y pocos de los líderes negros o anglosajones hacían un esfuerzo por tener portavoces que pudieran transmitir sus órdenes y mensajes a la comunidad latina en su propio idioma.

El Canal 34 fue una excelente escuela. Una vez me escogieron para narrar en vivo la transmisión de un desfile. Desde luego acepté. El desfile fue un fin de semana y creí haber realizado un trabajo bastante decente. Sin embargo, cuando llegué el lunes a la oficina, me llamó la secretaria del gerente general para regañarme. "Te pasaste todo el desfile diciendo la palabra: precisamente," me dijo. "Estaba tan harta de escucharte decir esa palabra que tuve que apagar el televisor." Fui a revisar el *tape* y así era. Estaba tan nervioso durante mi primera transmisión en vivo que usé la palabra "precisamente" como una muletilla para darme un poquito más tiempo de pensar en lo que iba a decir. Era espantoso. Debí haber dicho la palabra "precisamente" cientos de veces en la transmisión de dos horas. Cuando fui a ver a mi jefe, Pete Moraga sólo dijo: "El desfile, precisamente." Me prometí no volver a usar nunca esa palabra al aire y empecé a limpiar mi lenguaje de toda clase de muletillas y vicios.

Poco a poco me fui adaptando a la nueva realidad. Dejé la *Pink House* por un pequeño apartamento, compré un viejo Fiat color naranja y cambié los jeans y los tenis por dos sacos pasados de moda que intercambiaba con las corbatitas que alguna vez había utilizado mi abuelo Miguel. Por las mañanas planchaba sólo la parte de adelante de alguna de mis tres camisas de vestir y salía a recorrer toda la ciudad. Y en verdad la recorría toda porque el *"Homeboy"* había sido miembro de una pandilla y tenía miedo de cruzar zonas de Los Ángeles controladas por otros *gangs*.

Mientras lidiaba con los problemas de lenguaje en una ciudad cada vez más multicultural, deseaba también desarrollar mi propio estilo periodístico. Y lo hice en contraposición al estilo acartonado y oficialista que prevalecía en la televisión mexicana. "La televisión es el medio más artificial que existe," me decía Paco Crow, un viejo lobo del mar de la televisión. "Y por eso, la naturalidad frente a las cámaras es lo que mejor comunica. De lo que se trata en la televisión es proyectar la vida, tal y como es. El acartonado es un muerto en este negocio." El consejo de Paco, a quien conocí en el Canal 34, es algo que cargo todavía conmigo.

Sin embargo, nada de lo que aprendí durante mi experiencia angelina me prepararía para cubrir el terremoto que destruyó parte de la ciudad de México el jueves 19 de septiembre de 1985. A las 7:19 de la mañana un temblor de 8,1 grados en la escala de Richter sacudió violentamente la capital de la República Mexicana. Me enteré del terremoto al llegar a la oficina del Canal 34. Las imágenes, tomadas directamente de la televisión mexicana, eran devastadoras. Las comunicaciones telefónicas estaban cortadas. Las cosas se veían muy mal y no tenía manera de saber si mi familia había sobrevivido a la catástrofe.

De nuevo, al igual como cuando me había ocurrido durante el intento de asesinato a Reagan, yo era el único reportero disponible y con pasaporte listo para viajar a cubrir el terremoto. El Canal 34 movió sus influencias para subir a un camarógrafo, a un productor y a mí en un avión que partía hacia la ciudad de México. Así regresé a mi país, en circunstancias totalmente distintas a las que me pudiera imaginar, la noche del terremoto.

LO PRIMERO QUE HICE fue ir a un teléfono público y llamar a mi casa. Sorprendentemente, entró la llamada y contestó mi mamá. Mis papás y mis hermanos estaban bien. Respiré con alivio y me puse a trabajar toda la noche para enviar, a la mañana siguiente, mi primer reportaje. Estuve horas frente a una escuela donde, supuestamente, había varios estudiantes atrapados entre los escombros. Al amanecer dejaron de escucharse ruidos y los grupos de rescate y los desesperados padres de familia se dieron por vencidos.

El gobierno del presidente Miguel de la Madrid tardó días en pedir ayuda internacional y su retrasó significó, sin duda, la pérdida de muchas vidas que se hubieran podido salvar con la ayuda de equipos más sofisticados. La ciudad era un caos. El gobierno perdió su capacidad de liderazgo y los ciudadanos, sin esperar ayuda estatal, tomaron la iniciativa en las labores de rescate. Esa mala experiencia con el poder formó, a la larga, una parte del movimiento que terminó con el Partido Revolucionario Institucional (PRI) en las elecciones presidenciales del año 2000.

Tras enviar el reportaje via satélite a Los Ángeles, fui al hotel y llamé a la casa de mi amigo Félix Sordo. Esperaba oir su voz. En cambio, contestó su madre y lo que escuché me dejó helado. Félix no aparecía y temían que se encontrara bajo los escombros de Televisa, la televisora donde yo también había trabajado que había quedado totalmente destruida.

Los rumores entre los periodistas volaban. Que Félix había sido visto en un hospital. Que unos socorristas lo llevaron a la Cruz Roja. Que estaba bien y se había ido a su casa. Todo resultó falso.

La tarde del viernes 20 de septiembre de 1985, un dia después del terremoto, me estaba preparando para ir a la casa y luego salir a buscar a Félix, cuando sentí que el piso se me movía. Mi cuarto quedaba en el piso 36 de uno de los hoteles sobre el Paseo de la Reforma y el edificio se balanceaba de un lado a otro. Tanto, que en algún momento pensé que podía golpear al hotel que se encontraba enfrente. Era un réplica del terremoto del día anterior. No de la misma intensidad —7,6 grados en la escala de Richter— pero sí muy fuerte. Nunca en mi vida he bajado más rápido las escaleras de un hotel. La luz se había ido y se escuchaban gritos por todas partes. Alcancé a ver al camarógrafo que me acompañaba, asustadísimo, empujando gente—mujeres, viejitos, a todos por igual—para poder bajar esas escaleras.

Luego de un par de horas en la calle, revisaron el hotel para detectar posibles fallas estructurales y como no encontraron nada pude volver a mi cuarto. Tomé mis cosas y me fui a casa. Esa noche no pensaba dormir en el piso 36 de un hotel.

Al llegar a casa, le conté a mis padres lo que estaba pasando con Félix y se ofrecieron a acompañarme para ir a buscarlo. Fuimos primero al Hospital Militar, sobre el periférico, donde pude burlar la seguridad de la entrada y recorrer todos los pisos donde se encontraban algunos de los heridos del terremoto. El espectáculo era demoledor. Habían colocado enormes hileras de camas con heridos en los pasillos—los cuartos no eran suficientes—y encontré amputados, fracturados, gente con la mirada perdida o la cabeza vendada. No había gritos de dolor pero sí un quejumbroso murmullo de *ays* y de nombres de familiares perdidos flotando en el aire. "Patricia, Juanita, m 'hijito Pedro . . ."

Nada, sin embargo, me detuvo. Miré cama por cama para asegurarme de que ninguno de los heridos que estaban dormidos, anestesiados o que habían perdido la conciencia fuera Félix. Allí no estaba. Fui a otros hospitales y la misma historia. Félix, definitivamente, no estaba entre los heridos. Empecé a esperar lo peor.

El mismo chico, un año más joven que yo, que me develó la magia del periodismo, el que me había ayudado a redactar la carta de renuncia de Televisa, el que veía cada vez que regresaba a la ciudad de México y el que me hacía reir con su ironía, el que escondía tras su seriedad periodística un deseo innato de proteger a su madre que había enviudado, a su hermana, a José Manuel, a mí . . . ya no estaba.

Tuve que regresar a Los Ángeles. El Canal 34, para decirlo de la manera más sencilla, estaba muy interesado en la tragedia de México como noticia pero no tenía dinero para mantener dos o tres días más a sus reporteros en el lugar. Seguí trabajando a mi ritmo usual: dos o tres reportajes diarios, conferencias de prensa, entrevistas en la calle. Pero mi mente estaba con Félix.

¿Sería posible que hubiera quedado atrapado y que sólo estuviera esperando que lo rescataran? Félix era una persona con tantos recursos que lo quise pensar invencible. Siempre encontraba una manera de salir adelante. Nunca nada obstaculizaba su camino. "Si alguien puede sobrevivir un terremoto," pensé, "ese es Félix." Además, las constantes noticias de rescates espectaculares—incluyendo la de unos bebés recién nacidos que sobrevivieron bajo los escombros de un hospital varios días después del terremoto—mantuvieron mi esperanza.

Sin embargo, una noche recibí desde México la llamada que temía. Era mi mamá. "Ya encontraron a Félix," me dijo. Y luego hubo un largo silencio. No tuve ni que preguntarle si lo habían encontrado vivo. La forma en que me lo dijo fue suficiente para entender que había perdido a uno de mis mejores amigos.

Félix vivió de prisa. "No tengo mucho tiempo," solía decir. Y no se refería a todas las cosas que tenía que hacer en un día. Sus palabras tenían un sentido mucho más profundo. "No puedo esperar a que se mueran los conductores de los noticieros para que yo pueda subir," insistía. Empujaba y empujaba su carrera profesional hacia arriba. Ahora entiendo que su típica frase: "No tengo mucho tiempo," era una especie de premonición, como si siempre sospechara que iba a morir jóven.

La mañana del terremoto Félix estaba trabajando en las instalaciones de Televisa donde presentaba las noticias para un programa de televisión. Él, al igual que yo, había saltado recientemente de la radio a la televisión. Y eso marcó su destino. Encontraron su cuerpo entre los escombros de la televisora, a unos metros de su escritorio. Nunca he dejado de pensar que si me hubiera quedado en México, quizás, yo hubiera estado en el mismo lugar, junto a él, en el momento del terremoto. Desde que nos conocimos, siempre habíamos trabajado en equipo y dudo mucho que esa nueva etapa de su vida profesional hubiera sido la excepción.

Me salvé. Irme de México me salvó.

No estuve de luto por Félix como él no lo habría estado por mí. No era su estilo. Félix siempre fue un maravilloso irreverente. En cambio, pensé, la mejor manera de recordarlo era haciendo bien mi trabajo. Y eso hice.

Al año de comenzar en el Canal 34 me ofrecieron hacer, además de mis labores de reportería, un noticiero matutino junto a Felipe "El Tibio" Muñoz. Era una extraordinaria oportunidad, no únicamente porque me convertía en *anchor* por primera vez, sino porque podía trabajar junto con "El Tibio," quien había ganado una medalla olímpica en natación, en 1968, al vencer a un norteamericano y a un ruso. "El Tibio" era un verdadero héroe deportivo en México. Pero ni él ni yo teníamos la menor idea de cómo hacer un noticiero.

El programa se llamaba "Primera Edición." Debió, en cambio, haberse llamado "Primerizos" porque Felipe y yo estábamos experimentando por primera vez con la lectura del TelePrompTer y recibiendo instrucciones en el oído a través del aparatito del IFB. Al aire éramos un verdadero desastre. No sabíamos cómo cambiar de cámara y eran pocas las noticias que podíamos leer sin equivocarnos. Como *gimmick*, para distraer la atención de nuestros constantes errores, Felipe y yo tomábamos café al aire y leíamos en voz alta los periódicos de la mañana. Entre nuestros compañeros, el noticiero de la mañana era conocido en tono burlón como "El Cafecito."

Sorprendentemente, los ejecutivos del Canal no cancelaron el noticiero matutino. Cuando Felipe y yo les preguntábamos cómo nos veían, todos decían: "Son muy naturales." Nadie decía que éramos buenos, sólo que éramos "muy naturales." En realidad, a las siete y media de la mañana, casi nadie se sometía a la tortura de vernos. Ni siquiera nuestros jefes.

Una vez, para probar la teoría de que nadie nos veía, invité a mi amigo Benito Martínez a presentar sus pinturas y esculturas al programa. Para algo así debía haber pedido permiso con antelación. Pero no lo hice. Benito salió al aire durante un buen rato para promover una exhibición de sus obras. Nadie, nunca, me dijo nada porque nadie veía el programa.

La certeza de que ninguno de los ejecutivos de KMEX nos veía nos dio mucha soltura y tranquilidad en el programa. Ya no nos equivocábamos en cada nota y leíamos sin tanta dificultad el TelePrompTer; Felipe y yo empezámos a mejorar.

Una de esas mañanas en que creíamos que nadie nos veía lo hicieron dos ejecutivos de la cadena Spanish International Network (SIN), hoy Univision. René Anselmo, presidente de la cadena y Rosita Perú, encargada de la programación, habían llegado de Nueva York y tenían *jet lag*. A las siete y media de la mañana, hora de Los Ángeles, no podían pegar pestaña y se pusieron a ver el noticiero matutino.

Rosita llamaría al cuarto de hotel de René—según me confiaría más tarde—y le dijo: "Prende el Canal 34 y luego dime que piensas del muchachito mexicano." Estaban buscando a una persona que pudiera hacer un nuevo programa por las mañanas a nivel nacional y me echaron el ojo.

Rosita me mandó a llamar esa mañana y me comentó que yo "era muy natural" en el noticiero—"mala señal," pensé—y me preguntó si consideraría irme a Miami para hacer el programa "Mundo Latino." Hacía meses que yo estaba en contacto con Gustavo Godoy, director de noticias de la cadena, y a pesar de sus promesas nunca me había llamado como corresponsal a nivel nacional para el Noticiero SIN.

Estando en Miami sería más fácil saltar al Noticiero—que se había ganado una buena reputación periodística cubriendo la guerra en Centroamérica y que era el lugaron donde realmente deseaba trabajar—y le dije que sí a Rosita. El programa de la mañana no me emocionaba tanto pero era, sin duda, una buena oportunidad para mi carrera. Sin embargo, Rosita no quiso concretar nada esa mañana. Y yo lo entendí; apenas me conocía.

Esa misma tarde, a la hora del *lunch,* me encontré en un restaurante húngaro que había frente a los estudios de televisión, a René Anselmo. Almorzaba con el gerente general del Canal 34, Danny Villanueva. Sin presentarse siquiera, Anselmo me lanzó una pregunta a bocajarro: "¿Te quieres ir a vivir a Miami?" "Sí" fue la corta respuesta. Nunca en mi vida volví a hablar con él. Y cuando Anselmo murió muchos años después recordé con un poquito de nostalgia cómo ese excéntrico ejecutivo de televisión que gustaba tener un piano de cola a la entrada de su oficina cambió mi rumbo profesional con una sola pregunta.

Dos semanas más tarde, en enero del 86, estaba acomodando mis cosas en un elegante hotel de Coconut Grove en Miami.

LA LUCHA POR EL NOTICIERO Y MI ACENTO

Good journalism doesn't have to be boring.
El buen periodismo no tiene por que ser aburrido.

—WALTER ISAACSON, PRESIDENTE DE CNN

Antes de cumplir que los 15 años de edad, mi hija Paola me preguntó: "¿te has dado cuenta Papá cómo algunas cosas, aparentemente sin importancia, luego te cambian la vida?" Realmente no esperaba en ese momento un comentario de tal profundidad—y una lección—por parte de mi hija. Y me sorprendió. Por lo cierto. Paola es muy perceptiva y con esas palabras estaba rascando en mi corazón y en su historia personal.

Tras su pregunta, le platiqué a mi hija cómo había conocido a su mamá y cómo habíamos terminado juntos. Así, precisamente, en una comida de sushi en un restaurante japonés de Coconut Grove en la Florida, a principios de 1986—un asunto sin aparente importancia—fue que conocí de verdad a Gina Montaner. A partir de ese momento empezamos a compartir mucho tiempo, creando un vínculo que nos marcaría—Paola—para el resto de nuestras vidas.

Mi vida personal como soltero iba muy bien, gracias. Me acababa de mudar a Miami procedente de Los Ángeles y no tenía ninguna intención, absolutamente ninguna, de involucrarme emocionalmente o de comprometerme con alguien. La experiencia de libertad me había calado fuerte en California; por fin las limitaciones que había sentido durante mi adolescencia en la ciudad de México habían desaparecido. El mundo se abría antes mis ojos: tenía un nuevo y prestigioso trabajo, algo de dinero para gastar y toda una ciudad por conocer.

Pero uno casi nunca escoge el momento de enamorarse. Al poco tiempo de llegar a Miami caí, emocionalmente, de una manera maravillosa e inesperada. Gina era una de las productoras de "Mundo Latino," el programa de televisión que yo empezaba a conducir en Miami. Al igual que yo, Gina estaba recién desempacada. Después de toda una vida en Madrid, había decidido dejar Europa para probar nuevos aires—personales y profesionales—en América.

Pero las inusuales circunstancias de nuestro encuentro—ella estaba saliendo de una relación y los dos nos sentíamos casi como intrusos en Miami—seguramente lastimaron e incomodaron a algunos. La poco tradicional relación con Gina—una periodista cubana—y la rápida decisión de vivir juntos hicieron que el asunto no fuera muy bien visto en varios círculos del Miami más tradicional. Y lo entiendo.

Recuerdo perfectamente ese primer encuentro que tuve con sus padres, Carlos y Linda, en el que incluso nosotros mismos tuvimos problemas explicando nuestras decisiones. En realidad, no había mucho que explicar: estábamos enamorados y queríamos seguir así. En la práctica, la intensidad de esas primeras semanas borró las resistencias, rechazos y críticas a nuestro alrededor. A los dos meses de estar juntos, Gina esperaba ya a nuestra hija Paola; ese vínculo no sería cortado. Jamás. Tampoco me imaginé que, 15 años después, en una tranquila tarde del hirviente Miami le estaría contando a mi hija los deliciosos y curiosos antecedentes de su vida.

"Esto es de telenovela," nos decían nuestros compañeros de trabajo con una sonrisa de complicidad. Y quizás así se vio desde afuera, brevemente. Pero, eso sí, tuvimos una extraordinaria conexión emocional y nos olvidamos del resto del mundo por un tiempo.

Mientras me acostumbraba a una nueva e intensa vida de pareja y esperábamos el nacimiento de Paola, en Miami los comentaristas radiales del exilio cubano me bombardeaban. No por la polémica que podría haber generado mi vida personal (y que logramos mantener fuera de los chismes de los medios de comunicación a nivel local) sino por el simple hecho de ser mexicano.

Para algunos de ellos era una afrenta que un periodista mexicano estuviera al frente de un programa nacional de televisión basado en Miami (como lo era "Mundo Latino") mientras el gobierno de México mantenía estupendas relaciones con la dictadura de Cuba. Era realmente difícil hacerles entender que mis posiciones ideológicas no tenían nada que ver con la política exterior mexicana. En una ocasión, al abrir los micrófonos a la radioaudiencia en uno de esos programas, un hombre me dijo: "Mira Ramos, para mí tu eres mexicano antes que periodista y por eso no voy a creer nada de lo que digas."

Así, en ese ambiente hostil, comencé "Mundo Latino" en 1986, junto con Lucy Pereda. Los cubanos representaban una pequeña parte de la audiencia nacional del programa matutino pero era muy incómodo estar escuchando sus ataques personales en la radio de Miami sobre asuntos en los cuales yo no tenía control ni responsibilidad. Y siguiendo el consejo de Joaquín Blaya, entonces gerente general del Canal 23 en Miami, dejé de escucharlos y sintonicé el radio del auto en otras estaciones. Asunto resuelto.

El programa matutino me puso a prueba de maneras inimaginables. Con recursos muy limitados, había que improvisar constantemente y saber un poquito de todo. A veces daba noticias, otras cocinaba con un invitado o me ponían a bailar salsa con una rumbera. Y aunque eso no era lo que quería hacer de verdad, sí me dió la experiencia y la soltura necesarias para sobrevivir en un programa de televisión en vivo.

En ese año, 1986 la noticia más importante para los inmigrantes latinos en Estados Unidos fue la amnistía que legalizó la situación de más de tres millones de indocumentados e impuso sanciones a los empleadores que contrataran a trabajadores que se encontraran ilegalmente en el país. Se suponía, ingenuamente, que con esto se resolvería el problema de la inmigración ilegal. Pero el plan tenía dos graves fallas. Primero, no consideraba que el flujo de indocumentados hacia el norte tiene que ver con la oferta y demanda de trabajos en Estados Unidos y no con las leyes. Es decir, que es un problema económico. Y segundo, que sin un acuerdo migratorio entre Estados Unidos y México la frontera seguiría fuera de control.

Quince años después de esta amnistía, el número de indocumentados en Estados Unidos había superado los ocho millones. Fue un republicano—Ronald Reagan—quien aprobó la amnistía migratoria del 86 y, curiosamente, sería otro republicano—George W. Bush—quien a principios del nuevo siglo tendría que enfrentar los llamados a una nueva amnistía o a un masivo programa de legalización de indocumentados. El asunto de la inmigración de indocumentados, lejos de resolverse, se había agravado.

EN ESE 1986 había muchas noticias que presentar pero, a pesar de estar trabajando para un programa a nivel nacional, no tenía ni el *glamour* ni el dinero que los televidentes supondrían. Uno de los camarógrafos, Aldo, me cortaba el pelo debajo de un árbol por cinco dólares. En el jardín de junto a los estudios, Aldo me sentaba en una cubeta voleada y a ritmo de tris tras me contaba las más divertidas historias de su época de bailarín en Cuba. Los otros camarógrafos, Felipe, Frank y Tony eran testigos de las mochadas que me metía Aldo en el pelo. Nos divertía saber que un *"anchor"* a nivel nacional se cortaba el pelo bajo un árbol.

Yo siempre estaba listo para salirle al paso a cualquier problema técnico o editorial durante el programa, pero nunca sospeché que a sólo unos meses de inciarse "Mundo Latino", habría una gran crisis en la empresa. El Noticiero SIN, que luego pasaría a ser el Noticiero Univision, estuvo por años en el centro de una disputa nacional e internacional. Es, sin duda, el programa de noticias más influyente de la comunidad hispana de Estados Unidos y la lucha por controlarlo ha involucrado las dos costas del país, mexicanos, estadounidenses y cubanoamericanos, a varias naciones y a distintos grupos de intereses empresariales. Y parte de esa lucha por dominar el programa de mayor influencia y prestigio noticioso de la cadena fue entre ejecutivos, periodistas y profesionistas de México y Estados Unidos.

Confirmando los rumores de varias semanas, el viernes cinco de septiembre de 1986 el comentarista Jacobo Zabludovsky, anunció en México que dejaba el noticiero "24 Horas" en México para irse a trabajar a SIN en Miami. "Terminó una etapa para iniciar otra," dijo Zabludovsky como despedida tras más de 15 años en el noticiero.

"No puede ser," pensé al escuchar la noticia. "Me fui huyendo del periodismo que hacía Televisa en México y ahora Zabludovsky—el principal representante de ese tipo de periodismo—viene precisamente al lugar donde estoy en Estados Unidos." Eso sí que era tener mala pata.

El programa de la mañana no sería afectado, en un principio, por la llegada de Zabludovsky. Pero mis compañeros del Noticiero SIN estaban muy preocupados. No había la menor duda que Televisa había jugado un rol fundamental en la censura que por décadas impuso el sistema político mexicano. Y estaba más que documentado, tanto dentro como fuera de México, que el noticiero de Zabludovsky manipulaba las noticias en beneficio del PRI. Como muestra estaban los embarazosos silencios de Televisa cada vez que se realizaba un fraude electoral y cuando los presidentes mexicanos se pasaban el poder unos a otros.

Echándole más leña al fuego, el nuevo presidente de Televisa, Miguel Alemán, justificó públicamente—unos días después del anuncio de Zabludovsky—la fuerte alianza de la empresa con el gobierno mexicano. "Nosotros tenemos un jefe que es el presidente de la república," dijo Alemán. "Para mí es el capitán del barco y tengo que estar apoyando al presidente."[4]

Sin embargo, los periodistas del Noticiero SIN no querían a ese capitán de barco. La primera vez que llegó Zabludovsky a los pequeñísimos estudios del noticiero en Miami, lo hizo en una limosina. Primer error. El segundo fue negar que su noticiero fuera un instrumento del gobierno mexicano. En pocas palabras, los reporteros de SIN no le creyeron a Zabludovsky—como tampoco lo hacían millones de mexicanos—y amenazaron con renunciar si él se quedaba al frente del departamento de noticias.

Durante casi dos meses los reporteros de SIN, encabezados por su di-

[4] Periódico Noticias del Mundo, nota de Claudio Capuzano fechada desde Nueva York el 30 de septiembre de 1986 y titulada "Nuevo Orden Periodístico."

rector Gustavo Godoy, resistieron los intentos de Zabludovsky de tomar posesión. Fue una batalla abierta en la que quedó muy claro que Zabludovsky no era bienvenido en Estados Unidos.

Dos ejemplos: 1) La revista mexicana Proceso entrevistó a Tomás Regalado, director de la estación de radio WQBA en Miami, quien dijo haber recibido cientos de llamadas de protesta de radioescuchas, y dijo también que "la presencia de Zabludovsky pone en peligro la objetividad y la independencia de las noticias, por su servilismo hacia el partido gobernante de México." 2) El diario *The Miami Herald* (8/25/86) publicó un artículo editorial de Guillermo Martínez que decía que "para los norteamericanos de cualquier origen, la idea de usar un noticiero como vehículo de propaganda de un gobierno extranjero es repugnante . . . y de eso se trata precisamente este asunto." [5]

Y para probar que no sólo los cubanoamericanos se oponían a la presencia del comentarista mexicano, Martínez citó en su artículo al editorialista mexicoamericano del diario *Los Angeles Times*, Frank del Olmo: "El pomposo conductor (de Televisa), Jacobo Zabludovsky, es tan famoso en México como Walter Cronkite lo es en este país, con una gran diferencia: Casi nadie cree lo que dice Zabludovsky. Y eso es porque Zabludovsky y sus jefes de Televisa, como Emilio Azcárraga, están notoriamente cerca de los líderes políticos de México y del sistema cada vez más corrupto que controlan. Justo o no, los mexicanos consideran que las noticias que transmite '24 Horas' como la versión de los eventos que el gobierno mexicano desea difundir. Ese cinismo es compartido por los latinos en Estados Unidos." [6]

---

[5] *The Miami Herald*, "SIN sends bad signal on Mexican 'Shill' " by Guillermo Martínez. "For Americans of all origins, the idea of using a newscast as a propaganda vehicle for a foreign government is repugnant . . . That is precisely what all of this is about." September 25, 1986.

[6] Quoted by *The Miami Herald*, September 25, 1986. "Its (Televisa's) pompous anchorman, Jacobo Zabludovsky, is as famous in Mexico as Walter Cronkite is in this country, with a big difference: Hardly anyone gives credence to what Zabludovsky says. That is because Zabludovsky and his Televisa bosses such as Emilio Azcárraga are notoriously close to Mexico's political leaders and the increasingly corrupt system that they control. Fairly or not, Mexicans regard any news item broadcast on (the program) "24 Horas" as the version of events that the Mexican government wants to get across. U.S. Latinos share that cynicism." Frank del Olmo, *Los Angeles Times*.

EL DUEÑO DE TELEVISA Emilio Azcárraga Milmo, tenía una clara visión progobiernista.[7] De no ser así, quizás, hubiera perdido las concesiones de sus estaciones de radio y televisión. Pero ese tipo de alianzas estaban muy mal vistas fuera de México. Sobre todo en los noticieros.

El titular del diario The Miami Herald del viernes 31 de octubre de 1986 fue: "Renuncias en masa en Noticiero SIN. Crisis por la designación del periodista Jacobo Zabludovsky."[8] La nota relata la renuncia del director de noticias, Gustavo Godoy, y al menos 14 productores, reporteros y técnicos más. "Desde el primer día nos hemos negado a comprometer nuestra integridad periodística y renunciamos por ética, en nombre de la libertad de prensa," dijo José Díaz Balart, quien era conductor temporal del noticiero. "Pensaron que podían venir a Estados Unidos y dar un golpe de estado," comentó el corresponsal Ricardo Brown.

Esos también fueron días muy difíciles para mí. Desde luego que estaba en contra de las prácticas periodísticas de Televisa y de Zabludovsky. Esa fue una de las razones por las que me fui de México. Pero tampoco me sentía parte del equipo de Godoy.

Gustavo Godoy había creado el mejor noticiero en español de la televisión norteamericana con destacados periodistas como Ricardo Brown, Pedro Sevsec, Carlos Botifol, Armando Guzmán, Guillermo Descalzi y Teresa Rodríguez, entre muchos otros. El éxito del noticiero se basó en la creación de un programa de gran calidad técnica, con los mismos valores periodísticos de las tres grandes cadenas norteamericanas y con un ángulo que enfatizaba noticias sobre hispanos y América Latina. Nunca antes la comunidad latina había tenido un noticiero de primera como el que Godoy creó con pocos recursos y un extraordinario y optimista grupo de periodistas.

---

[7] La periodista Teresa Losada escribe el 15 de enero de 1988 desde Querétaro, México, las siguientes declaraciones de Emilio Azcárraga Milmo: "Nosotros somos del PRI, siempre hemos sido del PRI, no creemos en ninguna otra fórmula. Como miembro de nuestro partido haré todo lo posible para que nuestro candidato triunfe."

[8] El Miami Herald, octubre 31, 1986. "Renuncias en masa en Noticiero SIN" por Lourdes Meluza.

Horas después de su renuncia, Godoy me invitó a su apartamento en Miami y me ofreció irme como corresponsal a Madrid de un nuevo noticiero que pensaba lanzar al aire para competir contra el de SIN.[9] La oferta era tentadora porque Gina deseaba regresar a España. Pero decidí no tomarla.

Siempre había querido ser corresponsal del noticiero SIN. De hecho, cuando vivía en Los Ángeles, tuve varias conversaciones en las que se me sugirió que pronto sería contratado por el noticiero. Sin embargo, las ilusiones que tuve nunca se concretaron. Y ahora la oferta llegaba demasiado tarde.

Jaime Dávila, vicepresidente ejecutivo de SIN, me ofreció en cambio ser el nuevo conductor del noticiero. Pero el fantasma de Zabludovsky aún estaba presente. Así que puse una condición indispensable para aceptar la oferta: que nadie, ni Zabludovsky ni Televisa, se involucrara en el contenido editorial del noticiero. Y Dávila aceptó.

Finalmente, los ejecutivos de Televisa decidieron echarse para atrás, regresar a Zabludovsky a México y olvidarse de sus planes de lanzar un servicio de 24 horas de noticias (llamado E.C.O.) desde Miami. La mañana del tres de noviembre de 1986 el periódico The New York Times, citando a una fuente de SIN, dijo que "era probable que Zabludovsky, después de todo, no vendría a Estados Unidos." Dávila citó "razones personales" por el retiro de Zabludovsky.[10]

Así, había desaparecido la amenaza del control periodístico de Televisa y de Zabludovsky sobre el Noticiero SIN. Pero tampoco había un equipo experimentado para hacer el noticiero. Godoy se había llevado a algunos

---

[9] *Hispanic Business*, January 1987. "More Changes at SIN" by Steve Beale. "Gustavo Godoy, the veteran newsman who built Noticiero SIN into a nationally respected network newscast, has left SIN to launch his own national Spanish-language news show, bringing a sizable chunk of his former staff with him . . . Mr Godoy's new venture (will be) called the 'Hispanic-American Broadcasting Network.' "

[10] *The New York Times*, November 3, 1986. Resignations Upset Hispanic TV Newscast by John Nordheimer. ". . . a SIN official in New York said today that Mr. Zabludovsky would probably not come to the United States to take up the new post after all. Jaime Dávila, executive vice president of SIN, cited 'personal reasons' for Mr. Zabludovsky's probable withdrawal."

de los productores y corresponsales de mayor reputación y no pensaban regresar tras el retiro de Zabludovsky.

A las seis y media de la tarde del lunes tres de noviembre de 1986 me convertí en el conductor titular del Noticiero SIN. Tenía sólo 28 años de edad; era uno de los *anchors* a nivel nacional más jóvenes en la historia de la televisión estadounidense. Teresa Rodríguez, copresentadora del noticiero en la época de Godoy, decidió quedarse con la empresa y fue mi salvación.

Teresa no sólo era una excelente amiga y compañera de trabajo, sino que me guió paso a paso por los laberintos tecnológicos de un noticiero nacional. Recuerdo perfectamente sus impecables uñas rojas en mi guión, bajo las palabras que yo iba pronunciando, en caso de que me perdiera leyendo el TelePrompTer. Y me perdía muy a menudo.

Era, sin duda, un lector de noticias bastante irregular y nunca había entrevistado a un presidente. Era, también, la única alternativa viable que tenía SIN en esos momentos de crisis. Sin embargo, sabía perfectamente que no duraría mucho en el trabajo si no mejoraba. Tenía cara de niño y cero de credibilidad.

Incluso, dentro del mismo noticiero, había dudas de que alguien con tan poca experiencia se mereciera ser uno de sus presentadores. Uno de ellos era el reportero Guillermo Descalzi a quien le hubiera correspondido, por señoría y reputación periodística, el puesto que yo tenía. Durante la visita del papa Juan Pablo II a Miami, a principios del 87, Descalzi no me dejó pronunciar ni una palabra durante una breve transmisión en vivo que deberíamos haber hecho juntos. Rápidamente transformé esa vergonzosa experiencia en una lección. Nunca más, nadie, me dejaría callado en cámara. El silencio es un pecado mortal en televisión.

Nunca hemos discutidos el incidente pero creo que Descalzi, a propósito, no me dejó hablar en esa ocasión. Era, estoy seguro, una forma de quejarse y de demostrarle a nuestros jefes que habían cometido un error al escogerme a mí como conductor del noticiero y no a él. Descalzi nunca me hizo la vida fácil. Pero yo nunca me di por vencido; ese conflicto me obligó a superarme, a tratar de ser mejor que él y a hacer entrevistas sin pelos en la lengua. Sin duda, Guillermo Descalzi era uno de los periodistas más audaces y temidos de su época; los presidentes centroamericanos, recuerdo, siempre preguntaban con temor cuando nos veían: "¿Y vino Descalzi?" Años más tarde, los problemas personales aquejaron a Descalzi—él escribió un libro sobre cómo cayó en el mundo de las drogas—y terminó trabajando en la competencia, en Telemundo.

Esa era una época muy complicada para los Estados Unidos en la región. El presidente norteamericano Ronald Reagan estaba obsesionado con evitar una expansión comunista en América Latina y se había aliado con algunos de los elementos más represores y retrógrados de centroamérica. Así, decidió apoyar a militares salvadoreños con reputación de violadores a los derechos humanos en su lucha contra los guerrilleros del Frente Farabundo Martí de Liberación Nacional. Y en Nicaragua, el gobierno norteamericano promovió abiertamente la causa de la Contra—aún en violación de las leyes estadounidenses—en su intento de derrocar a los líderes de la revolución sandinista. Los sandinistas habían logrado terminar con la dinastía de los Somoza pero, una vez que tomaron el poder, empezaron a implementar medidas autoritarias—como el servicio militar obligatorio—y a organizar elecciones caracterizadas por métodos claramente antidemocráticos. Miles de millones de dólares de las arcas del tesoro de Estados Unidos fluyeron, con poca supervisión, a manos de la Contra nicaragüense y de militares salvadoreños, guatemaltecos y hondureños, ligados a la lucha antiguerrillera. La región estaba polarizada y los periodistas teníamos que hacer esfuerzos diarios para no tomar postura y tratar de explicar, en los términos más sencillos, una complicadísima y peligrosa situación. En esos días comencé como conductor del noticiero en español más visto en Estados Unidos y con una extraordinaria influencia en la región del conflicto: centroamérica. El reto era enorme y las presiones constantes.

A LAS POCAS SEMANAS DE HABER sido designado como conductor del Noticiero SIN, entrevisté a los presidentes de Guatemala y Honduras—mis primeras entrevistas con mandatarios—y Sylvana Foa—una periodista de origen italiano que luego terminaría trabajando en Naciones Unidas—fue nombrada directora de noticias. Más tarde aprendí a leer el TelePrompTer con naturalidad y sin la ayuda de las uñas rojas de Teresa.

Durante esos turbulentos días nació mi hija Paola, que lejos de complicarme la vida, le dió sentido. Marqué mis prioridades. Ella y no el noticiero, era lo más importante. La paternidad me había sentado muy bien. Me descubrí mucho más amoroso y afectivo de lo que jamás me imaginé. Todo el torbellino de emociones que precedieron al nacimiento de Paola desaparecieron cuando la cargué por primera vez. Ni mis papás ni los de Gina habían llegado a Miami ya que el parto se había adelantado unos días. Así que pasamos solos toda la madrugada hasta que, al salir el sol el 20 de enero de 1987, Paola decidió nacer. Cuando la sacaron del quirófano, envuelta en una manta blanca, no supe ni cómo cargarla. Pero se la tomé a la enfermera y la apreté contra mi pecho. No lloraba. Estaba en paz. Y yo también.

Eso, desde luego, no significaba que dormía mucho. Recuerdo perfectamente estar tan cansado las primeras semanas después del nacimiento de Paola que en mis sueños me veía dormir. Soñaba en dormir. Y cuando estaba despierto pensaba en Paola y en la vida que le esperaba, no en noticias.

Hay una fotografía en que Paola reposa sobre mi hombro, unas semanas después de nacida. Los dos nos vemos exhaustos. Pero la conexión es incuestionable. Y ese mismo vínculo lo hemos podido salvar a pesar de la distancia y de tantas separaciones. Mi vida personal, tras el nacimiento de Paola, por fin tenía un momento de calma. Más bien, un momentito.

Apenas me empezaba a sentir a gusto en el nuevo puesto cuando vino otro cambio. Televisa no había podido imponer a Zabludovsky en el departamento de noticias, pero aún controlaba los destinos de la empresa. En 1987 cambió el nombre de la compañía a Univision y en el verano cerró—¿como venganza por el caso Zabludovsky?—sus operaciones en Miami y decidió trasladar el noticiero a California.

El argumento oficial, al menos, tenía sentido: debíamos producir el noticiero en la costa oeste de Estados Unidos donde vivían la mayoría de nuestros televidentes: los mexicanos y mexicoamericanos. Teresa decidió quedarse en Miami y comencé a hacer el Noticiero Univision con la uruguaya Andrea Kutyas. Pero después de transmitir el noticiero durante unos meses desde los estudios Raleigh en Los Ángeles nos mudamos, permanentemente, a la paradisíaca ciudad de Laguna Niguel, al norte de San Diego. Era una ciudad preciosa, tranquila, muy cara y tenía muy pocos latinos.

Además, por las tres horas de diferencia con la hora del este, a las cuatro de la tarde terminábamos de hacer el noticiero y era frecuente volver a encontrar al equipo de noticias junto a la piscina, yendo a la playa o sorbiendo una margarita mientras se enterraba el sol en el mar. Los ejecutivos de Univision jamás pensaron que nos estaban enviando a un retiro adelantado pero así fue. Y cubrir centro y sudamérica desde Laguna Niguel era una verdadera odisea de traslados terrestres, cambios de avión y horas perdidas en los aeropuertos. Laguna Niguel, sí, era muy bonito pero era uno de los peores lugares del mundo para producir un noticiero.

A los pocos meses de mudarnos a Laguna Niguel, Guillermo Martínez, un experimentado periodista del diario The Miami Herald, fue nombrado director de noticias. Gracias a él desarrollamos un competitivo estilo en la búsqueda de noticias y nos pusimos al día en las prácticas éticas y códigos de conducta de las principales instituciones periodísticas del país. Aprendí mucho de Guillermo; él siempre ha tenido un refinado olfato sobre lo que es noticia y nunca dudó en utilizar los pocos recursos que teníamos para cubrir crisis internacionales. Martínez hizo malabares financieros para asegurarse que fuéramos testigos de toda noticia importante, independientemente de las limitaciones presupuestales. Eso, por supuesto, le ocasionó una buena dosis de enfrentamientos con los otros ejecutivos de la empresa. Pero a pesar de las presiones, nunca consideró que una guerra —como la de los Balcanes por ejemplo— no fuera "relevante" para la audiencia hispana de Estados Unidos. Fue siempre, primero, un periodista.

No pasó mucho tiempo antes de que Martínez nombrara a María Elena Salinas para acompañarme como copresentadora del noticiero, reemplazando a Andrea Kutyas. El objetivo era hacer noticieros tan buenos o mejores que los de nuestros rivales en inglés. Lo que nunca nos imaginamos es que el crecimiento del mercado latino sería tan grande —debido a la alta tasa de natalidad de los hispanos y a la constante migración latino-americana—que rápidamente sobrepasaríamos en algunas ciudades a los noticieros que tanto admirábamos: el de las cadenas ABC, CBS y NBC. Mientras que los noticieros en inglés empezaron a perder audiencia—debido a la gran competencia de los canales por cable—el nuestro siguió creciendo y se mantuvo, siempre, como el número uno en español.

Durante los últimos 15 años hemos competido en español contra noticieros producidos por HBC, CNN, NBC, Telenoticias y Telemundo y nunca hemos perdido contra ellos en la batalla de los *ratings*. Nunca. Y lo sorprendente fue la forma como logramos erosionar seriamente a la tele-audiencia de los noticieros en inglés ya que en las ciudades con altos porcentajes de hispanos, aquellos que son bilingües y tienen la oportunidad de escoger entre el inglés y el español, nos empezaron a preferir. Y esto a pesar de estar haciendo un noticiero desde Laguna Niguel.

La mudanza a California fueron las patadas de ahogado de Televisa. Un juez federal había decidido que Televisa, una empresa mexicana, violaba las leyes norteamericanas al controlar en más del 25 por ciento una cadena de televisión en Estados Unidos.[11] Así, el arreglo que había iniciado René Anselmo con Emilio Azcárraga en 1961—transmitiendo desde San Antonio con programación de Televisa en español—quedaba desbaratado. Azcárraga fue obligado a vender todas sus estaciones de televisión en Estados Unidos y tras un largo y complicado proceso el 19 de noviembre de 1987 se anuncia oficialmente la venta a Hallmark Cards Inc.

La decisión fue otro duro golpe para los planes expansionistas del magnate mexicano que, un año atrás, había intentado sin éxito lanzar su cadena de 24 horas de noticias desde Estados Unidos. Sin embargo, para los mexicanos de Televisa, la venta de Univisión a Hallmark no sería un adiós sino un hasta luego.

Tan pronto como los ejecutivos de Hallmark tomaron posesión, se vol-

---

[11] *The Wall Street Journal.* Mexican Media Empire, Grupo Televisa, Casts An Eye on U.S. Market, by Matt Moffett and Johnnie L. Roberts. "In the 1980's (Azcárraga) had a major stake in what is now Univision. But he sold to Hallmark Cards Inc . . . to end a bitter and prolonged controversy over whether he was in violation of U.S. laws that limit foreign ownership of U.S. broadcast outlets."

vió a hablar de regresar el Noticiero Univision a Miami. Esa era parte de una guerra no declarada (entre cubanos y mexicanos) por el control del programa noticioso en español de más influencia en Estados Unidos. Irónicamente fue un visionario ejecutivo chileno, Joaquín Blaya, quien terminó en control de la cadena Univision.

Blaya no únicamente posicionó a Univision como una gran cadena norteamericana de televisión, sino que invirtió millones y millones de dólares en producir programas hechos en Estados Unidos y que reflejaran la diversidad cultural de este país. Bajo su liderazgo Univision ganó renombre a nivel internacional, se construyeron unas modernas instalaciones en Miami y el noticiero regresó de California a Miami en 1991.

Sin embargo, Televisa continuaba al acecho.

A pesar de los éxitos en *ratings*, Hallmark no había podido sacar a flote financieramente a Univision.[12] Y Hallmark, sin que Blaya se enterara, decidió vender la cadena al empresario Jerrold Perenchio; Televisa de México y Venevisión de Venezuela entrarían como socios minoritarios.

"Joaquín Blaya, presidente de Univision, estaba en su oficina de Miami en la mañana del miércoles 8 de abril (de 1992) cuando entró (por sorpresa) Irv Hockaday, CEO de Hallmark Cards," según reportó la revista Hispanic Business. "La visita sorprendió a Blaya. El señor Hockaday fue directamente al punto y le dijo que Hallmark estaba vendiendo la compañía que presidía Blaya, la cadena y las estaciones de televisión en español más grandes de la nación."[13]

La noticia, por supuesto, le cayó muy mal a Blaya. "Estoy profundamente desilusionado con la forma secreta en que Hallmark manejó esta

---

[12] De acuerdo con un artículo del *The Miami Herald* a finales de mayo del 88 (Shake-Up in Spanish TV), Univision había perdido 257 millones de dólares entre 1987 y 1990 y Hallmark estaba perdiendo dinero con la venta de la cadena Univision y sus estaciones.

[13] "Joaquín Blaya, acting presidente of Univision Holdings was in his Miami office Wednesday morning, April 8 (1992), when Hallmark Cards CEO Irv Hockaday walked in," reported *Hispanic Business* on its May 1992 edition. ". . . this visit stunned Mr. Blaya. Mr. Hockaday got right down to business. Hallmark, he said, was selling the company that Mr. Blaya heads, the nation's largest Spanish television network and station group."

transacción," comentó Blaya en un comunicado que recogió el diario El Miami Herald. "Ellos han demostrado una total falta de respeto por el grupo de profesionales de Univision que ha trabajado sin descanso por cambiar la cara de la televisión en español de este país."[14]

A nadie sorprendió cuando Blaya renunció el 22 de mayo del 92. Y Ray Rodríguez, comprometiéndose a mantener a Univision como líder de la televisión en español, fue nombrado presidente de la compañía. Cuatro días más tarde, Joaquín Blaya se ponía al frente de Telemundo, la competencia de Univision. "Esta es una oportunidad importante de continuar produciendo programación televisiva en español que se preocupe por las necesidades e intereses de los latinos de Estados Unidos," comentó Blaya en un comunicado de prensa.[15]

La partida de Blaya cuestionaba el compromiso de Univision de producir programadas dirigidos específicamente a los hispanos y sugería que dicha programación podría ser reemplazada con telenovelas y espacios de noticias y entretenimiento enlatados en México y Venezuela. Pero mi mayor preocupación era la mala reputación que tanto Televisa como Venevision tenían respecto a su objetividad periodística.

Nadie me tenía que contar a mí las prácticas de censura y de autocensura de Televisa en México; yo mismo las había padecido. Venevisión también sufría los embates de fuertes presiones gubernamentales para que modificara su información según conviniera al régimen de turno.[16] En otras palabras, lo que yo no quería es que las mismas limitaciones a la libertad de expresión que tenían los periodistas en México y Venezuela se

---

[14] El Miami Herald del 11 de abril de 1992. "Soplan Vientos de Cambio en TV Hispana, por Beatriz Parga."

[15] Telemundo. PRNewswire, May 26, 1992. "This is an important opportunity to continue producing Spanish-language television programming that meets the needs and interests of U.S. Hispanics," said Joaquín Blaya, president and chief executive officer of Telemundo Group, Inc.

[16] El diario El Miami Herald publicó en un artículo titulado, Pérez refuta declaración de la SIP (Sociedad Interamericana de Prensa) sobre Obstáculos a una Prensa Libre, lo siguiente: "La SIP condenó el tratamiento dado a la prensa venezolana e identificó a este país como uno de los ejemplos más alarmantes de pasos contra la libertad de expresión en América."

fueran a importar a Univision con la venta de Hallmark a Perenchio, Televisa y Venevisión. "Primero lo de Zabludovsky," pensé, "y luego esto."

Recuerdo como si hubiera sido ayer una reunión a la que llamó Jerry Perenchio en los estudios de Univision en Miami para aclarar cualquier duda respecto a la compra de la empresa. Iba acompañado de Jaime Dávila, representando a Televisa, y de Gustavo Cisneros de Venevision. Cientos de empleados estuvimos presentes. Me armé de valor, levanté la mano e hice la pregunta que muchos de mis compañeros periodistas tenían en la punta de la lengua. "Todos sabemos que tanto Televisa como Venevision practican la censura de prensa en sus respectivos países," dije como preámbulo. Y luego, dirigiéndome a Perenchio, le pregunté: "¿Usted nos puede asegurar que nada de eso va a ocurrir aquí en Estados Unidos?" Antes que Perenchio, Dávila o Cisneros pudieran contestar, escuché un fuerte aplauso en el estudio. Eran mis compañeros de trabajo. Y era obvio también que yo no era el único en tener dicha preocupación. Cuando finalmente Perenchio contestó a mi pregunta, dijo: "Aquí va a existir absoluta libertad de prensa y si alguna vez tienes un problema, me llamas."

Hoy puedo decir, con total satisfacción, que ninguno de los dueños de Univision, ni Ray Rodríguez, presidente de la cadena, nos han impuesto jamás una noticia o nos han llamado para evitar que salga algún tipo de información en el noticiero. Perenchio, sobra decirlo, cumplió su palabra y nunca lo tuve que llamar con una queja. Tanto Rey como Perenchio demostraron que una empresa altamente rentable, como ahora es Univision, puede salir adelante sin violar el estricto código de ética que debe regir a los periodistas.

Para quien no ha vivido en América Latina y no sabe de los ataques a la prensa, de los ínfimos salarios de los reporteros, de las amenazas de narcos, políticos, militares y empresarios, de los miedos de publicar una información controversial que pudiera perjudicar a los dueños del medio de comunicación que paga la escuela de tus hijos, ni de la autocensura de los jefes para mantener el puesto o de lo extremadamente difícil que es ser un periodista ético y justo—estas preocupaciones pudieran resultar infundadas. Estados Unidos, para citar un caso, tiene garantizada la libertad de expresión en la primera enmienda de la Constitución. Pero críticas similares a las que constantemente se hacen en las naciones más desarrolladas (contra presidentes, congresistas, empresarios, militares . . .) le han costado la vida a muchos periodistas latinoamericanos.

Para mí fue una verdadera pesadilla el imaginarme que los mismos vicios y restricciones a la libertad de expresión que me expulsaron de México, me pudieran haber perseguido en Estados Unidos. Afortunadamente, al final, no fue así.

Durante todo este tiempo como conductor del Noticiero Univision he tratado de mantenerme con los pies en la tierra con una buena dosis de realismo y humor. Eso me ha salvado. He visto pasar a tanta gente por la misma posición que ocupo que no me queda la menor duda de que, tarde o temprano, yo también seré una imagen pasajera y alguien me reemplazará. Lo curioso es que muchos de mis compañeros, tanto en inglés como en español, actúan como si fueran inmortales y todopoderosos. Y algunos de ellos ni siquiera son reporteros: sólo saben leer muy bien el TelePrompTer. La fama en la televisión es breve, muy breve. Creo en la teoría de las tres semanas: tres semanas fuera del aire hace que hasta el periodista más reconocido empiece a ser olvidado por la teleaudiencia sin que sufran mayormente los *ratings*. Quizás por eso nunca tomo vacaciones por más de dos semanas.

MARÍA ELENA SALINAS

María Elena Salinas se unió al equipo del Noticiero Univision (6:30 p.m.) en la primavera de 1988 y desde entonces la he visto casi todos los días. Conozco a María Elena más años que a mi esposa, he pasado más tiempo con ella que con mis hermanos, hemos compartido algunos de los eventos históricos más importantes de los últimos años, nos hemos mudado de ciudad en varias ocasiones, he viajado junto a ella por todo el continente americano y nos hemos sentado en la misma oficina durante más de una década. Eso es aguante . . . de ella, claro está.

Nos conocemos tanto que, con una mirada o por la forma en que entra a la oficina, yo ya sé si está de buenas o de malas. Al aire, haciendo el Noticiero Univision, no es necesario que nos digamos mucho; con un silencio o un par de palabras, ya sabemos a quién le toca leer la siguiente noticia, a quién hacer la entrevista, a quién tirar a comerciales. Ella, estoy seguro, conoce de memoria todos mis trajes, camisas y corbatas. Sabe cuando repito ropa, sabe qué combinaciones me quedan bien y cuales parecen sacadas de un manicomio. Hace poco me regaló un par de corbatas y entendí perfectamente la indirecta; revisé mi clóset y, sí, ya era momento de cambiar mi guardarropa y ponerme al día con los colores y estilos de moda.

Llevamos tanto tiempo juntos al aire que mucha gente cree que estamos casados. "¿Dónde dejaste a María Elena?" me preguntan muchas veces cuando estoy viajando. "En la casa," suelo contestar. La suya, desde luego. La verdad ya me cansé de explicarle a la gente que el hecho de que trabajemos juntos ocho, nueve o diez horas diarias no significa que vivamos juntos. Aunque a veces parece.

Como toda pareja, tenemos nuestras etapas. A veces platicamos mucho y nos vemos en fiestas y reuniones fuera del trabajo. Otras, mantenemos la distancia y nos encerramos en nuestros rollos. Aunque, la verdad, compartiendo la misma oficina por tanto tiempo, sólo por el tono de la voz sabemos si una llamada telefónica es personal o de trabajo y un comentario basta para sospechar que algo anda mal. Pero lo que sí es sorprendente es que hemos tenido una extraordinaria relación de trabajo por una década y media y nunca nos hemos alzado la voz ni nos hemos peleado seriamente.

Claro, tenenemos nuestras diferencias. Ambos somos muy competitivos en lo que hacemos; es, creo, la única manera de sobrevivir en este negocio. Y también los dos tenemos nuestro carácter e ideas muy fijas (para no decir que somos testarudos). En varias ocasiones los dos hemos querido la misma entrevista, el mismo viaje, el mismo reportaje. Aunque, tarde o temprano, los asuntos se resuelven y volvemos a nuestra rutina de cubrir guerras, avionazos, crisis militares, golpes de estado . . . ya saben, un día normal de trabajo.

Si pudiera describirla con una sola palabra, utilizaría la de "luchadora." María Elena nació en Los Ángeles, es hija de inmigrantes mexicanos y desde que era una niña tuvo que aprender a ayudar a la familia y a trabajar para salir adelante. Incluso hoy en día sigue siendo el pilar económico y emocional de su familia. Fue la niña chiquita pero sus hermanas saben que en realidad es "la grande." La imposibilidad de continuar sus estudios la ha compensado con esfuerzo, dedicación y una pasión por el detalle. Conozco a pocas personas que luchen tanto por asegurarse que un dato o una cifra en una noticia sea la correcta.

Cuando la veo —acabadita de salir del salón de belleza, vestida con ropa muy buena, decorando elegantemente su casa o manejando un lindo auto azul descapotable— no puedo dejar de pensar en esa niña güerita que tuvo que luchar mucho para conseguir lo que tiene y que tanto su padre como su madre estarían muy orgullosos de ver lo que ha logrado. No me extraña, por lo tanto, cuando en escuelas y universidades la catalogan como ejemplo o *"role model"* de la juventud latina.

No hay nada que María Elena crea que no puede hacer. Y es el secreto de su éxito. Y eso, en verdad, lo admiro. Es persistente como pocas y no recuerdo muchas entrevistas o reportajes que ha buscado que no haya conseguido. Cuando algo se le mete entre ceja y ceja . . . ¡cuidado! Tanto en su niñez y adolescencia como en su carrera profesional, ella ha demostrado que querer es poder.

Hace poco la escuchaba hablar sobre futbol *(soccer)* con Julia, una de sus hijas, y ella le decía: "no te dejes empujar por nadie, agarra el balón y corre, corre y corre hasta llegar a la portería." María Elena ha hecho lo mismo en su vida; no se ha dejado empujar por nadie y corre, corre y corre hasta alcanzar sus metas.

Ella es conciente, también, de que le tocó crecer en un mundo de hombres y que salir adelante le ha costado más por ser mujer. De vez en cuando murmura quejas contra el machismo. Pero en lugar de tomar una actitud pasiva al respecto, se resiste como un buen boxeador y respinga hasta lograr lo que para ella es justo. Como venganza, hoy gana más que casi cualquier hombre.

La verdad, no me gustaría tenerla como enemiga y cuando anda enojada los que trabajamos en el noticiero ya sabemos que no hay que acercarse mucho. Por si las moscas . . .

Creo que el reto más difícil para María Elena no ha sido el salir adelante de los problemas económicos de su juventud, ni el convertirse en reportera, ni el ser considerada una de las comunicadoras latinas más influyentes de los Estados Unidos. No. El principal reto de María Elena es encontrar el balance en su vida.

María Elena es alguien que lo quiere todo; éxito profesional, estabilidad financiera, familia, amigos, contribuir a la sociedad. Pero es muy difícil ser periodista, mamá, amiga, ama de casa, esposa y heroína en tan sólo 24 horas al día. Y en esas anda mi amiga; buscando ratitos para escribir artículos para la Internet y comentarios para la radio, preparando reportajes y entrevistas para la televisión . . . y además, ser mamá, hacer ejercicio, cocinar y organizar fiestas o reuniones.

María Elena (todavía) no es una *"superwoman."* Pero es lo más parecido que conozco.

MI ACENTO
(LIVING WITH AN ACCENT)

Lo que somos, lo que vivimos,
si lo olvidamos ¿en qué mapa vamos a figurar?
—DE LA PELÍCULA TANGO DE CARLOS SAURA

Ethnicity seems to be destiny in the politics
of the third century (of the American democracy).
La etnicidad parece ser el destino en la política
del tercer siglo (de la democracia norteamericana).
—HAROLD EVANS[17]

Quizás no parezco el estereotipo que algunos tienen del mexicano. Pero, definitivamente, sí sueno como uno.

Las horas y días y años estudiando inglés en México me prepararon muy poco lingüísticamente para el aterrizaje en Estados Unidos. Empezando por el simple hecho de que las letras en inglés no se pronuncian como suenan. La O suena como A, la E como I. Mis erres en español son fuertes, groseras; en inglés la erre es un murmullo. La Ñ no existe. Nunca antes había tenido necesidad de diferenciar la

---

[17] *The American Century*. Alfred A. Knopf, 1998.

B de la V. Y de repente tuve que empezar a hacer un esfuerzo consciente por separar los labios para pronunciar simples palabras como *vacation*, *Venus* o *vegetable*.

Con todas estas nuevas reglas en la cabeza, tenía trabada la boca; definitivamente sonaba como mexicano. Mi trabajo como mesero recién llegado a Los Ángeles fue una verdadera tortura. ¿Cómo explicas con acento chilango y un vocabulario en inglés de escuela primaria que el pescado viene sazonado en una salsa rebosada en ajo y con un ligerísimo toque de cilantro y perejil? ¿Cómo describes sin reírte que el *penne* está preparado *al dente* en una salsa *a la arabiata* cuando todo lo que salía de mi boca me sonaba a albur?

Y si yo pasaba problemas para explicarme en inglés, los norteamericanos tenían—y tienen—serias complicaciones, incluso, para pronunciar mi primer nombre. Decir Jorge en inglés es casi un trabalenguas. En español tanto la jota como la G de Jorge son suaves. La erre es firme, inequívoca. Pero en inglés hay quienes le meten fuego a la jota—como si se tratara de John—o enfatizan la G igual que en Gary.

Pronunciar la letra R con fuerza es un obstáculo prácticamente infranqueable para muchos estadounidenses; hay que correr el riesgo de ser escupido mientras la inflexible lengua anglosajona trata de enrollarse. La O de Jorge no asusta mucho pero le E final termina generalmente sonando como *iii* de ratón. Las primeras tres letras de mi nombre riman en inglés con *horse;* la G es suave y la E final es como la de *jet*. En otras palabras, decir Jorge en inglés es un imposible lingüístico para la mayoría de los estadounidenses que conozco.

Por eso, en asuntos que no importaban mucho, cambié el Jorge por el George. Y así, para la gente del, banco, del supermercado, de la burocracia universitaria, era simplemente George.

Una vez que resolví el asunto de la pronunciación del primer nombre—Jorge para unos, George para otros—había que hacer otro tipo de ajustes. Mi nombre completo es Jorge Gilberto Ramos Avalos. Cualquier hijo de vecino en México y en el resto de América Latina tiene cuando menos dos nombres y dos apellidos. Cuando abrí una cuenta en el banco o al inscribirme en un curso de periodismo y televisión en la Universidad de California en Los Ángeles (UCLA), mi nombre causó confusión. No sólo era impronunciable sino que en la lógica norteamericana no tenía mucho sentido; era demasiado largo. Algo sobraba.

En Estados Unidos se pierde automáticamente el apellido de la madre. Y me parece que es una verdadera pena. El machismo en Norteamérica es más sutil que en el sur del continente. Pero el mejor ejemplo de esto es cómo las mujeres adoptan el apellido de sus maridos, desechando el propio, y la práctica de no incluir su apellido en el nombre de sus hijos. Es como si no existieran; el nombre de un hijo en Estados Unidos oculta a la madre. Y yo no quería esconder a la mía.

"No pierdas el Avalos," me decía mi abuelo materno Miguel cuando supo de la mala costumbre estadounidense de mochar los apellidos de la madre. Así que por mucho tiempo insistí en ser llamado Jorge Ramos Avalos. Mi segundo nombre, Gilberto, nunca me ha gustado mucho— arrastra la tradición autoritaria de mi abuelo paterno y de mi padre—y lo deseché sin problemas. Pero al poco tiempo empecé a recibir correspondencia dirigida a Jorge R. Avalos.

En honor a mi abuelo Miguel intenté mantener mi nombre completo y me lancé a varias batallas quijotescas explicándole a un sinnúmero de funcionarios y burócratas la costumbre mexicana de tener dos apellidos. A nadie le importó. Las cartas siguieron llegando a nombre de Jorge R. Avalos. Al final, cedí y opté por lo más práctico: perdí un nombre (Gilberto) y un apellido (Avalos) para convertirme simple y llanamente en Jorge Ramos. O George Ramos para servirle a usted. Lo siento abue.

LA PRIMERA VEZ QUE ENTREVISTÉ a George W. Bush, a finales del 99, tuvimos una curiosa conversación. Le comenté al entonces gobernador de Texas que su nombre en inglés es muy similar al mío en español; George es Jorge y Bush se asemeja a Ramos. La anécdota ha permitido que el ahora presidente sepa quien soy en un mar de periodistas. Y eso siempre ayuda en una conferencia de prensa o en la solicitud de una entrevista.

Desde mi llegada a Estados Unidos para mí estaba muy claro que nunca sería confundido con un norteamericano—aunque para muchos tampoco parecía un mexicano—ni que hablaría el inglés como un estadounidense. Además, no lo quería. Mi acento me identificará siempre como un extranjero. Y eso es lo que soy en Estados Unidos; es una verdad que jamás quisiera esconder.

Mi acento carga origen, historia y dirección. Dice quien soy, grita de dónde vengo. El acento es como una huella digital; único, intransferible. El acento arrastra "la herida de la tierra," para usar la frase del escritor Carlos Fuentes y su cicatriz puede maquillarse o cubrirse pero nunca se puede borrar.

Durante algún tiempo, recién llegado a Los Ángeles, fui a visitar una estación de televisión con un grupo de estudiantes de UCLA. Y ahí tuve la oportunidad de acercarme a quien, en ese entonces—1983—era el director de noticias. Abierta, ingenuamente, le pregunté si él creía que alguien con mi acento en inglés tendría oportunidad de ser reportero en su estación. "No," fue su cortante respuesta.

Esa era la realidad. Había en esos días un periodista radial, Michael Jackson—del mismo nombre que el cantante—que se hizo popular con su acento británico. En Los Ángeles había millones de mexicanos y sólo un puñado de británicos. Su acento, en cambio, era aceptado y el mío no.

Cuando me mudé a Miami jugué por un momento con la posibilidad de trabajar en un medio de comunicación en inglés. Nuestros presupuestos para transmitir noticias en español eran ínfimos comparados con los de las grandes cadenas y pensé que, al menos, debería explorar mis opciones. A pesar de mi experiencia periodística era obvio que el primer obstáculo que enfrentaría sería mi acento en inglés. Así es que decidí asistir con una especialista en reducción de acento para ayudarme a incursionar en el *mainstream*.

Desde que me escuchó por primera vez puso cara de preocupación. "Tú nunca vas a poder hablar el inglés sin acento," me dijo. De nada sirvieron mis largos ratos de lectura en voz alta. Después de la segunda clase, la maestra me declaró caso perdido. Y ahí colgué cualquier ilusión de saltar al mercado en inglés.

El inglés lo aprendí, realmente, al llegar a Estados Unidos a los 24 años de edad. Y aunque no tengo ningún problema en comunicarme, está clarísimo que no es mi lengua materna. Para ser franco, la confirmación de que nunca hablaría el inglés sin acento me afianzó en mi trabajo. Nunca tendría que pelear con Peter Jennings, Tom Brokaw, Dan Rather o Ted Koppel por una entrevista con el presidente de Estados Unidos. Nunca me pelearía con Barbara Walters o Sam Donaldson por un reportaje. De esta manera me convencí que mi futuro era en los medios de comunicación en español y me dispuse a hacerlo lo mejor posible. "Ellos podrán trabajar muy bien en inglés," pensé. "Pero trataré de hacerlo aún mejor en español."

Al final de cuentas, terminé compitiendo con los mismos periodistas que mencioné anteriormente. Pero no en la misma empresa. Cuando a finales de los años 90 y a principios del nuevo siglo, los medios de comunicación en español empezaron a quitarle audiencia a los de inglés en ciudades con altos porcentajes de población latina, la competencia entre todos los canales de radio y televisión se intensificó, independientemente del idioma en que transmitieran.

Sin embargo, tanto dentro como fuera de mi profesión mi acento me ha marcado. Y en no pocas ocasiones ha provocado que me traten de manera distinta. Ya no se trata de la discriminación burda de los anuncios en parques públicos en Colorado y otros parques en todo el país que en un pasado no muy reciente prohibían la entrada a perros y mexicanos. Ahora es una discriminación más sutil. Es el no ser atendido en un restaurante con la misma premura y atención que el resto de los comensales, la impaciencia grosera del que dice no entender la forma en que hablas y el ser recibido con la pregunta: "¿De dónde eres?" antes de un "Hola." O el que se rían en tu cara al decir que no naciste en Estados Unidos. Uno de mis *mantras* es este: lo mejor de Estados Unidos son sus oportunidades; lo peor es el racismo.

Cada vez hay más gente como yo en Estados Unidos. La frontera con México es porosa. Todos los días cruzan un promedio de mil personas de manera ilegal. Y esto no se va a detener con acuerdos migratorios ni con más vigilancia, pues, fundamentalmente es, un problema económico; mientras falten trabajos en México y existan oportunidades de empleos en Estados Unidos esa frontera continuará pareciéndose a una coladera.

Muchos norteamericanos se enojaron cuando el presidente de México,

Vicente Fox, explicó que uno de sus planes a largo plazo era abrir la frontera entre ambos países. Sólo quería reconocer y normalizar legalmente lo que ocurre en la práctica. Sólo el que ha estado una noche en Tijuana o en el Río Bravo (o Río Grande, como le llaman en Estados Unidos), viendo el juego del gato y el ratón que protagonizan los agentes de la Patrulla Fronteriza de Estados Unidos y los inmigrantes mexicanos, puede afirmar sin temor a equivocarse que la frontera es más legal que real.

HABLO UN ESPAÑOL MADREADO, es decir, uno moldeado por mi madre y golpeado por mi patria. Y hablo un inglés madreadísimo que, muchas veces, apenas se entiende. Pero con ambos me defiendo muy bien, muchas gracias.

Mi acento me delata, me desnuda, cuenta mi historia en fracciones de segundo y pone al otro en alerta. Pero mi acento también es mi bandera. En unas pocas exhalaciones explica quién soy y de donde vengo.

El primer director de noticias con quien trabajé en Estados Unidos, Pete Moraga, me entrenó para que perdida mi fuerte acento de la ciudad de México. El cantadito particular de los defeños es inconfundible. Y Pete intentó que al hablar español mi acento chilango no generara rechazo en una buena parte de la audiencia del Canal 34 en Los Ángeles que era mexicana pero no de la capital. En México siempre ha existido una tensión entre la capital y la provincia. Por siglos, el poder—político, económico, religioso y cultural—se ha concentrado en el centro. Y con el poder la prepotencia. Por eso la mala fama de los capitalinos.

Al principio me costó mucho trabajo cortar mi acento en español. Pero pronto aprendí que los acentos se crean, fundamentalmente, alargando o cortando las vocales y en los énfasis en las sílabas. Así, me propuse décir "información" y no "ííínfoormacióóón," "futbol" y no "fuuutboool. Las sugerencias de Pete funcionaron bien. Tan bien que aún hoy en día hablo una especie de español neutral que pocos pueden identificar con la ciudad de México. Algunas personas que me oyen en el noticiero han creío que soy peruano, colombiano, ecuatoriano, boliviano y hasta cubano.

Finalmente, la ironía es que nunca perdí mi acento en inglés pero sí neutralicé mi acento en español. Y si a esto le sumamos la enorme cantidad de palabras en *espanglish* (la mezcla del inglés y el español) que son típicas de los latinos que vivimos en Estados Unidos, el efecto final es realmente único. Inconfundible. Es mi acento.

Durante algún tiempo evité dar discursos en universidades o eventos públicos para no tener que exponerme a cometer errores en inglés. Esto, desde luego, me alejó de una parte de la sociedad norteamericana y me enterró en el mundo hispano. Incluso, algunas veces cuando mi hija Paola me acompañaba a presentaciones públicas, me corregía la pronunciación durante el regreso a casa. "Eso no se dice así, papá," me decía con humor. Hasta que, finalmente, entendí que tenía un acento casi incorregible, que no tenía que disculparme por haber aprendido a hablar inglés muy tarde en mi vida y que mi acento, lejos de ser un obstáculo, lo podía convertir en una carta de presentación. Sí, me sigo sintiendo distinto, pero ya vivo en paz con la forma en que hablo.

Lo que dice mi acento es que soy de otro lado, al igual que más de 30 millones de personas en Estados Unidos. A veces me sorprendo caminando frente a una construcción, viendo trabajar a un grupo de jardineros o sentado en un restaurante ante un mesero y me es inevitable pensar que yo también tuve que empezar, como ellos, desde abajo. Hay ocasiones en que me apena que me reconozcan —"mira, ahí va el de la televisión"— y me vean bien vestido y en un buen auto, porque no quiero que crean que me he olvidado de mi origen y de que yo también soy un inmigrante. Mi trayecto de México a Estados Unidos me ha definido más que la mayoría de las cosas en la vida.

"¿Te imaginas si te hubieras quedado en México?" me preguntó hace poco mi hija Paola en una inquisitiva conversación. "¿Te has puesto a pensar cómo las cosas pequeñas luego tienen un enorme impacto en el futuro?" ¡Qué maravilla poder platicar así con tu propia hija!

Pasé de ser mexicano a latino. O hispano. Aunque latino se usa más en California e hispano en el este de Estados Unidos, utilizo latino e hispano de manera indistinta. También es una cuestión generacional; el término "latino" es usado con mayor frecuencia entre los jóvenes. Lo que importa es que dejé de ser un residente de México para convertirme en inmigrante. Dejé, en otras palabras, la estabilidad por el cambio.

Durante años me resistí, también, a indentificarme ante los demás como latino o hispano. Ninguno de mis amigos se identifica como latino o hispano. Cuando les pregunto: "¿Qué eres?" me contestan: "peruano," "argentino," "colombiano," hondureño" pero casi nunca "latino" o "hispano." El término hispano o *hispanic* fue una invención de la Oficina del Censo para agrupar a los ciudadanos y residentes de Estados Unidos provenientes de iberoamérica. Y para diferenciarnos de otros grupos de blancos, se creó la categoría de "blancos no hispanos" (o *non-hispanic whites*). Pero a pesar de este tipo de definiciones, los hispanos no somos un grupo monolítico.

Mientras que los mexicanos y centroamericanos discuten hasta el cansancio las leyes migratorias para obtener una amnistía o la residencia permanente, los cubanos están obsesionados con la dictadura de Fidel Castro y los puertorriqueños con la indefinición política frente a Estados Unidos. De la misma manera, los ciudadanos norteamericanos de origen latino—independientemente de qué país vengan—están más preocupados por mejorar los niveles educativos y el acceso a buenos empleos que por cuestiones migratorias, Fidel Castro o el futuro de la isla de Vieques.

Desde esta perspectiva, alguien podría concluir que hay más cosas que separan a los hispanos que aquellas que nos unen. Además, no existe un líder a nivel nacional que agrupe—como lo fue Jesse Jackson para los afroamericanos—a las distintas comunidades de latinos.

Sin embargo, a los hispanos nos une el español, nuestro origen latinoamericano e ibérico y ciertos valores tradicionales como la importancia de la familia y el catolicismo. Y si bien estas características son una cuestión de grado y no conceptos absolutos, la realidad es que la migración latina a Estados Unidos es distinta a otras olas migratorias que han llegado al país, como la de los irlandeses, italianos o europeos del este.

Ni italianos ni polacos ni alemanes tuvieron varias cadenas de radio y de televisión a nivel nacional en Estados Unidos, ni sus idiomas terminaron invadiendo cada rincón de la nación. En cambio, los hispanos hemos mantenido el español en contra de todos los pronósticos. Lejos de desaparecer, el español está más fuerte que nunca en Estados Unidos.

En parte esto se explica debido a la cercanía con nuestros países de origen. Geográficamente tiene más sentido cruzar de Tijuana a San Diego que montarse en un bote y zarpar de Sicilia a Nueva York. No es lo mismo ir a visitar a tus familiares en Venecia y Varsovia que en Veracruz. Es más fácil promover la reunificación familiar si alguien vive en Michoacán que en Milán. Además, la nueva tecnología ha hecho mucho más baratas las comunicaciones telefónicas. Llamar a San Salvador cuesta bastante menos que hace 50 años lo era hacerlo a la Santa Sede en Roma. Y la Internet nos permite mantenernos en contacto permanente y con costos razonables independientemente del lugar en donde vivamos. Esto no ocurrió con las migraciones europeas a Estados Unidos en el siglo pasado.

El *melting pot* se quemó.

"Es la primera vez en la historia que una comunidad de origen distinto al estadounidense no ha tenido que pasar por el proceso de la olla podrida *(melting pot)* que es el de homologar sus costumbres a las de la población de habla inglesa para ser reconocidos como estadounidenses," asegura el escritor peruano Mario Vargas Llosa. "Los hispanos no han tenido que perder su lengua ni su cultura para sentirse asimilados a las de los anglosajones; por el contrario, muchos han tomado una posición de defensa de esa cultura." [18]

A todo esto habría que agregar algo muy importante. El español se ha convertido en un símbolo de identificación social de los hispanos. El español no sólo se habla en la mayoría de los hogares latinos de Estados Unidos sino que es una señal de pertenencia a un grupo. Incluso aquellos hispanos que no hablan bien el español saludan diciendo "hola," se despiden con un "adios" y salpican su conversación con una que otra palabrita del castellano. E incluso al insultar gritamos al aire nuestras circunstancias bilingües, biculturales y binacionales. *"This fucking perrrra* no me deja dormir," dice alguien muy conocido de la familia y que prefiere mantenerse en el anonimato (por obvias razones) cuando el reloj interno de su mascota la despierta a ladrido limpio, invariablemente, a las dos y media de la mañana.

---

[18] El Nuevo Herald. Citado de un artículo de El País de España. Vargas Llosa señala el aporte hispano. 08/13/2001

Estas expresiones híbridas del bilingüismo y biculturalismo son tan importantes para nosotros que hasta políticos norteamericanos interesados en el voto latino se han aprendido de memoria frases en español. El caso más patente y patético fue el vicepresidente y ex–candidato demócrata a la presidencia en el 2000, Al Gore, quien para atraer el voto hispano; durante su campaña repetía frases como "sí se puede," claro que si," *"p'alante* siempre *p'alante"* y "comunidad *borrricua"* sin entender muy bien lo que estaba diciendo. Hasta cierta medida, George Bush hizo lo mismo aunque tal vez tenía un mayor nivel de entendimiento.

El español cada vez se habla más en Estados Unidos. Ha resistido tanto los esfuerzos por prohibirlo de manera legal como la inevitable integración lingüística y las presiones de vivir en un país donde predomina el inglés. Y contrario a lo que ocurrió con el italiano o el polaco, el español—ligado a los altos niveles de nacimientos entre los latinos y a la inmigración proveniente del sur de la frontera—tiende a proliferar en Estados Unidos aunque no de manera pura y, a veces, ante el horror de los miembros de la Real Academia de la Lengua Española.

Estados Unidos no es un país blanco; es una nación mestiza, mezclada, multiétnica, multicultural. Una de las tendencias que han predominado en este mestizaje es la hispanización o latinización de Norteamérica. Y aquí no estamos hablando únicamente de la resistencia del español a morir en tierra yanqui sino de las enormes influencias culturales de los hispanos en Estados Unidos.

En Estados Unidos se venden más tortillas que bagels y más salsa que ketchup, los medios de comunicación en español ensombrecen a los que transmiten en inglés, políticos con apellidos como Hernández y Sánchez reemplazan a los Dornan y Smith y hay una verdadera invasión cultural a través de la música, el arte y la literatura. Es una reconquista cultural. Los mismos territorios que perdió México a mediados del siglo XIX los latinos están empezando a tener un papel predominante en el proceso de reconquistar culturalmente lo que los mexicanos perdieron geográfica y políticamente.

La misma integración de razas y de grupos étnicos que está experimentando Estados Unidos se da dentro de la comunidad hispana. Y esta

integración me ha tocado de manera muy personal. Difícil es que me defi-
nina, únicamente, como mexicano. Y estadounidense no soy a pesar de
haber vivido en este país desde hace casi dos décadas. Me siento mucho
más identificado con los indígenas de Oaxaca y Chiapas que con los habitantes de Wisconsin y Dakota. La suya es una historia que no comparto.
Así que no soy un mexicano a secas; soy un mexicano en Estados Unidos.
Punto.

A nivel familiar estas combinaciones también se dan. Mi esposa Lisa
nació en San Juan Puerto Rico de padres cubanos. Cuando viaja a América
Latina de negocios es considerada norteamericana. Pero en Puerto Rico es
cubana y en Miami es puertorriqueña. Para ella no solo su origen la define
sino también el lugar donde está parada.

Mi hijo Nicolás nació en Miami y podría ser definido como *mexico-
portocubanoamericano*. Y mi hija Paola, que también nació en el sur de la
Florida y ha pasado una buena parte de su niñez y adolescencia en España,
sería *españocubanamexicoamericana*. Mis hijos son, en pocas palabras, unos
neoamericanos o nuevos americanos.

Y esto es parte de mi mundo diario. Me he pasado una buena parte de
mi carrera informando sobre América Latina (porque de allí vienen la mayoría de las personas que ven el noticiero) y hablando sobre los latinos
(porque, al fin de cuentas, eso es lo que soy). Pero como periodista latino
me ha caído, junto a muchos otros, una responsabilidad que nunca esperé.

Los periodistas hispanos, al enfatizar asuntos que tienden a olvidarse
en otros medios de comunicación pero que forman parte integral de nuestras vidas, nos convertimos en la voz de los que no tienen voz. Cuando informamos sobre el racismo y la discriminación en contra de los latinos,
cuando se ataca a quienes hablan español, cuando cazan inmigrantes como
animales en la frontera con Arizona, cuando surgen propuestas antilatinas
como la 187 en California e informamos sobre eso, le damos voz a los que
no tienen voz. No es que tomemos partido pero al hablar sobre gente
(como los inmigrantes latinos e indocumentados) que generalmente no
aparece en los medios electrónicos o escritos en inglés, los periodistas hispanos estamos presentando al resto del país un aspecto desconocido para

millones. Y lo hacemos con un acento y una familiaridad con el tema que difícilmente puede ser replicada por otros.

Mi acento carga la historia de las familias Ramos y Avalos. Ya no tengo abuelos. Mi abuela Raquel murió hace poco y los cinco hermanos Ramos Avalos nos quedamos colgando; ¿y ahora a quién le preguntamos de nuestro pasado?

Dicen mis hermanos que siempre fui el favorito de mi abuelo Gilberto, el esposo de Raquel. Es muy posible. Cada domingo me regalaba unas monedas, siempre una o dos más que a mis hermanos o primos. Pero gracias a esa relación privilegiada con mi abuelo Gilberto conocí de primera mano a los tíos de mi padre que viven en Ramos Arizpe, Coahuila, a unas horas de la frontera con Estados Unidos. El acento de mi familia en el norte no era el mío. Pero las conversaciones de sobremesa tras una comida de cabrito —en que mi abuelo repartía como el manjar más exquisito, los ojos, cachetes, lengua y cerebro del animal— me perseguirán para siempre. Seguro repito en ciertos momentos expresiones y modismos que escuché por primera vez frente a esos asqueantes tacos de cabrito.

Mi abuelo Miguel era un maravilloso conversador. Todos los jueves iba a comer a la casa de Piedras Negras con nosotros y en las largas sobremesas supe sobre cómo se luchó la segunda guerra mundial, de los excesos del imperio romano y de la dictadura de Porfirio Díaz en México. Luego, cuando íbamos a comer a su casa —casi todos los sábados— constataba de dónde salían los temas de sus conversaciones; montones de libros se acumulaban en su mesita de noche (al igual que ahora se acumulan en la mía). A veces, llegábamos a su casa antes del mediodía y lo sorprendía en pijama, leyendo en su cama con las cortinas tapando los rayos del sol y ayudándose con una lámpara que sólo le alumbraba uno o dos párrafos del libro que descansaba sobre su prominente estómago. La bacinica escondida debajo de la cama y a medio llenar denotaba que ni siquiera la urgencia de orinar podía interrumpir a mi abuelo de su lectura.

Miguel, padre de mi madre, nació con el siglo en 1900. Y con sus pláticas sin prisa entendí la emoción de un niño que ve cómo se prende un foco por primera vez en su vida. Durante el bautizo de su hermana Blanca, en

1910, su padre—mi bisabuelo Gregorio Avalos—logró (gracias a sus contactos con el gobierno federal) que llegara la electricidad al pueblito minero de Taxco. Recuerdo también, como si yo hubiera estado ahí, cuando mi abuelo Miguel durmió en la cama de la emperatriz Carlota en el Castillo de Chapultepec de la ciudad de México. Su padre Gregorio era superintendente de edificios y supongo que entre los beneficios de su trabajo estaba el aprovechar, aunque fuera por una noche, las bondades de la cama de un emperatriz. Estoy seguro que mi vocabulario está plagado con palabras y acentos de esas extraordinarias historias de mi abuelo Miguel.

A mi abuela Consuelo no la conocí. Murió cuando mi madre era todavía una niña. Pero los recuerdos que dejó fueron tan intensos y su desaparición tan súbita, que mi madre la convirtió en una verdadera presencia en nuestra casa. Casi puedo oir su risa contagiosa, oler los riquísimos platillos que cocinaba (y cuyas recetas son, incluso, repetidas en mi casa en Miami) y disfrutar las recepciones que organizaba con un gracia sin igual. Sus gestos y palabras son, ahora, también míos gracias a los puentes que construyó mi madre. Y sus olores también: mi casa huele a sus blusas recién almidonadas y a su caldo de camarón y a las cremas que untaba en una blanquísima piel que nunca pude acariciar.

Mi madre es una extraordinaria cuentista. Pero todos sus cuentos son reales. Ella las llama "historias verdaderas." Son historias de la familia que han pasado de generación en generación y que ella se ha encargado de mantener a flote. Sin esas "historias verdaderas" nunca me hubiera enterado de cómo mi padre se quemó sus delicados pies con el sol en plena luna de miel (lo que evitó un largamente planeado viaje a esquiar), ni de las peleas de mis tías por salir en las fotos bien pegaditas al lado de mi abuelo Miguel, ni de los ataques de asma que me dejaban verde y pálido durante las visitas a la casa de mi tío José en Valle de Bravo. Esas historias verdaderas son las que le han dado un sentido a la historia familiar y es muy probable que yo, a mi manera, haya querido seguir con una tradición que mi madre ha cuidado palabra por palabra.

Los gestos de mis abuelos, las expresiones de mi padre, los cuentos de mi madre, las sobremesas interminables en casa de mi abuelo Miguel, la presencia ausente de Consuelo, en otras palabras, mi pasado y mi punto de partida están hoy reflejados en mi acento. Puede ser que nunca logre hablar el inglés sin los lastres de mi acento en español. No me importa. Mi acento son las huellas y cicatrices; marcho contento y llevo la maleta bien cargada.

NOTICIAS DE LA RECONQUISTA: EL FUTURO — Y LOS RETOS — DE LOS MEDIOS EN ESPAÑOL EN ESTADOS UNIDOS

En el otoño del 2000, en plena campaña electoral en Estados Unidos, me llamó por teléfono el analista político Sergio Bendixen. "Un periodista del Wall Street Journal está buscando a un presentador de televisión que sea muy conocido entre los hispanos pero que no conozcan los anglos," me comentó, "e inmediatamente pensé en tí." Me dio risa la manera en que me lo dijo Sergio, pero era totalmente cierto.

Los periodistas que trabajamos en español en Estados Unidos vivimos en un mundo paralelo al del resto del país. Soñamos en español, hablamos en español en el trabajo, escribimos en español e informamos a un público que prefiere escuchar las noticias en español. La mayoría de Estados Unidos, desde luego, no nos entiende. Es más, en muchos casos ni siquiera sabe que existimos.

Bauticé como "síndrome de Cristobal Colón" a la cíclica práctica de "descubrir" a los hispanos cada vez que hay una elección a nivel nacional en Estados Unidos, para luego olvidarnos casi por completo. Ya estoy acostumbrado. Antes de las elecciones del siete de noviembre del 2000 aparecí en CNN, ABC, NBC, Fox News y no sé cuantos periódicos y revistas para hablar sobre la importancia del voto hispano. ¡Y bien importante que fue! En la mente del presidente George W. Bush está muy claro—y me lo dijo en una entrevista el 19 de enero del 2000—que gracias al voto latino (y en particular al cubanoamericano de la Florida) él llego a la Casa Blanca.[19]

Estados Unidos no es un país blanco; es una nación multiétnica y multicultural. En menos de 60 años será un país compuesto, exclusivamente, por minorías. Y el fluido proceso de mestizaje étnico y racial es muy claro en estados como California—donde los blancos anglosajones dejaron de ser mayoría—y en las 100 más grandes ciudades de Estados Unidos—donde negros, hispanos, asiáticos y miembros de otras minorías conforman, en promedio, más del 50 por ciento de la población. Los blancos anglosajones se fueron a los suburbios.

Cuando comencé a trabajar en 1984 en la televisión de Estados Unidos, el debate era si había un futuro para los medios de comunicación en español. Muchos analistas creían, equivocadamente, que los hispanos nos integraríamos en el *melting pot* de la sociedad norteamericana como antes lo habían hecho irlandeses, polacos e italianos. Pero no fue así.

Los medios de comunicación en español están hoy más vivos que nunca y la audiencia crece y crece. Primero, porque 18 de cada 100 nacimientos en Estados Unidos son de mujeres hispanas. Segundo, la migración legal e indocumentada garantiza anualmente cientos de miles de nuevos televidentes, radioescuchas y lectores en español. Tercero, la cercanía geográfica con nuestros países de origen en América Latina y las avanzadas tecnologías—Internet, teléfonos celulares, tarifas más baratas—nos mantiene más en contacto con los nuestros y con nuestras raíces, retrasando

---

[19] Foreign Affairs En Español. El Voto Latino. David Ayon. Primavera 2001. "(El tema de) Elián se relacionó muchísimo con el voto de los cubano–estadounidenses de Florida . . . La votación latina se elevó 40% sobre los registros previos de 1996, al alcanzar alrededor de 7 millones de votos y el 7% del total nacional . . . Aunque los latinos constituyen todavía una minoría política, esta cantidad de votos fue más de diez veces mayor que el margen nacional que separó a Al Gore de George W. Bush."

el inevitable proceso de integración cultural. Y cuarto, aunque la comunidad latina no es un bloque homogéneo, hablar español sí es un símbolo de identidad y de orgullo en todos los grupos de mexicanos, cubanos, puertorriqueños, centro y sudamericanos.

Este último punto es importante. Nueve de cada 10 hispanos hablan español en casa.[20] Y no hablar español en los Estados Unidos puede ser una desventaja. El diario *USA Today* publicó en mayo del 2000 un artículo cuyo titular (en español) reconocía lo inevitable: "Si Usted No Habla Español Puede Quedarse Rezagado" en el que se establecía que este idioma "se está convirtiendo más en una necesidad que en una cuestión de elección en muchas partes de Estados Unidos"[21]. El mismo artículo señala que más personas hablan español en el mundo, como su primera lengua— 332 millones de personas—frente a los que hablan inglés—322 millones. (El mandarín, hablado por 885 millones de chinos, es el idioma más hablado en el mundo como lengua materna.)

A esta latinización lingüística de Estados Unidos hay que sumarle que cada vez hay más hispanos viendo televisión en español. La empresa Hispanic Trends concluyó en un reporte publicado en agosto del 2000 que 45 por ciento de los votantes latinos prefieren escuchar las noticias en español. Hace diez años el porcentaje de votantes latinos viendo televisión en español era inferior al 25 por ciento.[22]

"Hubiera sido inimaginable hace una docena de años: La estación de televisión más vista en una ciudad norteamericana transmite en español," reportó en abril del 98 el periódico *The Washington Post*. "La estación

---

[20] Nielsen Media Research 97–98, Adults 18+ in TV households. Nine out of Ten U.S. Hispanic Adults Speak Spanish at Home. 33.4% Mostly Spanish, 20.1% Spanish/English, 16.9% Spanish Only, 21.2% Mostly English and 8.5% English Only. (Univision)

[21] *USA Today*, May 8, 2001. Si Usted No Habla Español, Puede Quedarse Rezagado (If you don't speak Spanish you might be left behind) by Deborah Sharp. ". . . speaking Spanish is becoming more of a necessity than a choice in many parts of the country . . . Americans are finding that not knowing Spanish can be a handicap, whether dealing with immigrants or schmoozing at a business lunch in the boss' native tongue."

[22] *Hispanic Trends*, August 2000. "Forty-five percent of Latino registered voters are tuning in to Univision and Telemundo, while 49 percent watch national news on English-language stations . . . Ten years ago, the percentage of Hispanic electorate that got its news from Spanish-language television was less than 25 percent.

WLTV de Miami, perteneciente a la cadena Univision, terminó en primer lugar en el reporte de *ratings* de Febrero, venciendo a seis estaciones rivales de televisión en inglés."[23] El fenómeno se repitió varias veces más, tanto en Miami como en otras ciudades. En Los Ángeles, la estación afiliada de Univison (KMEX) puso hace unos años unas carteleras de anuncios en las principales calles de la ciudad que decían "La hora número uno de noticias por televisión en Los Ángeles es en español."[24]

Pocos norteamericanos saben que la quinta cadena más grande de televisión es Univision (luego de ABC, CBS, Fox y NBC) y que transmite en español. Y muchos se sorprenden al saber que nuestro noticiero en español tiene una audiencia diez veces mayor que el programa de CNN a la misma hora,[25] que más jóvenes ven Univision que MTV y que más mujeres prefieren nuestra cadena a "Lifetime" (de acuerdo con investigaciones de Univision).

Por lo anterior, no es de extrañar que una encuesta de la revista Hispanic en el año 2000 escogiera a tres personas que trabajábamos en Univision—Henry Cisneros, Cristina Saralegui y yo—en la lista de los nueve hispanos más influyentes de Estados Unidos.[26] Influencia, quizás, podemos tenerla. Pero el verdadero problema es transformar la fuerza de los números en poder político y poder económico. Es una cuestión de *"empowerment."*

Somos muchos pero nos falta poder; en la política, en los medios de

[23] *The Washington Post.* April 27, 1998. Univision Tops Miami's Nielsen Ratings, by Zita Arocela. "It would have been unimaginable a dozen years ago: The top-rated television station in a major American city broadcasts in Spanish. Miami's WLTV, owned by the Los Angeles-based Univision network, finished first in the February ratings 'sweeps' beating out six English-language stations."

[24] KMEX-TV billboard. "L.A.'s # 1 News Hour is in Spanish" (among adults 18–34, 1849, 25–49, 25–54)

[25] *The Wall Street Journal.* Page One. October 3, 2000. "When (Ramos) and co-anchor María Elena Salinas deliver the 6:30 evening newscast, they reach an average audience of 1,057,000 viewers in the 18-to-49 age group that advertisers prize. This is almost 10 times the audience of CNN's "Moneyline Newshour" in the same time slot, according to Nielsen Media Research.

[26] *Hispanic* magazine. The Most Influential Latinos 2000. 1) Edward James Olmos 2) Henry Cisneros 3) Jorge Ramos 4) Gloria Molina 5) Ricardo Montalbán 6) Gloria Estefan 7) Bill Richardson 8) Luis Gutierrez 9) Cristina Saralegui 10) Lincoln Díaz Balart.

comunicación en inglés y en la atracción de los presupuestos nacionales de publicidad para programas de radio, televisión y anuncios de periódicos en español.

El censo indicó que en el año 2000 éramos 35,305,818 latinos. Un poco más que los afroamericanos (34,658,190). Sin embargo, a pesar de ser más del 12 por ciento de la población, los hispanos sólo teníamos 19 representantes en el congreso en el 2001 (lo que equivale, sólo, al cuatro por ciento de los escaños). Los negros, en cambio, tenían 39 congresistas. (En ese mismo año ningún gobernador o senador estadounidense era negro o hispano.)

A nivel local la falta de poder político es patente. A principios de siglo el 46 por ciento de los 3 millones 700 mil habitantes de Los Ángeles eran latinos. Pero apenas sobrepasaron el 20 por ciento de los votantes en las elecciones en que Antonio Villaraigosa pudo haberse convertido en el primer alcalde hispano desde 1872.

La falta de poder político de los hispanos tiene su equivalente en los programas de televisión en inglés. Sólo el dos por ciento de los personajes de ficción en la televisión norteamericana son latinos. Y en el mundo de las noticias las cosas son peor aún; únicamente el 1,3 por ciento de las noticias reportadas en los noticieros de las cadenas de televisión en inglés en el año 2000 fueron presentadas por corresponsales hispanos.[27]

La disparidad entre las cifras de la población frente a la falta de poder político hispano y a la ausencia de latinos en la televisión en inglés se refleja también en los dólares gastados por las grandes compañías en medios de comunicación en español; las estaciones de televisión, radio, periódicos y revistas darían de brincos si pudieran recaudar dos o tres por ciento del

---

[27] *Time* magazine. May 28, 2001. What's Wrong with this Picture. By James Poniewozik. "According to the 2000 Census, Hispanic Americans number 35 million, or 12.5% of the population, a nearly 58% jump since 1990. But on TV? A report by the advocacy group Children Now found that in prime time, the number of Hispanic characters dropped since last season from 3% to 2%, (blacks make up 17%, the study found, Asian Americans 3% and native Americans 0.2%; they are 12.3%, 3.6% and 0.9% of the population.) In all prime time, Hispanics account for only 47 out of 2,251 characters. As for nonficition TV, the Center for Media and Public Affairs found that Latino correspondents reported only 1.3% of all network evening-news stories in 2000."

presupuesto nacional de publicidad.[28] (En el 2001 se calculaba que las empresas norteamericanas gastaban sólo $2,100 millones de dólares en publicidad en español.[29])

Hay un ejemplo muy ilustrativo en Nueva York. En 1997 la estación afiliada a Univision, WXTV-Canal 41 que transmite en español terminó prácticamente empatada en los *ratings* del año con WWOR-Canal 9, que transmite en inglés. Sin embargo, la estación en español registró ingresos por sólo 27 millones de dólares ese año mientras que la estación en inglés obtuvo 155 millones, casi seis veces más. ¿Por qué ocurre eso si ambas televisoras tuvieron la misma cantidad de televidentes? Bueno, según el semanario Crain's New York Business que informó sobre el asunto, "la discrepancia entre los *ratings* y los ingresos es una clara señal del latente prejuicio de los anunciantes y sus agencias de publicidad, aunado a la ignorancia del creciente poder adquisitivo de las comunidades minoritarias."[30]

De hecho, el poder adquisitivo de los hispanos en Estados Unidos—387 mil millones de dólares en 1998–es superior al de Argentina, Colombia, Chile, Perú y Venezuela.[31] Para el año 2010 la capacidad económica de los latinos pudiera superar el billón de dólares (*one trillion*, en inglés). Pero este es un poder invisible para muchos.

¿Por qué? No se trata de una calidad deficiente. Es cierto que un alto porcentaje de la programación en español viene de a fuera. Pero a finales del siglo XX, Univision logró producir más del 50 por ciento de su programación en Estados Unidos. Programas como "Cristina" y "Sá-

---

[28] *The Miami Herald.* Mayo 21, 2001. "Aunque los hispanos representan casi el 13% de la población en EU, sólo 1.5% de los presupuestos publicitarios de las empresas está destinado al mercado latino en español, dijo James Mc Namara, presidente de Telemundo . . . El porcentaje es paupérrimo en proporción al de las redes en inglés."

[29] *The Miami Herald,* Mayo 21, 2000. ". . . por los $2,100 millones que gastan las empresas en publicidad en español."

[30] Crain's New York Business, August 3–9, 1998. Ad bias lingers in NY by Valerie Block and Mathew Goldstein. "The discrepancy between ratings and revenues is a clear illustration of the latent prejudice of advertisers and their ad agencies, coupled with ignorance of the growing buying power of minority communities."

[31] Hispanic Consumer Market Growth to 2010. DRI/McGraw Hill, 1998. (Univision) A Market with Real Purchasing Power.

bado Gigante" pueden competir con cualquiera de su género en el idioma que deseen.

Y el Noticiero Univision—en el que participo desde 1986 y que desde noviembre del 93 está bajo la dirección de Alina Falcón, como vicepresidenta de noticias—recibió reconocimientos inusitados para programas en español. En 1996 ganó el premio Edward R. Murrow (Radio and Television News Directors Association) como mejor noticiero y en 1999 obtuvo dos premios Emmys a nivel nacional.[32] A nivel personal, en el 2001 obtuve el premio Maria Moors Cabot que otorga la Universidad de Columbia en Nueva York; tan importante como el premio fue el que mi madre estuviera en la ceremonia en Nueva York el mismo día de su cumpleaños y venciendo los miedos sobre otro posible ataque terrorista. Es un detalle pequeño pero fue la primera vez en que ella me vió recibir públicamente un reconocimiento como ese. Fue una forma de confirmarle: tu hijo va bien.

Nuestros noticieros tienden a reflejar mejor la diversidad cultural de Estados Unidos e incluyen muchas más noticias internacionales que otros programas noticiosos en inglés.[33] Informamos sobre los hispanos, los inmigrantes y los latinoamericanos como nadie. Cuando decimos que podemos presentar el mundo en 22 minutos, es más que un *"slogan."*

Cuando los periodistas que trabajan en los noticieros en inglés se quejan de que están perdiendo audiencia año con año, mientras nosotros en español continuamos en aumento, hay razones que van más allá de cues-

---

[32] National Academy of Television Arts and Sciences. September 8, 1999. Two Emmy awards for Outstanding Instant Coverage of a News Story; "Tragedy in Central America" and Outstanding Instant Converage of a News Story in a Regularly Scheduled Newscast, "Hurricane Mitch").

[33] Made in the USA: The Production of the Noticiero Univision by America Rodríguez. College of Communication. University of Texas, August 1994. "The largest difference between the two networks (ABC and Univision) is found in those soundbites categorized as 'Latino': just over one percent of ABC sources (6 out of 466) were US Latinos; 35 percent of Univision soundbites were of US Latinos" (page 26) "Nearly half, 45 percent, of each Noticiero Univision is about Latin America while just under two percent of ABC's World News Tonight with Peter Jennings is taken up with news of Latin America, an enormous disparity in story selection, and the most direct evidence of the distinct world views of these two US television networks." (page 43)

tiones demográficas. Por ejemplo, a principios del 2002 era frecuente ver amplísimas coberturas en los noticieros en inglés sobre el conflicto en el medio oriente; isralíes y palestinos se estaban matando entre sí y no aparecía por ningún lado una alternativa para la guerra. Parecía como si este fuese el único conflicto en el mundo. Sin embargo, simultáneamente, se estaba realizando una guerra abierta en Colombia y los noticieros en inglés muchas veces no le dedicaban ni un segundo de su tiempo a pesar de que el número de muertos en Colombia superaba, frecuentemente, los de Israel y los territorios palestinos. ¿Por qué las cadenas norteamericanas—ABC, CBS, NBC, Fox, CNN . . .—decidieron cubrir el conflicto en el medio oriente y olvidarse en la práctica de Colombia? ¿Qué noticiero, creen ustedes, que vería un latinoamericano interesado en la guerra en Colombia: ABC o Univision? Luego los periodistas que hacen los noticieros en inglés se quejan de que están perdiendo audiencia, y se preguntan por qué. La razón es así de simple.

A pesar de los anterior, los medios en español compartimos con los que transmiten en inglés el problema de presentar las noticias de una forma balanceada e imparcial. Desde luego que también tenemos nuestros prejuicios y tendencias ideológicas: no hay periodista que nos los tenga (aunque no todos los reconocen). Por ejemplo, está muy claro que siempre he tenido una posición en defensa de los inmigrantes indocumentados y que durante años luché contra el Partido Revolucionario Institucional (PRI) de México. Sin embargo, espero que esas posturas no se hayan reflejado en el noticiero. En el Noticiero Univision implementamos un sistema a través del cuál tratábamos de evitar que ese tipo de posturas se colaran en el programa: uno de los productores ejecutivos del telediario, Rafael Tejero, para hablar de un caso concreto, se encargaba de revisar las notas que yo escribía sobre México mientras que yo le revisaba las que él escribía sobre Cuba. Y así con gente de Cuba, México, Chile, Colombia, Venezuela, Perú y Estados Unidos, entre muchas otras nacionalidades de los que conforman el Noticiero Univision intentamos contrarrestar lo que nos parece obvio: que todo periodista tiene sus puntos de vista. Así, mientras aumenta nuestra audiencia crece también nuestra credibilidad con el público.

Lo que no ha aumentado de manera paralela son los ingresos: ni de las compañías que transmiten en español ni de los periodistas. A pesar de estar compitiendo al tú por tú con Rather, Jennings y Brokaw en los principales mercados del país nuestros salarios como *anchors* en español aún están muy lejos de las multimillonarias fortunas de estos periodistas. Además, nuestras condiciones de trabajo y presupuestos son muy dispares. Nadie abre mi correo ni responde mis e-mails y leo cada una de las docenas de peticiones que recibo cada año de prisioneros que, me aseguran, son inocentes y solicitan que les ayude a salir de la cárcel. No tengo secretaria, ni asistente personal, ni chofer, ni guardaespaldas cuando voy a la guerra. Eso, sin embargo, evita que la efímera fama de la televisión se me suba a la cabeza.

Pero estas diferencias deben ir desapareciendo gradualmente conforme las cadenas en español logren convencer a los anunciantes de que los consumidores hispanos reaccionan positivamente cuando reciben información en su idioma natal.

En un par de ocasiones he considerado trabajar para la televisión en inglés pero, inevitablemente, han surgido dos serias dudas. La primera es si las cadenas de televisión en Estados Unidos estarían preparadas para aceptar a alguien con un acento como el mío. Sabemos que el acento de Henry Kissinger así como el de muchos británicos y australianos es perfectamente aceptable, pero ¿lo sería también el de un inmigrante mexicano? Durante la gira de promoción de mi primer libro en inglés, a principios del 2002, recibí con gusto varias invitaciones de NBC, Fox-News, PBS y CNN, entre muchos otros, para hablar sobre los latinos y los inmigrantes. Mi acento en inglés, lejos de molestar, iba a tono con el tema. ¿Pero ocurriría lo mismo al informar sobre Israel, los cambios al seguro social o las convenciones políticas? No lo sé.

Y la segunda duda es sobre las condiciones de trabajo. A pesar de que, sin duda, tendría un salario superior, no estoy seguro de querer pelearme frecuentemente con las grandes estrellas de las cadenas en inglés para conseguir una entrevista con el presidente de Estados Unidos o la figura noticiosa del momento. Actualmente, por el simple hecho de representar a los inmigrantes latinos y trabajar en la cadena número uno en español, el acceso a los personajes más influyentes de Estados Unidos y del continente americano está asegurado. Además, tengo la suerte de poder cubrir una zona del mundo que me interesa mucho—América Latina—y de ayudar con información precisa a un segmento de la población del que yo provengo—el de los inmigrantes. Trabajar en español, en mi caso, tiene sus ventajas.

La televisión en español en Estados Unidos, surgida en 1961,[34] tiene el futuro garantizado[35] en las próximas décadas. Y tan pronto como logre resolver el crucigrama de la disparidad entre *ratings* e ingresos pudiera amenazar mercados que históricamente han sido dominados por los medios en inglés. Su influencia política—basada en audiencias prácticamente cautivas de recién llegados del sur de la frontera y en la importancia del español en la identidad cultural del hispano—está más que demostrada. Y si no, pregúntenle a George W. Bush.

HABÍA UNA VEZ EN CALIFORNIA, a principios de los años 80 en que era prácticamente imposible encontrar a un político que supiera y quisiera

---

[34] *Hispanic Nation: The Image Machine,* 1996. Geoffrey Fox, Birch Lane Press (Carol Publishing Group, New York.) "The first Spanish-speakers in the United States able to watch television in their own language at home were in San Antonio, where a non-Hispanic entrepreneur, René Anselmo, started transmitting in Spanish on KWEX-TV in 1961. Soon other cities were connected by satellite to Anselmo's Spanish International Network, or SIN . . . By 1976, SIN had a network of 11 "markets," as media people call their audiences: New York, Miami, San Antonio, Corpus Christi, Los Angeles, San Francisco, Fresno, Hartford, Sacramento, Albuquerque and Phoenix. In 1987 it changed its name to Univision. The network has had a succession of owners but has continued to grow, now with over 500 affiliates and reaching over 90 percent of Hispanic households in the United States."

[35] Univision July 12, 2001, Press Release. Univision Communications Inc. (NYSE: UVN), the leading Spanish-language television broadcast company in the United States, reaches 93 percent of U.S. Hispanic households through its 18 owned and operated stations, 33 broadcast affiliates and 1,109 cable affiliates nationwide. The Company's operations include UNIVISION Television Network, the most-watched Spanish-language television network in the U.S.; UNIVISION Television Group, which owns and operates 12 full-power and 7 low-power television stations, including full-power stations in 11 of the top 15 U.S. Hispanic markets; UNIVISION Online, the company's new Internet portal and ISP venture; and Galavision, the country's leading Spanish-language cable network. UNIVISION is headquartered in Los Angeles, with network operations in Miami and television stations and sales offices in major cities throughout the United States.

hablar español. Cuando trabajaba en la estación afiliada de Univision en Los Ángeles, KMEX, nuestras órdenes eran entrevistar en español al que se dejara. Y cuando llegábamos a una entrevista con algún miembro del consejo de la ciudad o de la junta de supervisores, siempre preguntábamos si hablaban español o si tenían a un portavoz que lo hiciera. La respuesta, en la mayoría de los casos era un rotundo no. Pero en varias ocasiones, mientras nos preparábamos para conducir la entrevista en inglés, me decían: "yo no hablo español pero mi chofer sí" o "la *babysitter* de mi hija habla español y ahora ella lo está aprendiendo."

¡Cómo han cambiado las cosas! En estos días es muy difícil ser elegido en ciertos distritos de California, Florida, Texas, Illinois y Nueva York si no se habla español. En los últimos 20 años he notado un cambio sustancial: la resistencia a hablar español no sólo ha desaparecido sino que ahora se presume, con orgullo, de la posibilidad de decir algunas palabras en el idioma de Cervantes, Borges y Fuentes. Los políticos que yo solía entrevistar y que no hablaban español, casi todos, han desaparecido del mapa y han sido reemplazados por políticos latinos. En el caso de algunos políticos hispanos, su vocabulario puede ser muy reducido, pero no les queda la menor duda a los votantes de cuál es su origen. Y eso genera votos. Y en los casos de varios políticos anglosajones o afroamericanos, están desempolvando los libros de las clases de español que tomaron en la escuela secundaria.

En realidad no se trata de hablar perfectamente el español sino de demostrar interés por la comunidad hispana. La identidad de los hispanos está ligada a su país de origen y al idioma español. George W. Bush es el primer presidente norteamericano que habla español, o más bien, que cree que habla español. Su español es "desastroso" según me confió uno de los asesores del presidente del gobierno español, José María Aznar. En una breve conversación con periodistas españoles en la Casa Blanca, Bush confundio "hambre" con "hombro" mientras los invitaba a un informal *lunch*.

He conversado en español y *espanglish* con Bush en varias ocasiones y tengo que estar muy pendiente de lo que quiere decir. Pero no me queda la menor duda que entendió una buena parte de mis preguntas en español que, por cierto, hice muy lentamente. Como quiera que sea, los esfuerzos de Bush de hablar español, aunque su gramática y su pronunciación sean muy imperfectas, tuvieron extraordinarias consecuencias políticas.

Esto le da una gran importancia a los medios de comunicación en español. La época en que ni siquiera eran tomados en cuenta, ya pasó. Si el alcalde de una ciudad ni siquiera se dignaba recibirnos, imagínense las complicaciones que teníamos para conversar con un gobernador o con el presidente de Estados Unidos. Siempre éramos los últimos en conversar con un político importante y nunca nos daban más de cinco o 10 minutos de entrevista. Y eso ocurría, generalmente, después de preguntarle a sus asesores de prensa: "¿Y qué es eso de Spanish International Network? ¿Es una cadena de televisión de México?"

Eso empezó a cambiar, creo, con la presidencia de George Bush padre. Fue un cambio muy paulatino que coincidió con la explosión demográfica de los latinos en Estados Unidos y con el notable incremento de inmigrantes provenientes del sur de la frontera. Además, ayudó la sensibilidad texana del presidente. Sin duda.

En esos tiempos, cada vez que entrábamos a la Casa Blanca era un *big deal*. "¿Te imaginas?" le decía a mis compañeros de trabajo, "voy a entrevistar al hombre más poderoso del mundo." Y la fotografía que, más tarde, me enviaría la Casa Blanca en 1990 entrevistando a Bush la guardé como un símbolo de que, por fin, los medios de comunicación en español comenzaban a ser tomados en cuenta en este país.

Lo curioso es que al principio nosotros éramos los que buscábamos hasta el cansancio a los candidatos presidenciales norteamericanos para entrevistarlos. Si teníamos suerte, nos contestaban la llamada. Pero la mayoría de las veces era para decirnos que no. Era posible, antes de colgar el teléfono, escuchar perfectamente a un asesor de campaña decir: "¿Y qué diablos es eso de Univision?" Incluso, a veces, los asesores de prensa ni siquiera se ponían en el teléfono y, en cambio, enviaban a sus secretarias a darnos las malas noticias. Pero ahora son ellos los que nos buscan.

Con la excepción de Bob Dole, quien nunca quiso darnos una entrevista porque no comprendía el impacto que los medios de comunicación en español tendrían en su campaña, todos los otros candidatos en las últimas tres elecciones presidenciales nos han buscado. Pero no fue hasta la última campaña presidencial entre George W. Bush y Al Gore en que realmente nos sentimos importantes e influyentes. Los candidatos no sólo hacían un esfuerzo por "champurrear" o decir algunas frases en español, sino que su conocimiento y preocupación sobre temas latinoamericanos era muy obvio. Gore y Bush sabían, por ejemplo, que en cada entrevista les íbamos a preguntar sobre México, Cuba, Puerto Rico y asuntos migratorios. Eran temas obligados. Y siempre llegaban bien preparados para contestar. Pocas veces se atrevían a salirse de frases aprendidas ni se aventuraban a hacer análisis más complejos. Era evidente que, para ellos, era más fácil hablar de Israel que de Colombia. Sin embargo, como periodista, uno agradecía el esfuerzo. Después de todo, los comentarios de un candidato presidencial sobre Colombia seguro entrarían en el Noticiero Univision. Aunque no estoy tan seguro que una opinión sobre Israel o Sudáfrica o el Medio Oriente necesariamente hubiera sido incluida.

Me ha tocado entrevistar a los últimos tres presidentes norteamericanos y no dejo de sorprenderme de esa informalidad, maravillosa, de los políticos de este país. En América Latina muchos políticos tienden a darse aires de grandeza y a tomar actitudes prepotentes para tratar de comunicar que son poderosos. Aquí no. Yo sabía perfectamente que me encontraba ante hombres que tenían en sus manos el destino de millones. Sin embargo, su trato era amable y hasta amigable.

Dos cosas, también, me han llamado profundamente la atención en mis entrevistas con presidentes norteamericanos. Una es la enorme cantidad de maquillaje que les ponen debajo de los ojos para ocultar las ojeras. En televisión se ven frescos y descansados pero en persona ese tipo de maquillaje parece una plasta blanca, gruesa e impenetrable con jabón. El otro punto que ha impactado es cómo, una vez que comienza la entrevista, se desconectan del mundo y cuidan cada una de sus palabras. Ellos saben perfectamente que una palabra equivocada puede generar un conflicto internacional y te lo hacen saber con la actitud que toman. Esa extraordinaria capacidad de concentración es frecuente también con líderes latinoamericanos y europeos aunque, tengo que reconocer, que me he enfrentado a varios presidentes de América Latina que—es patente y patético—están pensando en otras cosas mientras hablan frente a las cámaras.

Con George Bush padre y Bill Clinton nunca logré causar un impacto tal que me recordaran personalmente para la siguiente entrevista o conferencia de prensa. Cada vez que los saludaba, meses o años después, era como si fuera nuestro primer encuentro. Pero ese no ha sido el caso con el actual presidente George W. Bush. Creo que me conoce por mi primer nombre. Su familiaridad con la cultura hispana lo llevó al cargo que ocupa hoy.

George W. Bush es presidente de Estados Unidos debido a que habla un poquito de español y a que apoyó a los cubanoamericanos en el caso de Elián—el balserito cubano de seis años que fue regresado por la administración Clinton y por la fuerza a la isla con su padre. O por lo menos ese era el argumento que prevalecía entre muchos latinos del sur de la Florida cuando W. fue declarado ganador de las elecciones presidenciales por una decisión dividida (5-4) de la Corte Suprema de Justicia, el martes 12 de diciembre del 2000 a las diez de la noche. Y probablemente tenían razón.

Los poquísimos votos de ventaja que tuvo Bush sobre Al Gore en la Florida pueden ser claramente atribuidos al exilio cubano. La mayoría de los latinos en Estados Unidos votaron por Gore en las elecciones del siete de noviembre del año 2000; pero los cubanos no. Y gracias a eso Bush se llevó los 25 votos electorales de la Florida y, por lo tanto, la presidencia. Ese es el argumento.

En realidad, ningún candidato presidencial en la historia de Estados Unidos había hecho un esfuerzo tan grande por hablar español (aunque de manera muy irregular) como George W. Bush. En las dos entrevistas que tuve con Bush previas a la elección, el gobernador de Texas y candidato republicano a la presidencia, siempre hizo un esfuerzo por comunicarse en español.

A veces sus frases tenían serios errores gramaticales, otras combinaba inglés y español en la misma oración y cuando se sentía en aprietos regresaba inmediatamente al inglés. Pero sus palabras en español siempre fueron suficientes para llenar los limitados espacios que tenemos en los noticieros y en las revistas noticiosas.

En el proceso de edición de esas entrevistas siempre tratábamos de dejar de lado sus respuestas en inglés y sacar el mayor provecho de sus contestaciones en español. Y, por lo tanto, el televidente podría quedarse con la impresión de que Bush hablaba más español del que en realidad sabía. ¿Fuimos nosotros en los medios de comunicación en español, debido a este proceso de edición, quienes empujamos involuntariamente a Bush a la presidencia?

En las semanas previas a las elecciones fui entrevistado en varios programas de la televisión en inglés y de una manera que ahora suena casi profética insistí en que, si las votaciones del siete de noviembre fueran muy cerradas, el voto hispano de la Florida sería definitivo para escoger al próximo presidente. Y así fue.

Uno de cada dos latinos escucha las noticias en español en Estados Unidos y hay ciudades —como Los Ángeles, Nueva York, Chicago, Houston y sobre todo Miami— donde los porcentajes son mucho mayores. Es decir, millones de hispanos decidieron por quien votar en el 2000 basados en lo que vieron por la televisión en español. Y la pregunta sobre qué tanto influimos nosotros —los periodistas que reportamos en español en Estados Unidos— para que el voto latino en la Florida fuera a favor de Bush, me sigue dando vueltas en la cabeza.

Ciertamente, Bush hizo un esfuerzo por comunicarse con los votantes latinos en su propio idioma, se opuso públicamente a que Elián fuera regresado por la fuerza a Cuba y demostró una sensibilidad muy particular con respecto a los inmigrantes y a los latinos. Después de todo, estos no eran temas ajenos para él: como gobernador de Texas estaba muy consciente de los conflictos que causa la inmigración indocumentada y de lo que motiva a una persona a dejarlo todo en México para lanzarse al norte; y sus sobrinos —los hijos de su hermano Jeb y la mexicana Columba— son latinos.

En una ocasión, ya como candidato presidencial, le dije a W. que su sobrino George P. Bush —quien tanto le estaba ayudando en la campaña— había sido llamado *wetback* (espalda mojada o indocumentado) y *tar baby* (bebé de brea). Y él, en español, me dijo que el asunto de la discriminación racial en Estados Unidos (y en este caso contra un miembro de su propia familia) era "una lástima." Luego, coincidió conmigo en que si algo así le ocurre a un Bush, qué podría esperarse de un González, un Rodríguez o un Torres.

Este tipo de resplantes y respuestas con referencias concretas, directas a los hispanos, nunca las tuvo Gore en la campaña. Gore no hablaba español aunque repetía de memoria ciertas frases: "sí se puede," "*p'alante*, siempre *p'alante*," "comunidad *boricua*." De tal manera que sus entrevistas tenían que ser interpretadas del inglés al español y siempre se pierde algo de la emoción y del significado en una traducción hecho para la televisión.

Y, para ser franco, Gore era mucho más acartonado que Bush. Mucho más. En la única entrevista que tuve con él como candidato presidencial, le recordé que en 1998 había cantado un rap en español con la esperanza de que, al menos, repitiera algunas frases musicales en cámara. Gore ni siquiera se rió. Abrió la boca, como tratando de reir, y siguió hablando de otras cosas.

Si a esto le sumamos la ambivalente posición de Gore con respecto al caso Elián —y a la plena identificación que la comunidad cubanoamericana marcó entre Gore y Clinton después que el niño fue arrebatado de su familia en Miami para entregárselo al padre— no me queda la menor duda de que, al menos entre los hispanos de la Florida, Bush fue presentado por los medios de comunicación en español como un candidato más humano y carismático. Y es muy probable que esos votos que perdió Gore en Miami por no hablar español y por su actitud en el caso de Elián le hayan costado la presidencia.

Cuando hablé con Bush en Guanajuato, México (el 16 de febrero del 2001) durante la primera entrevista que concedió a la televisión como presidente, le pregunté si tenía problemas de legitimidad en la Casa Blanca—

"no," respondió sin titubear—y tocamos el asunto del voto hispano que lo había llevado a Washington.

"¿Usted cree que ganó las elecciones gracias al voto de los cubanos en la Florida?" le pregunté.

"Creo que tuvieron mucho que ver con eso. Y estoy muy orgulloso. Estoy muy agradecido por el fuerte apoyo que recibí de los cubanoamericanos de Florida," me contestó, para luego decir en español, "y por eso no voy a olvidarlos." [36]

George W. Bush al igual que su padre, George Bush, son de las personas que te hacen sentir muy a gusto en su presencia. Repiten tu nombre, te ven a los ojos, preguntan por tu familia. O sea, son personas decentes, bien educadas, que es difícil imaginarse realizando un acto violento. Sin embargo, George W. Bush, como gobernador de Texas, autorizó decenas de ejecuciones de criminales sentenciados a la pena de muerte y su padre, George Bush, estuvo al frente de una coalición internacional en la guerra del Golfo Pérsico.

Irónicamente, los mismos enemigos de Bush padre—Saddam Hussein y Fidel Castro—son también los de Bush hijo. Y sus estrategias con ambos países son muy similares. El mismo día en que el Bush visitaba al presidente de México, Vicente Fox, en su rancho de Guanajuato, W. ordenó un ataque contra Irak. "Nuestra misión es hacer del mundo un lugar más seguro. Nuestra misión es enviarle un claro mensaje a Saddam Hussein para que no desarrolle armamento de destrucción masiva," [37] me dijo Bush.

Y sobre Cuba, W. reafirmó la misma política que su padre. "Creo que levantar el embargo sería un error porque le daría más poder a Fidel Castro. Y hasta que Fidel Castro esté dispuesto a realizar elecciones libres y le dé la bienvenida a la libertad, creo que es en el mejor interés de Estados

---

[36] Entrevista con George W. Bush, 16 de febrero 2000. Univision.—"(Did you win) the elections because of the Cuban vote in Florida?"—"Yes, I think they had a lot to do with it. And I'm most proud and very thankful and very grateful for the strong support I received *de los cubanos en el estado de Florida. Y por eso no voy a olvidarlos.*"

[37] Ibid. "Our mission is to make the world more peaceful. Our Mission is to make a clear statement to Saddam Hussein that he shall not develop weapons of mass destruction."

Unidos mantener esta política."[38] Las frases anteriores las pudo haber pronunciado cualquiera de los dos Bush. La influencia del padre sobre el hijo en asuntos de política exterior es innegable.

El contraste de cortesía *versus* violencia siempre me ha llamado mucho la atención en los dos Bush. ¿Cómo una persona de tan finos modales puede ordenar la muerte de otros seres humanos? Por ejemplo, en el caso de George W. Bush, es difícil compaginar que la misma persona que gentilmente se tomó una foto con mi hija Paola en un tren durante la campaña electoral en California, que se atraganta con hielo al hablar y se carcajea, y que te grita, *hey, big man!* cuando te ve, es el mismo que inició la guerra contra el terrorismo en Afganistán, el que ordenó los ataque aéreos contra Irak y el que autorizó la ejecución de decenas de reos sentenciados a la pena de muerte en Texas. Supongo que ese es el dilema de todo presidente de Estados Unidos. Pero es muy difícil para un periodista, poder leer bien a una persona que es, a la vez, suave a nivel personal y agresiva en la política.

Los dos Bush tienen también, otro punto, que los vincula. Bush hijo está tratando de evitar lo que sería para él una tragedia (política) anunciada. En estos días George W. Bush está peleando con el fantasma de su padre. No por la mucha o poca influencia que podría tener en su lucha contra el terrorismo sino por el destino político que podrían compartir. George Bush padre ganó la guerra del Golfo Pérsico y perdió la reelección por los problemas de la economía. "Es la economía, estúpido"[39] decían sus opositores. Y ahora George Bush hijo podría enfrentar una situación similar. Ganó la guerra en Afganistán pero la recesión y el incremento del desempleo podrían evitar o retrasar una recuperación económica a tiempo para las elecciones presidenciales del 2004. Y es ese fantasma, más que el de Osama bin Laden, el que aterra a los asesores presidenciales. Como si esto fuera poco, Saddam Hussein aún anda

---

[38] Ibid. "I believe that lifting the embargo would be a mistake because it would empower Fidel Castro. And until Fidel Castro is willing to have free elections and welcome freedom, I think it's in the best interest of the United States to maintain this policy in place."

[39] "It's the economy, stupid" slogan from the Clinton campaign for president.

suelto y el trabajo que no terminó Bush padre quizás lo tenga que terminar su hijo.

CONOCÍ A GEORGE BUSH, padre, en la Casa Blanca (el 29 de noviembre de 1990) poco antes de que declarara la guerra contra Irak. Teníamos que hablar de la posibilidad de enviar tropas norteamericanas a Kuwait para terminar con la invasión de Saddam Hussein. Bush entró tranquilo al salón donde realizaríamos la entrevista por televisión, pero se veía agotado y no pude dejar de mirarlo a los ojos. Más bien, debajo de los ojos. Tenía unas plastas blancas para ocultar las ojeras. Su maquillista, una maga de los trucos en televisión, sabía que el blanco no se reflejaría en las cámaras. Así se ocultarían las ojeras, producto de largos días y noches sin dormir por culpa de Saddam Hussein.

¿Va a haber guerra? le pregunté inmediatamente a Bush. Y él me contestó que seguía abrigando esperanzas de encontrar una solución pacífica. Sin embargo, por el tono de la respuesta del presidente, me pareció que la decisión de atacar estaba tomada:

"El debe salirse de Kuwait," me dijo Bush. "Y creo que hasta el momento hemos fallado en hacerle entender a Saddam Hussein lo que el mundo siente . . . El mundo va a prevalecer . . . Saddam Hussein debe recibir este mensaje: la violación, el pillaje y el saqueo de una pequeña nación vecina no se va a permitir."[40]

La coalición internacional inició pocas semanas después de la entrevista con Bush un incesante bombardeo aéreo y naval contra las posiciones militares iraquíes. Tras una rápida y sorpresiva ofensiva terrestre, Bush ordenó un cese al fuego la madrugada del jueves 28 de febrero de 1991. Las tropas iraquíes en Kuwait habían sido derrotadas. Pero Saddam Hussein se mantendría en el poder para convertirse, diez años más tarde, en un

---

[40] George Bush. Nov 29, 1990. Univision. "He must get out of Kuwait. And I think up to now, we have failed to have Saddam Hussein understand how the world feels . . . The world will prevail . . . Saddam Hussein must get this message: the rape, the plunder, the pillage of a small, neighboring nation will not stand."

dolor de cabeza de George W. Bush. Mi interacción con otro presidente americano fue otra experiencia completamente diferente.

A Bill Clinton nunca le pude preguntar sobre Mónica Lewinsky. Tuve cuatro encuentros con él pero el último fue el 16 de octubre de 1997, unos meses antes que estallara el escándalo sexual de la oficina oval.

Lo realmente extraordinario de la personalidad de Clinton es cómo puede dividir y aislar los asuntos importantes de su vida de tal manera que unos no afecten a los otros. *Compartmentalize,* le dicen los psicólogos en inglés.

Así, por ejemplo, tanto en el último encuentro periodístico con Clinton—una teleconferencia continental que transmitimos desde Buenos Aires, Argentina, con motivo de su gira por América del sur—como en una entrevista compartida con otros medios en español en la Casa Blanca, Clinton no dio ninguna indicación de estar enfrentando una crisis interior o política. De hecho, tres días antes de nuestra entrevista en Washington (el 5 de mayo de 1996) Clinton había visto a Mónica Lewinsky en una recepción en el Saxophone Club y ya llevaba seis meses de relaciones íntimas con ella. Y Clinton, como siempre, se vió seguro, alerta y optimista en la entrevista.

¿Cómo hacía Clinton para esconder lo que más le preocupaba? ¿Cómo aprendió a mentir tan bien?

Clinton, por principio, era un maestro de las relaciones públicas. Saluda de mano, te ve a los ojos, pregunta tu nombre y luego lo repite aunque le cueste trabajo. Pocos resistían escuchar su nombre en boca del propio presidente de Estados Unidos de América. Si quiere demostrarte que está muy agradecido o contento de verte de pone ambas manos sobre la tuya o aprieta tu brazo, a la altura del bicep, con su mano izquierda. Lo vi hacer esto decenas de veces. Pero algo me brincaba de todo este ritual.

A pesar de haberlo visto en cuatro ocasiones—una como candidato y tres como presidente—su trato siempre fue distante y profesional, como el de los que se conocen por primera vez. Su *staff*, por supuesto, le indicaba antes de la entrevista cuántas veces nos habíamos visto. Aunque obviamente mi presencia nunca le marcó una huella.

Bill Clinton fue un buen estudioso de América Latina pero tengo la impresión que nunca le interesó mucho la región. Estaba claro, desde un principio, que su fuerte sería política doméstica, no internacional.

La primera vez que hablé con él (durante la Convención Demócrata en Nueva York el 16 de julio de 1992) sus respuestas con respecto a México, Cuba y Puerto Rico—e incluso la pronunciación de los nombres de estas naciones—fueron muy titubeantes. Y luego, conforme pasó el tiempo, sus respuestas dejaron de ser vaguedades tomaron un tinte directo y específico. Desde luego, tuvo mucho que ver en la aprobación del Tratado de Libre Comercio entre México, Estados Unidos y Canadá y en el enorme rescate financiero de la economía mexicana en 1995, pero no viajó al sur de la frontera hasta su segundo período presidencial.

Clinton, en la presidencia, era un esponja; aprendía rápido y rebotaba ante cualquier crisis. Arriesgaba y ganaba. Su relación con Gennifer Flowers no le costó la candidatura demócrata a la presidencia ni sus nueve encuentro íntimos con Mónica Lewinsky lo tumbaron de la Casa Blanca. Pero uno tiene que preguntarse en qué estaba pensando Bill Clinton cuando arriesgó tanto por tan poco. Era un eterno adolescente. Es difícil entender cómo alguien tan obsesionado por su lugar en la historia pudo llevar a una becaria de 21 años de edad a la oficina oval para tener sexo oral. En el anecdotario de la historia, el extraordinario boom económico que se vivió durante su presidencia pasará a un segundo plano.

GEORGE W. BUSH estaba terminando de comer. Hacía mucho tiempo que la corbata había desaparecido. Echó la silla para atrás y estiró las piernas. Uno de los miembros de la delegación mexicana le ofreció un puro que el presidente de Estados Unidos tomó con cuidado. Volteó a su alrededor, como para asegurarse que no hubiera cámaras filmando, y lo prendió. Le dio dos buenas chupadas. El humo salió suavemente de su boca. No me pareció que le disgustaba ni que fuera la primera vez que fumaba un buen puro.

Todo esto lo estaba viendo desde la sala del rancho del presidente de México, Vicente Fox, en San Cristóbal, Guanajuato, sede del primer encuentro formal de ambos mandatarios. Esperaba en la sala, junto con un equipo de televisión de Univision, para entrevistar a Bush tan pronto como se levantara del almuerzo.

Ese 16 de febrero del año 2001, Bush había vivido una mañana particularmente intensa. No sólo había viajado desde Washington a Guanajuato en su primer viaje al extranjero como presidente sino que, horas antes, ordenó un ataque aéreo contra Irak. Bombas por un lado, abrazos por el otro. Pero a pesar de las tensiones Bush se veía sonriente y relajado.

Cualquier cosa que dijera ese día se convertiría en noticia en todo el mundo. Desde luego, Bush pudo haber escogido a alguna de las grandes cadenas de la televisión norteamericana que transmiten en inglés — ABC, CBS, NBC, Fox, CNN — para hacer sus declaraciones. Sin embargo, decidió otorgar su primera entrevista por televisión como presidente de Estados Unidos a una cadena de televisión en español: Univision.

Y a mí me tocó realizarla.

La decisión de ofrecer a un medio de comunicación en español esa entrevista no fue gratuita. Bush sabía que con nosotros podía presumir de su incipiente dominio del castellano y que la conversación sería difundida tanto en Estados Unidos como en 13 países de América Latina. Ningún medio en inglés le habría podido brindar tanta difusión en la región. Tampoco, estoy seguro, habrían centrado la plática — como nosotros — en asuntos internacionales.

A nivel personal el asunto también tenía su significado. "No está mal, nada mal," pensé, "que a este inmigrante mexicano le haya tocado la primera entrevista por televisión de Bush como presidente y, además, en un día tan cargado de noticias." Era, sin duda, un privilegio periodístico. Cualquiera de mis compañeros de profesión, tanto en inglés como en español, habrían deseado estar ahí.

Bush apagó el puro, se levantó de la mesa y entró a la sala rompiendo de tajo mis reflexiones. Al reconocerme a la distancia — ya lo había entrevistado dos veces durante la campaña presidencial — alzó la mano derecha y gritó al aire su característico saludo: *How are you doing, big man?*

Y ahí estaba yo, frente a uno de los hombres que cambiaban el mundo. Sin duda, un extraordinario privilegio. Pero hoy, más que nunca, es el político quien más se beneficia de ser entrevistado en español.

SIN ACCESO A LOS PERSONAJES principales que cambian el mundo—como Clinton y los Bush—es muy difícil hacer un buen trabajo periodístico. Por eso fue importante romper las resistencias que había dentro de la Casa Blanca y en ambos partidos, demócrata y republicano, y dar acceso a los periodistas que transmiten en español. Eso, desde luego, nos beneficia a los medios latinos pero también tiene enormes ventajas para los políticos. En estos días no puedo imaginarme a ningún candidato a la presidencia de Estados Unidos que crea que puede ganar sin el voto hispano; y al voto hispano se le llega a través de los medios de comunicación en español.

Por primera vez en la historia de Estados Unidos se realizó en marzo del 2002 un debate en el que los dos aspirantes a la candidatura demócrata para llegar a ser gobernador de Texas—Tony Sanchez y Dan Morales—debatieron casi por completo en español. El debate fue transmitido en la estación afiliada de Univision en San Antonio y generó una fuerte controversia. ¿Acaso no es el inglés el principal idioma en Estados Unidos? ¿Por qué era necesario hablar en español? La realidad es que en un estado como Texas, en donde uno de cada tres habitantes es hispano y habla español era imprescindible debatir en un idioma distinto al inglés. Ese debate en español se convirtió en una necesidad política. Al final, ganó la candidatura demócrata quien mejor hablaba el español, Tony Sanchez. (Por cierto, los millones que gastó en su campaña también ayudaron.)

Pero hay otra lección más de ese debate. "En (Texas) hay nueve canales de televisión en español y 126 estaciones de radio en español. Esta es la realidad actual del estado de Texas y quienes no la entiendan no podrán aspirar a dirigir su futuro," escribió en un artículo mi amigo Sergio Muñoz, miembro de la junta editorial del *Los Ángeles Times*.[41] Ese debate es un reflejo de otro que se lleva a cabo de manera informal en toda la nación.

EL MOVIMIENTO PARA convertir al inglés en el único idioma oficial de Estados Unidos se ha extendido a varios estados. Pero, desde mi punto de

---

[41] Reforma. México. Marzo 14, 2002. En Texas se habla un español muy rico.

vista, el movimiento del *English Only* y otros movimientos similares representan, en el mejor de los casos, una visión nostálgica de un país que ya no existe; y en el peor de los casos, son una propuesta ignorante en una nación donde cada vez más se hablan otros idiomas.

El ataque al español se da en varios niveles: al tratar de convertir al inglés en el idioma oficial y al acabar con los programas de educación bilingüe y acción afirmativa. Además, es frecuente escuchar los casos de trabajadores que perdieron su empleo por hablar español o de jefes que prohiben a sus subordinados a comunicarse en un idioma distinto al inglés.

No puedo tomar muy en serio a esa gente. En verdad, aunque las consecuencias de sus acciones son negativas, son también a corto plazo. Independientemente de lo que logren con sus retrógradas propuestas a nivel legal, la realidad es mucho más fuerte. Cada vez más personas hablarán español en este país. De hecho, en estados como Texas, California y la Florida el español ya es, en la práctica, el segundo idioma oficial de Estados Unidos. Les guste o no.

Hay gente que cree que hablar español divide a Estados Unidos. Yo no lo veo así. Que tantos millones hablen español significa, sencillamente, que este es un país multiétnico y multicultural. Tengo la suerte de poder leer a Shakespeare y a Hemingway en inglés y a Cervantes y a Fuentes en español. El principal elemento de cohesión en Estados Unidos no es el inglés. Lo que realmente define a la sociedad norteamericana son dos elementos: la tolerancia hacia la diversidad y la aceptación de los inmigrantes. A veces es preciso repetir lo obvio: toda persona en este país—con la excepcion de los nativos o indígenas—es un inmigrante o un descendiente de inmigrantes.

La gran sorpresa para muchos académicos ha sido que los inmigrantes latinos, en lugar de asimilarse totalmente a nivel lingüístico—como lo hicieron previamente italianos, alemanes y polacos—han mantenido su idioma natal. Esto no quiere decir que en otros aspectos—económico, político—no nos hayamos integrado a Estados Unidos. La mayoría de los latinos que conozco son bilingües y varios estudios—incluyendo uno de la Universidad del Sur de California—corroboran que los inmigrantes hispanos están obteniendo salarios más altos, mejor educación y aprendiendo inglés rápidamente.

En ese sentido, los latinos sí somos diferentes a otros grupos. La mayoría habla español en casa y mantenemos estrechos vínculos—en ciertos casos de manera estrictamente emocional ya que hay familias completas que han emigrado a Estados Unidos—con nuestro país de origen. En mi casa de Miami se habla español. Punto. Paola y Nicolás sólo hablan español conmigo y las cuentas de teléfono a México, Puerto Rico y España son monumentales. Pero esa es la vida—en español y en estrecho contacto con nuestros países—que escogimos. Estas características, lejos de desaparecer, tienden a extenderse debido a los altos niveles de natalidad entre las familias latinas y al enorme flujo de inmigrantes legales e indocumentados que cada año llega a Estados Unidos.

Para alguien, como yo, a quien le advirtieron a principios de los años 80 en Los Ángeles que el español prácticamente iba a desaparecer en Estados Unidos, este es un momento inusitado. Alrededor de 30 millones de personas hablan español actualmente en este país y de continuar en aumento las tendencias demográficas, en unos 50 años podría haber entre 90 y 100 millones de hispanoparlantes. Esto convertiría a Estados Unidos en el segundo país—después de México—con el mayor número de habitantes que hablan español en el mundo, superando ampliamente a España, Argentina y Colombia.

Esto sólo reafirma mi convicción de que ésta es una nación multiétnica y multicultural cuya supervivencia depende de la calidad de los vínculos entre grupos muy distintos. Y ese es—concuerdo con el poeta mexicano Octavio Paz—el verdadero reto de Estados Unidos.

En la promoción de mi primer libro en inglés *(The Other Face of America)* tuve tres debates con el ex–candidato presidencial ultraconservador, Pat Buchanan, quien está convencido que los inmigrantes latinos están invadiendo Estados Unidos y terminando con "occidente" y la "cultura norteamericana." Pero ahora entiendo que, en el fondo, Buchanan y gente como él me tienen miedo a mí y a todos los inmigrantes como yo. Su mundo—blanco, excluyente, dominante—está desapareciendo para hacerle lugar al mío—mestizo, incluyente, lleno de influencias externas.

POR LO ANTERIOR, no debe sorprender a nadie que Univision haya creado una tercera cadena de televisión en español llamada Telefutura y que NBC haya decidido comprar por más de dos mil millones de dólares a Telemundo. No es que sean ángeles bien intencionados. No. Son gente de negocios interesados en hacer dinero. Como me dijo un alto ejecutivo de NBC, lo que estamos viendo es una gigantesca "ola café" cayendo sobre los medios de comunicación en Estados Unidos. Y quien no se suba ahora al tren va a quedar fuera de la repartición del "pastel mediático" en un futuro próximo. La latinización de Estados Unidos—con la consecuente "españolización"—parecen, por ahora, fenómenos sin precedente e imposibles de parar.

Ante este panorama, los esfuerzos de quienes quieren convertir el inglés en el único idioma oficial de Estados Unidos son realmente risibles y absurdos; en la práctica son ya dos las lenguas oficiales: inglés y español. Ninguna barrera legal podrá detener la "ola cafe." Y tampoco veo en esto la posibilidad de una "balkanización" o división como algunos han sugerido. Ni en Texas ni en California hay movimientos independentistas. La lealtad de millones de hispanos, en particular después de lo que ocurrido el once de septiembre, está bien enraizada con Estados Unidos y no hay ninguna razón por la que en Estados Unidos no se hablen dos idiomas simultaneamente como en Europa. El resurgimiento del español es un reflejo de una sociedad abierta, dinámica y cambiante.

Llevo tantos años involucrado en los medios de comunicación en español en Estados Unidos que debería estar perfectamente acostumbrado a ver como, uno por uno, los noticieros y programas de radio en inglés, dejan de ser los más vistos o escuchados. Pero tengo que reconocer una cierta sorpresa cuando veo en los *ratings* cada mañana que nuestro noticiero le gana al de Peter Jennings, Dan Rather o Tom Brokaw o que, en un día sin noticias de última hora, más personas ven Univision que CNN, MSNBC y FoxNews juntos.

Para alguién, como yo, que iba a tener que perder su acento en inglés para poder trabajar como periodista en la televisión norteamericana, esto es una recompensa inesperada. No tengo que dejar de hablar español y, al mismo tiempo, puedo competir con las mejores estaciones de televisión del mundo y beneficiarme de una de las sociedades más libres que han existido. Es, sin duda, lo mejor de dos mundos.

EL PRINCIPAL RETO del periodismo contemporáneo—creo—es poder mantenerse en contacto con un mundo que cambia de manera asombrosa sin perder la credibilidad.

El filósofo mexicano José Vasconcelos escribió en 1925 que "el fin ulterior de la historia . . . es lograr la fusión de los pueblos y las culturas."[42] Y uno puede coincidir con este dictamen aun cuando la idea vasconceliana de una raza cósmica ("hecha con el tesoro de todas las anteriores") haya sido desechada más tarde, incluso, por él mismo.

Pero lo que Vasconcelos sí tenía muy claro es que el futuro de la humanidad estará marcado por la fusión y síntesis de las culturas. Las culturas que han luchado por mantenerse puras tienden a cometer los mayores excesos y a caracterizarse por la violencia, el racismo y la discriminación. En cambio, cuando una nación acepta su condición multiétnica y multicultural adquiere espacio para crecer a través de la tolerancia y la humanidad.

La caída del muro de Berlin en 1989 resultó ser una extraordinaria analogía en un mundo que dejaba el sistema bipolar de la guerra fría para entrar en una nueva era de globalizaciones. Lo que marca esta era es la caída de los límites y barreras tradicionales—comerciales, políticas, culturales—y la tendencia a ver los problemas del mundo—pobreza, contaminación del medio ambiente, racismo . . .—de una manera global. Esta visión carga, también, sus desventajas. Pero, nos guste o no, es la visión que prevalece.

Nunca antes en la historia del mundo han existido tantos inmigrantes—150 millones—tanto turismo y tantos acuerdos comerciales a nivel internacional. Nunca antes las comunicaciones y las nuevas tecnologías—telefónicas, en la aeronáutica, en la computación digital—no

---

[42] José Vasconcelos. *La Raza Cósmica. The Cosmic Race.* 1925. The Johns Hopkins University Press. Bilingual Edition (1997) ". . . the ulterior goals of History (is) to attain the fusion of peoples and cultures."

habían acercado tanto. Las barreras han caído de manera tal que la tan sobada frase de Marshall McLuhan del mundo como una "aldea global" es ahora un triste lugar común.

Vivimos en la época de la diversidad, del mestizaje, de la globalización. Ningún pueblo puede sobrevivir sin coexistir con los otros. Y de la misma manera, ninguna lengua puede sobrevivir sin estar sujeta a influencias externas. Ni siquiera una tan fuerte como el español. Hoy menos que nunca, ninguna nación, ningún idioma, puede marcar sus fronteras o pretender vivir en un vacío.

Así, el periodista que trabaja en español está expuesto, o más bien, inmerso en un mundo donde el cambio es la constante y donde la diversidad —cultural, lingüística, racial— es la norma.

La globalización, desde luego, tiene su equivalente en el periodismo. Así como la democracia se ha mundializado y la apertura de los mercados es un fenómeno internacional, los periodistas también estamos viendo desaparecer muchas barreras. Y con cada barrera o frontera que desaparece convergen dos o más mundos. Eso es lo nuevo en el periodismo moderno: las convergencias, las mezclas.

Me explico. Antes había una clara diferenciación entre noticias nacionales e internacionales. Ya no. Antes los periodistas trabajaban para un sólo medio de comunicación. Ya no. Antes el periodismo estaba claramente separado del entretenimiento y de las preocupaciones por las ganancias en los medios de comunicación. Ya no. Antes bastaba un idioma para informar. Ya no.

Y al español no le queda más remedio que adaptarse a estas convergencias. Al inglés también. Las mezclas, las fusiones, la caída de muros y barreras, obligan a una enorme atención y apertura para que el idioma que utilicemos sea efectivo y comunique.

Nosotros los periodistas de esta nueva era de convergencias debemos adaptarnos para tener éxito. Y ese es, sin embargo, no sólo un reto profesional, pero un resto que subirá los estándares para la manera en que los seres humanos nos tratamos los unos a los otros.

Una de mis primeras fotos, a los seis meses de edad, en los hombres de mi abuelo Miguel, uno de mis héroes. Un maravilloso conversador que nació con el siglo 20 y de quién escuché, por igual, las tragedias de la segunda guerra mundial y las aventuras de la revolución mexicana.

Tres años. Todavía no me había roto la nariz.

Con mi salón de clase en el Colegio
Tepeyac (luego Centro Escolar del
Lago). Tenía siete años y una cabeza
triangular. Soy el primero a la
izquierda en la primera fila de cuclil-
las y con sonrisa despreocupada.

Con mi juguete favorito en casa de
mi abuelo Gilberto en la ciudad de
México.

En la Florida con Lisa, mi esposa, nuestro hijo Nicolás y mi hija Paola.

Con mis dos grandes amigos y confidentes, en las buenas y en las malas, Benjamím Beckhart y Gloria Meckel.

Mi amigo Felix Sordo murió durante el terremoto de 1985 en la ciudad de México. Aquí aparecemos después de entrevistar al sacerdote rebelde Marcel Lefebvre.

Con mi tío Armando y mi mamá en Puttaparthi, India, dentro del ashram de Sai Baba.

Toda la familia Ramos Avalos en la casa de Piedras Negras #10: mi padre Jorge, Lourdes mi madre, mis hermanos Alejandro, Eduardo, Gerardo y Lourdes. Yo estoy en la esquina. Abajo, mi abuela Raquel, mi tía Tere y mi tío Miguel.

Durante mi época de concertista de guitarra clásica. Dejé la música de Bach, Tárrega y Albeniz al entrar a la universidad. La palabra se me facilitaba mas que las notas musicales.

Como atleta logré formar parte del equipo pre-olímpico mexicano. Aquí aparezco saltando al estilo "Fosbury." Una lesión en la espalda me alejó, permanentemente, del atletismo y de mi sueño de ir a unas olimpiadas.

Cortesía del New York Road Runners Club/New York Marathon.

En 1996, terminé en los últimos lugares el maratón de Nueva York. Me tardé seis horas, 56 minutos y ocho segundos. Todo un record.

En Chiapas, 1982, durante la cobertura de la erupción del volcán Chichonal. Por una imprudencia estuvimos a punto de quedar enterrados bajo la ceniza. Aquí, con el equipo de televisión que me acompañó. Estoy a la derecha, flaco y empolvado, con un sombrero en la mano.

Durante mis primeros días como reportero para Televisa en México. La foto fue tomada poco antes del incidente de censura que me obligó a renunciar y luego irme a Estados Unidos.

El primero de enero de 1984 comencé a trabajar para el Canal 34 de Los Ángeles, California. Mi primera oportunidad en la televisión en Estados Unidos. Tenía muchas más ganas y deseos de triunfar que experiencia.

Ángel Matos, jefe de operaciones de noticias y un extraordinario camarógrafo, y Patsy Loris, productoria ejecutiva del Noticiero Univision y quien mejor conoce mi trabajo. Ambos me han acompañado en los reportajes más importantes que he realizado. Aquí, en Bogotá, poco antes de recibir dos amenazas de muerte.

Cortesía de la Casa Blanca, Nov. 29, 1990. Foto: Carol T. Powers.

George Bush fue el primer presidente norteamericano que entrevisté. En la Casa Blanca días antes del inicio de la guerra contra Irak.

Con Bill Clinton, el eterno adolescente. Nunca entendí como pudo sacrificar tanto por tan poco.

Cortesía de la Casa Blanca, Dic. 8, 1994.

Con George W. Bush cuando todavía era gobernador de Texas y las encuestas lo tenían como ligero favorito frente a Al Gore en las elecciones del 2000.

Fidel Castro, dictador de Cuba, intentó ponerme el brazo sobre el hombro durante una entrevista, caminando, en Guadalajara, México, en 1991. Tras quitarme el brazo de encima y preguntarle sobre la falta de democracia en Cuba, sus guardaespaldas me hicieron a un lado y me tiraron.

Con el presidente de Venezuela, Hugo Chávez, poco después de ganar las elecciones en 1998. Entonces todavía escuchaba. Carlos Bardasano, de Venevisión al centro, no perdía ni una palabra. Cuatro años después, en abril del 2002, un golpe de estado, tras una matanza de civiles desarmados, saca a Chávez del poder por 48 horas. "Volvió, volvió, volvió" gritaban sus simpatizantes. "Prohibido olvidar" la masacre, advertían sus opositores.

Carlos Salinas de Gortari ha sido uno de los presidentes más controversiales que ha tenido México. Después de seis años de solicitar una entrevista, por fin en octubre del 2000 pude preguntarle sobre las graves acusaciones en su contra.

En la selva lacandona, en Chiapas, con el subcomandante Marcos, líder de la guerrilla zapatista. "Aunque yo me muera," me dijo "otro agarrará el nombre de Marcos y seguirá luchando."

Con Vicente Fox, ganador de las históricas elecciones presidenciales del 2 de julio del 2000 en México. Así terminaron 71 años de gobiernos autoritarios del PRI. Aquí, un día después de su victoria.

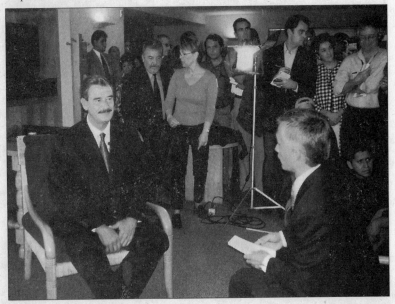

En Moscú, 1991, durante la desintegración de la Unión Soviética.

En Nicaragua cubriendo los desastres causados por el huracán Mitch.

Viajando a Caracas en un avión de carga. No precisamente en primera clase. Unas inundaciones habían cerrado el aeropuerto a vuelos comerciales.

En la ciudad de Kuwait durante los primeros días de las victorias de las fuerzas aliadas
contra la ocupación iraquí.

En Macedonia junto a uno de los campamentos de refugiados albanokosovares en 1999.

Con guerrilleros de la Alianza de Este en Afganistán en Tora Bora en diciembre del 2001. Entonces se sospechaba que Osama bin Laden podría estar escondido en esas montañas.

Sobre uno de los tanques de la Alianza del Este en Afganistán.

En Nueva York, en septiembre del 2001, cubriendo las consecuencias de los actos terror-istas en el World Trade Center.

TRES | ATRAVESANDO
FRONTERAS

ENTRE EL AMOR Y LA GUERRA

Yo no me siento, ni lograré jamás sentirme,
un frío registrador de lo que escucho y veo.
Sobre toda experiencia professional dejo jirones
del alma. . . :

—ORIANA FALLACI (ENTREVISTA CON LA HISTORIA)

Los momentos más fuertes e importantes de mi vida
personal han coincidido con guerras. En mi experiencia, el amor, el dolor y la guerra han ido casi
siempre ligados. Será, quizás, que el amor y la guerra
tienen en común la intensidad: el uno para construir
y la otra para destruir. O, tal vez, que las guerras me
dejan en un grado tal de vulnerabilidad que los sentimientos tienden a fluir (antes, durante y después de
la guerra) con una fuerza a la que no estoy acostumbrado.

Antes de partir a la cobertura de una guerra,
siempre llamo a mi madre y a mis hermanos, uno por
uno, para avisarles que me voy. Pero trato de no usar
el tono de una despedida; nunca me he ido a una
guerra con el temor de que no voy a volver. Tampoco,
por supuesto, les cuento de mi rutina que incluye
una minuciosa revisión de mis seguros y de mi testa-
mento además de la inevitable llamada al banco para

asegurarme que hay suficiente dinero en la cuenta en caso de una emergencia. De todas las llamadas, sin embargo, la más difícil es la de mi hermano Gerardo. Él y yo tenemos una estrecha relación que se basa en pocas palabras y abrazos bien dados. Incluso antes de decirle que me voy a cubrir una guerra, por su voz, yo sé que ya lo sabe y que un par de lágrimas le escurren por las mejillas. "Cuídate mucho, Pote," me dice siempre, "acuérdate que tienes familia esperándote." Y colgamos rápido para no echarnos a llorar los dos. Cuando regreso o toco territorio norteamericano, lo primero que hago es llamarle. De todos mis hermanos es, tal vez, el más sensible y el que más lo esconde. Los Ramos Avalos, quizás, somos así.

Es cierto, tiendo a reprimir mis sentimientos. Esto no es sólo una deformación profesional—estoy convencido, por ejemplo, de que nadie me contrató para llorar en público ni para dar mi sesuda opinión en un noticiero de televisión—sino también una práctica a lo largo de mi vida. Uno tiende a repetir las conductas que tienen éxito y a mí me ha funcionado mantener mis emociones bajo control para lograr, profesionalmente, lo que me propongo. Desafortunadamente, uno no puede prender y apagar a voluntad el *switch* de los sentimientos y en muchas ocasiones, cuando desearía ser más despreocupado, espontáneo y alegre, sencillamente, no me sale. Quisiera, a veces, bailar y saltar y divertirme, sin que me importara lo que la gente dice a mi alrededor pero debo confesar que me cuesta mucho trabajo hacerlo. No soy alguien que se suelta fácilmente. Estoy generalmente en control y es poco usual cuando pierdo el dominio de una situación.

Quizás el intenso miedo que me genera ir a una guerra me pone en contacto con mis emociones abriendo puertas y ventanas que por lo general tengo bajo candado. Quizás encuentro en el peligro de una zona de conflicto esa misma inyección de adrenalina que uno siente cuando ama de verdad. Quizás estoy un poco loco al pensar que en una guerra puedo encontrar, también, lo mejor de mí y de otros seres humanos. La realidad es que en las cuatro guerras que me ha tocado cubrir—dos de ellas tras decisiones estrictamente personales—me he sentido más alerta y vivo que nunca. Quizás espero, como un soldado que regresa de la guerra, encontrar mi hogar—finalmente—y no querer salir nunca más de ahí.

En Afganistán, por ejemplo, sentí que llegué a mi mismo límite del miedo a morir. Presentí que un par de días más allí podrían haber sido fatídicos.

En Macedonia el miedo y la incertidumbre dejaron otros sentimientos en carne viva; durante los días que rodearon mi cobertura de la guerra de Kosovo me puse en contacto con sentimientos de verdadero amor, compenetración y solidaridad que fueron totalmente nuevos para mí y que me temo, no volveré a vivir jamás. Eso me entristece enormemente. Incluso veces, he llegado a pensar que tras esa guerra, en un especial y único momento, toqué el cielo.

Tras la guerra del Golfo Pérsico conocí a mi esposa Lisa en circunstancias realmente de película y antes de ir a cubrir una batalla en El Salvador, Gina y yo decidimos separarnos. Estos cuatro conflictos bélicos—Afganistán, Kosovo, el Golfo Pérsico y El Salvador—han significado para mí, además de un reto periodístico, verdaderas luchas personales.

Antes de ir a mi primera guerra en El Salvador, ya sabía que mi casa se estaba derrumbando. La navidad anterior Gina y yo habíamos decidido separarnos y le pedí que me dejara regresar de El Salvador antes de que partiera, junto con nuestra hija Paola, a vivir a Madrid. Así fue.

Gina y yo, desde el principio de la relación, tuvimos nuestras diferencias. Primero, las geográficas. Ella deseaba regresar a vivir a Madrid mientras que a mi la vida me sonreía en California. Tras un tiempo de vivir en Miami, el noticiero Univision se trasladó a Los Ángeles y luego a Laguna Niguel. California me sentaba mejor que el sur de la Florida. Era más mío; lo entendía mejor. Pero a Gina las panorámicas montañas y la relajada vida californiana sólo le resaltaban la vida urbana, concentrada e intensa, que se estaba perdiendo en Madrid, España.

Tras las diferencias geográficas vinieron los abismos emocionales. Fue triste darnos cuenta de que no queríamos las mismas cosas y empezamos a planear vidas por separado. Al final, durante una triste navidad en la ciudad de México, era obvio que habíamos dejado de ser pareja. Después de dos años de futiles esfuerzos no nos quedó mas alternativa que la separación. Y lloramos la decisión. Mucho.

Ahora, el problema era qué hacer con Paola. Yo no podía hacerme a la idea de vivir sin mi hija. Sin embargo, hubiera sido inconcebible en esa época, que se quedara conmigo en California en lugar de irse con su madre a España. No tendría más remedio entonces que viajar a Madrid frecuentemente y comunicarme con ella, lo más posible, a través de cartas y por teléfono. Como viejos amigos, resignados a su suerte, Gina y yo planeamos los detalles de su partida después de mi regreso de la guerra en El Salvador.

EL SALVADOR: MI PRIMERA GUERRA.

"No me quiero morir. No me quiero morir. Es muy temprano para morirse." Las balas pasaban rozándome, y yo no sabía si el techo de metal bajo el cuál nos escondíamos, iba a aguantar las ametralladoras de los helicópteros. No eran siquiera las siete de la mañana y yo ya estaba tratando de salvarme la vida.

Si no hubiéramos encontrado esa casucha al lado del camino nos hacían chicharrón. Tenía muchísimo miedo. No tenía ni idea de cuando iban a parar de disparar. Tenía tanto miedo que pegué mi cuerpo contra la pared. La cabeza, la espalda, las nalgas, las pantorrillas, los talones de los pies, todo lo tenía pegado contra la pared. Ni siquiera sabía si los tabiques aguantaban un balazo. Nos clavamos, sin tocar, por la puerta de la casa mientras la señora estaba todavía metida en la cama. Pudo más el miedo que la pena.

Sentí que íbamos a salir de allí como pinches coladeras. Empecé a reírme, sin saber por qué. Esta pared seguro que no para ni madres. Rezaba por que el ejército se diera cuenta de que los guerrilleros habían cogido para el otro lado. El sonido de las balas sobre el techo metálico es aterrador.

¿Para dónde se fueron Sandra y Gilberto?

No sé. Cuando empezó la balacera se echaron a correr y luego ya no los vi.

Pobre Sandrita. Qué madrazo le metí en la cabeza. Cuando oímos los primeros disparos los dos nos tiramos al piso de la camioneta. Y le di tremendo cabezazo. Yo creí que se había muerto porque ni se movía. De veras creí que un disparo le había atravesado la cabeza. Luego, cuando se empezó a mover me tranquilizó no verle sangre en la cara. ¡Pero ni tiempo de pedirle perdón! Nos seguían disparando, y si no nos salíamos de la camioneta nos hacían picadillo. Me daba demasiado miedo moverme. Las piernas no me respondían.

Esto es, más o menos lo que recuerdo, de lo que pasó la mañana de un domingo de marzo del 89 en El Salvador. Y el lenguaje, burdo, grosero, me salía de esta manera sin ninguna censura o control social. Después de todo, en un momento de crisis como ese lo que menos me preocupaba era hablar apropiadamente. Estaba allí junto con Sandra Thomas, la productora mexicana, y Gilberto Hume, el camarógrafo peruano, para cubrir las elecciones presidenciales. Llegamos al barrio de San Ramón, en las afueras de San Salvador, y mientras el chófer manejaba por una calle de terracería nos sorprendió un escupitajo de ametralladoras. Gilberto, casi por instinto, agarró su cámara, le dijo al chófer que se detuviera, abrió la puerta de la camioneta y se echó a correr exactamente hacia el lugar de donde provenían los balazos.

"¿A dónde vas?" le grité a Gilberto. "Estás loco."

De nada sirvieron mis gritos. Gilberto seguramente no los oyó. Ese absurdo sentimiento de invulnerabilidad que tienen algunos periodistas cuando se ponen una cámara al hombro siempre me ha llamado la atención. Pero muchos camarógrafos que conozco dicen que arriesgarse para conseguir una imagen es parte de su trabajo. Sin video —tienen razón— no hay reportaje. Y Gilberto esa mañana quería filmar a los que estaban disparando.

Mientras veíamos alejarse a Gilberto, nos dimos cuenta que la camioneta blanca, ya detenida, estaba exactamente en la mitad de un fuego cruzado entre soldados del ejército salvadoreño y guerrilleros (vestidos de civil) del Frente Farabundo Martí de Liberación Nacional (FMLN). De pronto se escuchó una segunda ronda de metralla y Sandra y yo nos tiramos al piso de la camioneta. Fue así que le di un fuerte golpe con mi cabeza a la suya. (Horas más tarde, en la tranquilidad del hotel, Sandra me comentaría que en un principio no supo si el dolor en la cabeza era por un balazo o por otra cosa. Por eso se quedó inmovilizada en el piso de la camioneta.)

Los balazos continuaban, ahora, con mayor intensidad.

"Vámonos de aqui," le dije a Sandra. El chófer ya no estaba frente al volante y Sandra y yo salimos corriendo de la camioneta, cada quien por su lado. Allí le perdí la pista.

Se escuchaban interminables, las ráfagas de los tiros de rebeldes y soldados. Me reencontré con el chófer y juntos nos fuimos a proteger en la esquina de una callecita. Pero de pronto aparecieron dos helicópteros del ejército salvadoreño que, supongo, habían sido llamados para apoyar a los soldados en tierra. El ruido se hizo cada vez más intenso y vimos como los aparatos se nos echaban encima.

"Suba los brazos," me dijo el chófer, "para que se den cuenta que no tenemos armas." En la confusión, hice lo que me decía el chófer. Pero los helicópteros, en lugar de buscar otro objetivo, nos empezaron a disparar. Muertos de miedo, bajamos los brazos y nos metimos sin tocar a una casucha con techo metálico y que tenía la puerta entreabierta. Una mujer estaba todavía sobre la cama. Se nos quedó viendo pero ni ella ni su esposo, que estaba parado junto a la cama, nos hicieron ninguna pregunta. ¿Qué habrán creído? ¿Que éramos guerrilleros o que, al igual que ellos, sólo estábamos asustados con los disparos y buscando un refugio?

Al mismo tiempo, yo tenía muchas preguntas. ¿Por qué nos estaban disparando desde el helicóptero? ¿Por qué a nosotros que ni vela en el entierro teníamos? Hasta que caí en cuenta que íbamos vestidos igual que los guerrilleros (con *jeans* y camiseta; habíamos salido tan temprano que fue lo único que me pude poner encima) y que desde la altura era imposible diferenciar para los soldados que disparaban en el helicóptero quién era un rebelde y quién no lo era.

Ahora ya sabía lo que sentían los niños guerrilleros que había conocido en un viaje anterior cuando aviones y helicópteros los bombardeaban en las montañas del interior de El Salvador. Eran muchachitos de 12 y 13 años, posiblemente más jóvenes, que aprendieron a usar fusiles y armas como si fuera un juego. Pero en el juego de la guerra el que pierde se muere. Conocí a los "muchachos"—como le decían eufemísticamente los aldeanos a los guerrilleros—en una práctica de tiro en un tupido bosque. El camino al bosque estaba plagado de minas antipersonales y gracias a un campesino supimos por dónde caminar sin que nos volaran las piernas.

Recordé ese viaje cuando una lluvia de balas y esquirlas tapizaba el techo de la casucha donde nos protegíamos. Estaba a punto de morirme sin deberla ni temerla. Nunca había tenido tanto miedo. Tanto que me paralizó. Estuve pegado contra la pared de la choza durante los 20 minutos que duró, aproximadamente, el ataque aéreo. Mis músculos tensos como piedra y mi mente con una súplica: no me quiero morir. Cuánto me hubiera servido una buena oración. Pero no encontré ninguna que me calmara.

Finalmente, los círculos de los helicópteros en torno a la casucha se hicieron más extensos y en una de esas se empezaron a perder en el horizonte.

"Gracias," murmuré a los dueños de la casita y salí corriendo hacia la camioneta. Ahí me encontré a Gilberto e intentamos hacer un *stand-up* antes de perder a los helicópteros del lente de la cámara. Pero no podía hablar bien. Estaba temblando y los dientes me chocaban en la boca. Varias veces intenté, sin éxito, hacer una breve descripcion frente a la cámara de lo que había pasado. Cuando, por fin, pude hilar las palabras suficientes para completar un párrafo, los helicópteros estaban muy lejos y parecían unas insignificantes mosquitas verdes. Ese es el único testimonio visual que tengo de aquel momento.

Los guerrilleros se escaparon y un soldado murió en el enfrentamiento. Gilberto, imperturbable, lo filmó pocos segundos después de haber recibido un balazo en el pecho.

Lo más increíble de todo es que ese domingo era el día de las elecciones presidenciales en El Salvador pero las votaciones estuvieron caracterizadas por la violencia. Cuando regresé al hotel, agotado, pálido y ojeroso, me enteré que tres periodistas—dos corresponsales extranjeros y un salvadoreño—habían muerto ese día. Uno de los periodistas muertos—un camarógrafo europeo—recibió un disparo en la cabeza pues alguno de los soldados o guerrilleros confundieron su cámara de televisión con una bazuca. Gilberto pudo haber corrido la misma suerte.

Ahora ya sabía cómo era ese miedo animal que sienten los combatientes en una guerra. Y esa vibración que genera el pánico en el pecho, la boca y las manos, casi imperceptible pero incontrolable, no desapareció del todo de mi cuerpo hasta que tomé el vuelo de regreso a casa.

LA SEPARACIÓN Y PAOLA

Ya en California comenzó la otra guerra. Sabía que Gina y mi hija Paola estaban a punto de irse a vivir de manera permanente a Madrid pero todavía no me había hecho a la idea. Gina y yo tratamos de mantener la relación lo más civilizado posible en vista de las circunstancias e incluso hasta le ayudé con los preparativos del viaje. Inevitablemente, después de meses de planeación, llegó el momento de la partida.

Me dolió tanto que lo recuerdo como si fuera ayer. Las llevé de nuestra casa en Mission Viejo al aeropuerto internacional de Los Ángeles y mientras esperaban la partida del vuelo, Paoli—de apenas dos años de edad y totalmente ajena a su nuevo destino—se puso a jugar junto a un panel de ventanas, a un lado de la puerta de salida. El avión, inmóvil, calentaba motores en la pista de aterrizaje.

Reía tan inocente y feliz que me enterneció e hizo llorar. Aproveché los últimos momentos para jugar con ella y la apreté fuerte contra mi pecho antes que se subiera al avión. "Nos vemos pronto," le dije. "Te quiero mucho." Y de Gina me despedí con una frase que ambos recordamos por años: "Ojalá que encuentres en Madrid lo que estás buscando."

Estaba libre de nuevo . . . pero sin Paola. Los primeros meses de la separación los pasé como un zombie. Trabajaba todo el día en el noticiero y al llegar a la casa me tumbaba, como hipnotizado, frente al televisor hasta que me venciera el sueño. Amanda, la niñera de Paoli que se quedó conmigo incluso después de su partida, le contaba por teléfono a mi mamá en México que estaba preocupada por mí porque casi no hablaba y lo único que hacía era ver la televisión. Fue, supongo, un escape. En lugar de llorar y llorar todo el día por estar tan lejos de mi hija, me desconecté emocionalmente para que el dolor no me paralizara. Los fines de semana iba a jugar futbol y luego me tiraba por horas en un sofá a leer el periódico y a esperar el momento de poderle llamar a Paola por teléfono. Después de hablar con ella y lleno de tristeza, me iba a pasear al supermercado Ralph's que quedaba cerca de la casa: ahora comprendo que no debe haber una imagen mía más triste que la de estar perdido y sin rumbo, solo, en los pasillos de un frío supermercado.

Vivía en California pero no tenía, en realidad, casa. Sin Paola, para mí, no había casa.

Eso sí, me propuse estar en contacto con Paoli lo más posible para que tuviera siempre presente quién era su padre a pesar de la distancia. La llamaba por teléfono todas las semanas aunque ella casi no supiera hablar, le enviaba paquetes con regalos y dulces y me aseguré que nunca pasaran más de tres o cuatro meses sin verla. Sentía, supongo, una enorme culpa por hacer su vida tan difícil.

Al principio fue enormemente complicado; todos estábamos descontrolados. En mi casa mantuve siempre el cuarto de Paola impecable, como si durmiera ahí cada noche. Quería hacerle sentir una estabilidad que, en la realidad, no existía. Pero al final logramos coordinar un sistema —que incluso continuamos hasta el día de hoy— en el que Paola se pasa los veranos, la navidad y las vacaciones de semana santa conmigo en Estados Unidos. Es una especie de rutina y eso es bueno porque todos sabemos a qué atenernos.

A esto hay que añadir los constantes viajes que hice y sigo haciendo a Madrid y la maravilla de poder contar con mi extraordinaria hija como acompañante de vuelo. Paola viajó antes de los diez años de edad más de lo que la mayoría de los adultos viajan en toda su vida. Y a pesar de que en la mayoría de los casos lo hizo por necesidad, las lecciones que ha aprendido —paciencia, apertura, respeto por lo que es distinto, la importancia de establecer prioridades, el saber defenderse por sí misma— las lleva a flor de piel. Es una adolescente mucho más madura, consideraba, atenta y responsable de lo que sugieren sus 15 años de edad.

Nunca quise ser un padre ausente o de larga distancia y los cuatro meses al año, aproximadamente, que paso junto a Paola son de una enorme intensidad; ahí, me siento padre y madre a la vez. Las pláticas, diversiones, compras y actividades que no podemos compartir a lo largo del año las metemos, como dentro de embudo, en sólo unas semanas. Así, además de los lazos naturales que nos unen, hemos hecho un esfuerzo extra por aprovechar cada momento que pasamos juntos. El resultado es una relación de padre a hija única. Quienes nos conocen saben que la nuestra no es una relación típica. Durante años mis familiares y amigos se quejaban de que cuando estaba con Paola andaba como ausente del mundo. Puede ser. Mi prioridad era ella y nada más. Nada más.

Siempre he estado alerta para detectar y contrarrestar cualquier efecto negativo que la separación de sus padres haya causado en mi hija Paola, pero hemos logrado —creo— multiplicarlo todo por dos: dos padres que la aman inmensamente, dos casas en ambos lados del Atlántico, dos formas muy distintas de ver el mundo. Gina y yo nos llevamos mejor ahora que cuando vivíamos juntos. Sin embargo, tengo que reconocer que logramos esquivar con éxito los enternecedores intentos que durante años hizo Paola por reconciliarnos. Alguna vez me contó que cuando su madre y yo fuéramos viejitos nos iba a tener viviendo en la misma casa, con ella, aunque en cuartos separados.

Paola, en realidad, me salvó. La separación de Paola ha sido, sin duda, una de las experiencias más dolorosas de mi vida y no hubiera sido extraño que me alejara emocionalmente para controlar ese dolor. Pero con Paola ocurrió exactamente lo contrario: me uní a ella de maneras extraordinarias y la quiero con toda mi alma. Mi amiga Edlin Ortiz, que dejó el periodismo para dedicarse a la vida espiritual, me decía que todos tenemos a alguien que nos mantiene en contacto con nuestros sentimientos y con nuestro espíritu. Para mí esa persona es Paola.

Paola, aparentemente, está condenada a escribir. Su madre escribe, su abuelo materno Carlos Alberto escribe y su padre escribe. De hecho, a los 13 años Paola escribió su primer artículo periodístico para el diario The Miami Herald (el cual posteriormente incluí en el libro A la Caza del León). Paola escribe con la misma fluidez, inteligencia y fuerza con que juega al baloncesto. Escribe como habla; con una percepción e inteligencia emocional sobresalientes, atenta al detalle y con humor. Y no me extrañaría que en unos años logre contar en una computadora la manera en que la separación de sus padres la marcó. Me duele el solo hecho de pensar que, involuntariamente, le pude haber hecho daño al no luchar más por mantener a flote la relación con su madre. Pero sospecho que en el fondo Paola lo entiende todo. Tanto o mejor que su madre y yo.

Los momentos más difíciles con Paola siguen siendo nuestras despedidas en el aeropuerto. Nos abrazamos y nos decimos que nos queremos mucho —"*I love you, Paoli*," "*I love you, dad*"— y que nos veremos pronto, muy pronto. Pero pocas veces hemos podido controlar las lágrimas. Quien nos ve bien pudiera pensar que nunca más nos vamos a volver a ver. Y este asunto tan personal se convirtió en público cuando Paola, poco después de complir 15 años, escribió un artículo para una revista en español con motivo del día del padre.*

---

* Revista Cristina. Junio 2002. MI PADRE Y YO. Estoy en el asiento 25G. No es un asiento de coche, de salón de clase en la escuela, ni siquiera estoy sentada en el sofá de mi casa. Se trata de mi peor enemigo: un asiento de avión.

Muchas veces me monto en aviones para viajar y conocer lugares nuevos, muchas veces estoy sentada al lado de mi padre, acostumbrada a que me intente tranquilizar cuando noto que hay turbulencias. Ahora me doy la vuelta y no le encuentro. ¿Dónde está?

Esto es sólo el comienzo de una larga rutina que realizo varias veces al año. Todo empieza en el coche de mi padre, cuando los dos estamos muy tristes, porque después de unas largas y divertidas vacaciones que paso en Miami con él, ha llegado la hora de volverme a Madrid. La trayectoria entre mi casa y el aeropuerto de Miami es exactamente veinte minutos, veinte minutos horribles donde pasan por mi mente todas las actividades que he hecho con mi padre en esa visita.

En fin, llegamos al aeropuerto y los dos estamos sentados en frente de la puerta de embarque, yo rezando por que haya un huracán o una tormenta horrorosa que impida que mi avión pueda salir. Mientras mi padre se la pasa contemplándome. Es probablemente la única vez en todo el año que veo a mi padre tan triste, pues después de muchos besos y abrazos y también una lluvia de lágrimas, me encuentro caminando por el pasillo que me va a dirigir a mi asiento en el avión.

Pienso que esto es solo una despedida temporal. Además, le voy a ver en tres o cuatro meses, pero aún así parezco una niña pequeña que se ha quedado sin su regalo de cumpleaños. Por fin llego al famoso asiento 25G, sola, sin papá y sin nada. Estoy mirando a la ventana e intento tranquilizarme.

La distancia no me importa mucho porque eso nunca ha impedido que nos comuniquemos. Madrid se encuentra al otro lado del mar, estamos en puntas opuestas. Pero eso es lo de menos porque siempre nos estamos llamando, escribiendo por e-mail, etcétera. Lo único que me preocupa es no verle todos los dias, por ejemplo, después de tres meses de verano, de estar llegando a casa tras estar en la playa con mi amigas, cenar en la mesa y verle, estar en el coche y hablar con él o incluso acompañándole al trabajo. . . .

La relación entre mi padre y yo es muy buena. Me imagino que cada padre e hija ten-

Al llegar a casa, tras dejarla en el aeropuerto con destino a Madrid— lo hago al menos tres veces al año—invariablemente tengo escondido debajo de mi almohada un mensaje de ella. Últimamente, en lugar de pequeñas notas en la cama tengo amorosos e-mails esperándome en la computadora. Creo que Paola es la única persona que me puede hacer llorar. Así de bien me conoce. Y cada vez que se va recuerdo a esa niña de dos años que jugaba en los ventanales del aeropuerto de Los Ángeles y que me sonreía, inocente, llena de cariño y de confianza, sin tener la menor idea de lo que el futuro le deparaba una vez se subiera al avión.

---

drán su propia relación especial. Eso es una cosa muy personal de cada uno. No sé, a lo mejor las distancias impiden un poco comunicarnos como yo quisiera, pero la verdad es que yo le cuento todo. Sobre mis últimos resultados en el basket, en la escuela (que le suele importar mucho), de mis amigas, en fin de todo un poco.

A la hora de salir por las noches debo de decir que es muy bueno; mis dos padres lo son. Aunque ha habido algunas veces que he tenido que negociar con ellos pero han confiado en mí y me han dejado elegir lo que es mejor para mí. Es decir, nunca me han agobiado mucho pero sí se preocupan una barbaridad por mí y me protegen mucho. Y aunque ahora a lo mejor me queje de que ellos se preocupan demasiado, es mejor prevenir a que me ocurra algo. Nunca se sabe. Por eso mi padre se alegra mucho de que lleve siempre conmigo el celular. No es raro recibir unas tres o cuatro llamadas de él en el fin de semana.

Es la hora de la cena en el avión y estoy comiendo el pollo que siempre dan recalentado y la ensalada que nunca me como. Nunca me ha gustado la comida de avión. Estoy pensando en qué haré cuando llegue a Madrid. Vendrá mi madre a buscarme, le diré un te quiero, un extraño mucho a papi y le contaré las aventuras de las vacaciones o del verano. Cuando llegue a casa lo primero que haré será llamar a papá, no importa la diferencia de hora. Mi padre ya sabe que espera una llamada sobre las siete u ocho de la mañana.

Como ya dije, todo forma parte de la rutina de un padre y una hija que les separa un gran charco. Después de la primera llamada pasarán los meses y las llamadas se multiplicarán, mi padre estará trabajando como un loco y yo en la escuela intentando sacar buenas calificaciones para no decepcionar a mis padres. O mejor dicho, para poder salir y no quedarme encerrada en mi cuarto.

Tras las vacaciones de verano, después de tres meses intensos, se acercaran las navidades. En diciembre es cuando la rutina empieza de nuevo o finaliza, no sabría decir. Porque llego de nuevo a Miami, veo a mi padre y el último día de vacaciones navideñas me encuentro otra vez en el coche de mi padre rumbo al aeropuerto y vuelve a empezar todo. Esto también se repite en Semana Santa y después vuelve al verano. En fin, nunca termina.

Estoy cansada, ya han pasado unas 5 horas de vuelo. Me estoy acordando de mi infancia. Cuando era pequeña y la gente me preguntaba que qué quería ser cuando fuese mayor, yo les contestaba que actriz. Ser actriz era mi mayor sueño, me encantaba imaginarme en Hollywood rodando mis películas en una mansión. Hasta que hace unos años me di cuenta que el sueño de todas las niñas pequeñas era ese, ser una actriz famosa.

RUFINA

No me puedo imaginar—no puedo—el sufrimiento de un padre o de una madre al estar presente en el momento en le que matan a uno de sus hijos. No puedo. Debe ser, sin duda, una de las peores pesadillas de cualquier padre o madre. Y menos podría imaginarme el quedarme sin hacer nada si alguno de mis hijos estuviera en peligro. Por eso me toca tan hondo la historia de Rufina. Y aún, hoy en día, no la acabo de entender totalmente.

Regresé a El Salvador varios años después que la guerra había terminado. Pero los fantasmas de la violencia que vivió este país centroamericano aún perseguían a Rufina.

Entonces mi padre, desde que tengo yo unos dos años, me llevaba con él a su oficina. Conozco Univision desde que era una enana, pero nunca me fijé en el trabajo de mi papá, solo me dedicaba a corretear por los pasillos de la oficina, a molestar a la gente y a sentarme con Patsy Loris, la productora ejecutiva del noticiero. Patsy debe de haber sufrido mucho porque desde que soy pequeñita ha estado aguantándome siempre. Mientras mi padre hacía el noticiero yo le pintaba dibujos a ella y me enseñaba cada rincón de Univision. En fin, se convirtió en mi nueva amiga.

Hoy en día soy más consciente de todo y me encanta el trabajo de mi padre. Todo lo que sucede detrás de las camaras, la tensión que hay por que todo salga bien en directo, es un ambiente muy bonito que me gusta mucho. Y hoy en dia admiro mucho el trabajo de mi padre y creo que me gustaría seguir sus pasos.

El cuenta maravillas sobre su trabajo y siempre me ha dado la libertad de escoger lo que quiera, pero sí me anima mucho con el periodismo. Yo sólo espero no decepcionarle. Cuando voy a la oficina con él me fijo mucho más en todo el proceso para que un noticiero se pueda realizar. Y tambien, después de muchos años, sigo molestando a Patsy.

Cuando me enteré de que mi padre estaba en Afganistán cubriendo la guerra me asusté muchísimo. La verdad es que no me gustaba nada la idea pero conociéndolo, cuando me lo dijo, tuve que fingir un poco que no me asustaba la idea. Pero en su situación había muchos más periodistas y mi padre siempre ha sido muy valiente para esas cosas. Ahí es cuando te das cuenta del buen trabajo que realiza y de cómo le importan las cosas. Y si él creía conveniente ir a Afganistán y trabajar, lo haría. Nadie le pidió que fuese ni le obligaron ni nada. Un día cogió una cámara de video que había en la casa, empacó un poco de ropa, zapatos cómodos, realizó un par de llamadas sorprendiéndonos a algunos con su decisión y se marchó. Y eso es fantástico. Pero sí pasamos todos un mal rato. Lo importante es que regresó, lo vió y nos contó su experiencia.

Bueno, el piloto acaba de avisar que sólo quedan treinta minutos para aterrizar en Madrid. Estoy muy cansada y triste. En este largo viaje de casi 9 horas no he hecho más que pensar en mi padre y en estas vacaciones. No es nada nuevo ya que lo hago todos los años. Simplemente forma parte de una rutina. Una rutina que, en este caso, tiene un principio pero no un final.

Con todo esto quiero decir que quiero mucho a mi papi . . . y ¡FELIZ DÍA DE LOS PADRES!

Rufina no tiene apellido. Todos la conocen así *no'más* como Rufina. Ella es una de dos sobrevivientes de la peor masacre realizada durante los 12 años de guerra civil en El Salvador. (El otro sobreviviente fue un niño que, también, no tiene apellido conocido y que todos llaman Chepito.)

Desde el aire El Mozote no es más que una polvorosa mancha café con un montón de casuchas sin pavimento. Pero en la historia de El Salvador, El Mozote es una gran mancha roja.

El 11 de diciembre de 1981, ante la sospecha de que los habitantes de El Mozote estaban ayudando a los rebeldes del Frente Farabundo Martí de Liberación Nacional, entraron a la población los soldados del batallón Atlacatl. Ahí, masacraron a más de 600 personas, incluyendo bebés, niños, adolescentes, ancianos y mujeres embarazadas.

Cuando los soldados se retiraron después de su orgía de muerte, creían que no había quedado ningún sobreviviente, ningún testigo. Pero se equivocaron. No vieron que Rufina, una madre de cuatro hijos y de 38 años de edad, estaba escondida, temblando, detrás de un manzano de pequeños frutos color rosa.

"Soy famosa por mi dolor," me dijo Rufina cuando la fui a entrevistar en marzo del 99 a El Mozote. Hace mucho perdió su capacidad para sonreir. No te ve a los ojos. Ve al piso o al cielo, como pidiendo refugio. Su pelo estaba canoso casi por completo, sus manos llenas de callos por el trabajo del campo y su lustrado vestido morado—el que usa para las fechas importantes—había sido cosido en el centro ante la falta de un botón perdido.

La verdadera tragedia de Rufina es que presenció la muerte de sus cuatro hijos y aún hoy, dos décadas después de la masacre, se sigue cuestionando si hizo bien en esconderse o si debió haber salido de su escondite para tratar de defenderlos. Cuando la conocí me llevó al preciso lugar donde se escondió y ahí comenzó a recordar como los soldados del batallón Atlacatl iniciaron la operación separando a la población.

"¿Separaron a hombres y mujeres?" le pregunté.

"Si, separaron a hombres y mujeres . . . yo estaba con mis cuatro niños, mis cuatro hijos."

"¿Cuántos años tenían?"

"El primero tenía nueve."

"¿Cómo se llamaba?"

"Se llamaba José Cristino. Y María Dolores tenía cinco y Marta Lilian tenía tres. María Isabel tenía ocho meses; ella es la que tenía en mis brazos."

"¿Qué pasó con sus hijos?"

"Yo digo que los mataron . . . Yo tenía a mi niña de pecho aquí y mis otros tres niños estaban agarrados de mí. Vinieron dos soldados y me los quitaron. Me arrancaron mi niña de pecho de los brazos."

"¿(Le quitaron a) los cuatro niños al mismo tiempo?

"Sí, al mismo tiempo me los quitaron."

"¿Usted qué hizo?"

"Me fui llorando por mis hijos y pidiéndole a dios que me ayudara pues él es el que podía hacer el milagro."

Pero no hubo milagro. Los soldados habían puesto a las mujeres en fila y las estaban llevando de la plaza a un ranchito para asesinarlas. Rufina era la última de la fila y en un momento de desesperación se arrodilló para pedirle a dios que la salvara a ella y a sus hijos.

En medio del alboroto, por los gritos de las mujeres y niños que estaban asesinando, los soldados se descuidaron. Aprovechando la confusión, Rufina, gateando, se fue a esconder detrás de la planta de manzano rosa. Pero el refugio se convirtió en una tortura; desde ahí Rufina pudo escuchar los gritos de ayuda de sus hijos.

"¿Los soldados nunca se dieron cuenta que usted estaba ahí?" le pregunté.

"No, nunca se dieron cuenta," me dijo. "Si se hubieran dado cuenta me hubieran matado. Yo intenté salirme cuando oía los gritos de mis niños cuando decían: 'mamita nos están matando, mamita nos están metiendo el cuchillo.' "

"¿Sus hijos (decían eso)?"

"Sí, mis hijos decían: 'Rufina nos están matando.' Y yo no resistía cuando los niños gritaban y decían: 'nos están matando con cuchillos.' Entonces yo no resistía estar ahí. Y yo decía: 'Dios mío ¿cómo hago si estoy escuchando los gritos de mis hijos?' "

Si Rufina hubiera salido de su escondite para intentar defender a sus hijos, sin duda habría sido asesinada como el resto de los habitantes de El Mozote. Inmóvil, congelada por el miedo, Rufina le hizo una promesa a dios: "Tú me salvas y yo voy a contar lo que ha pasado."

Detrás del matorral, Rufina estuvo desde las cinco de la tarde del día de la masacre hasta la una de la madrugada del siguiente, cuando se retiraron los soldados. "Ya terminamos de matar viejas y viejos," los escuchó decir antes que se marcharan.

Rufina cumplió su promesa. Se salvó y, gracias a ella, sabemos cómo fue uno de los peores momentos de la guerra civil en El Salvador. Pero el dolor le pesa tanto que lo arrastra como un buey al arado.

Y a veces, algunas veces—me confesó—pierde las fuerzas y hasta las ganas de recordar y de hablar. Pero ella sabe que ese es, precisamente, el trato que hizo con dios; que hasta el día que se muera recordará y contará lo que ocurrió ese 11 de diciembre de 1981 en una pequeña población llamada El Mozote.

Pero yo no sé cómo, con qué fuerzas, Rufina puede seguir viviendo así. No lo sé.

EL PERIODISTA Y LA FAMILIA

Cuando Iván Manzano iba a ser contratado por Univision como camarógrafo en El Salvador, se me acercó con una duda. Su cara reflejaba verdadera preocupación.

"¿Qué pasa, Iván?," le pregunté. "¿No estás contento con la oferta de trabajo?"

"Sí," me dijo. "Pero no'más ve alrededor"

"¿Qué es lo que no te gusta?" volví a preguntar.

"Que todos ustedes están separados o divorciados y yo no quiero acabar así."

Iván no acabó como nosotros. Tras una larga temporada como camarógrafo hoy trabaja de corresponsal en San Salvador para Telemundo y está bien casado. Pero su preocupación era válida.

Son pocas, muy pocas, las personas con las que trabajo que continúan casadas con su primera pareja. Y no es se trate de un grupo tan distinto al de otros periodistas. Quien más sufre en la vida de un periodista es, generalmente, su familia. El periodismo es algo que no se puede tomar a medias. Cubrir noticias es una verdadera esclavitud. En un parpadeo se te puede ir la información, la entrevista exclusiva, la clave de una investigación. Por eso vivimos alerta, como si nada más importara. Y, a veces, el precio que pagamos es demasiado alto: la familia.

Hay mañanas en que me levanto sin saber si dormiré a miles de millas de distancia o en un avión cruzando el Atlántico. Los periodistas podemos ser como un papalote; siempre a la deriva de los vientos noticiosos. Y para nosotros, por supuesto, es sumamente emocionante. Es, como decía Oriana Fallaci, un verdadero privilegio ser testigos de la historia.

Los periodistas agarramos un *high* con las noticias; la adrenalina fluye y el sueño desparece. Lo nuevo nos encanta. Y cuando termina una historia particularmente interesante estamos como perritos sabuesos buscando nuestra próxima aventura. ¿Quién puede resistirse a un vida así? El ritmo puede ser delirante, agotador. Y nunca se duerme mejor que después de haber enviado para publicarse o para salir al aire un reportaje particularmente difícil. Mi mejor noche la pasé en un hotel recién quemado por soldados iraquíes.

El periodismo es una pasión que se alimenta por fuera pero que te consume por dentro. Puedes vivir de periodismo día y noche. Y desengancharse es prácticamente imposible. Cuando me voy de vacaciones tienen que pasar varios días para controlar la necesidad de leer un diario o prender la televisión para ver un noticiero.

Hay un viejo ritual del periodista: reunirse con sus compañeros por la noche en el bar del hotel de moda del lugar de la noticia. Y esas conversaciones llenas de exageraciones, licor, risas y camaradería tienden a recargar las baterías. Y las convicciones. Tras comparar notas uno constata que sí, efectivamente, tengo uno de los mejores oficios del mundo.

Pero creo que hay pocas familias que puedan sobrevivir intactas el constante ir y venir de un periodista apasionado. "Es mi trabajo" puede ser la más constante explicación ante las frecuentes ausencias en Navidad, cumpleaños y obras de teatro en la escuela de los niños. Tal vez, deberíamos decir: "es mi vida." Hay veces en que las exigencias periodísticas son tales, aunadas a la feroz competencia en los medios, que todo lo demás pasa temporalmente a segundo plano. Y eso no hay pareja que lo aguante por mucho tiempo.

No soy la excepción. Estoy en mi segundo matrimonio y sé que muchas veces lo he puesto a prueba, hasta el extremo, por cuestiones de trabajo. Es curioso ver como muchos reporteros que conozco pueden vivir sin su familia pero no podrían hacerlo sin el periodismo. Y a veces, lo reconozco, olvidamos las prioridades.

A mí mis hijos me salvaron de caer en las garras del periodismo. Esta profesión puede exigir absoluta fidelidad. Pero tras el nacimiento de Paola, y años después del de Nicolás, fui entendiendo que hay un mundo donde no hay *deadlines*, ni fuentes noticiosas y en donde no hay que competir con nadie para tener éxito. Y a ese mundo, lejos de las prisas periodísticas, me introdujeron Nicolás y Paola.

Durante muchos años estuve haciendo dos noticieros diarios; uno a las seis y media de la tarde y el otro a las once y media de la nache. Eso, simplemente, me comía el día completo. Pero en la última negociación de mi contrato decidí dejar el noticiero nocturno a pesar de haber recibido una buena oferta económica para continuar haciéndolo. No valía la pena sacrificar la adolescencia e infancia de mis hijos por media hora de noticias. En otra época, cuando empezaba, jamás hubiera dudado en tomar una nueva carga de trabajo. No ahora.

Las parejas no son de chicle. Aguantan, sí. Pero no pueden aguantar todo el tiempo. Y por más comprensiva que sea la pareja de un periodista es muy difícil que pueda aceptar una vida de ausencias, viajes relámpago, *beepers* y fechas límite. A menos, claro, que también sea periodista.

LA GUERRA DEL GOLFO PÉRSICO

El avión militar—un C-130 del ejército de Arabia Saudita—dio un violento giro en el aire y comenzó a perder altura. Se escuchó un angustioso "ahhhh" colectivo entre los más de 100 pasajeros. La mayoría de ellos eran soldados sauditas, reforzados con reclutas de Egipto, que iban al frente de batalla, a Dahrán, en la frontera entre Kuwait y Arabia Saudita. Con el avión moviéndose así la pregunta era si íbamos a llegar.

Los acompañábamos tres periodistas de Univision —la productora estadounidense Marilyn Straus, el camarógrafo salvadoreño Iván Manzano y yo como corresponsal— y un grupo de unas 20 mujeres y niños recuidos en la trompa del C-130. Al principio del viaje, cuando partimos de Jeddah, Marilyn iba sentada junto a Iván y a mí sobre un incomodísimo y largo banco de madera que corría de un lado al otro del avión. No había cinturones de seguridad. Estábamos amarrados contra la pared del aparato en una telaraña de cintas verdes. Pero cuando hicimos una parada en Taif, cerca del sitio sagrado de La Meca, y se subieron los soldados de Egipto, uno de ellos envió a Marilyn al frente del avión con las otras mujeres. Y ella, para no iniciar ahí mismo un debate sobre las diferencias culturales de oriente y occidente, se levantó y se fue.

El grosero militar resultó un piloto de la fuerza aérea de Egipto. No se disculpó con nosotros por haber enviado a Marilyn a otro lado pero sí tenía ganas de conversar. Hablaba el inglés bastante bien y le pareció apropiado comentarme sobre las bondades de los aviones C-130. "Estos son unos caballitos de batalla," recuerdo que me dijo. Pero su certeza en las bondades del aparato desapareció media hora después de haber partido de Taif rumbo a Dahrán. Cuando el avión giró violentamente en U en el aire y sentimos que el estómago se nos iba a la boca, el otrora valiente piloto se puso pálido. Se puso a mirar, nervioso, hacia un lado y hacia otro del avión y luego empezó a hablar solo en árabe. Parecía una especie de rezo.

"What's going on?" (¿Qué está pasando?) le pregunté en inglés. *"Are we going to crash?"* (¿Nos vamos a estrellar?). Pero no me quiso contestar y siguió en lo suyo.

Este avión de carga tenía unas diminutas ventanas en la parte superior del fuselaje de tal manera que era imposible darse cuenta desde mi asiento cuál era nuestra posición con respecto al suelo. Lo único que veía era cielo y más cielo mientras el piloto hacía todo lo posible para mantener el avión estable. Era un sentimiento espantoso. La sección de carga era muy oscura, el avión subía y bajaba con violencia y se desplazaba sin ningún equilibrio. Evidentemente algo andaba mal. Un ruido ensordecedor, como el de una licuadora gigante, opacaba los gritos de los pasajeros. Menos, claro, el de nuestro camarógrafo Iván Manzano.

Iván, como no hablaba inglés, se puso un par de audífonos desde nuestra salida para escuchar en su radio portátil a la guarachera Celia Cruz. Los drásticos movimientos del avión seguramente le incomodaban pero no lo suficiente como para quitarse los audífonos y preguntar qué estaba pasando. La música de Celia Cruz era más poderosa que el miedo.

De pronto, se me apareció Marilyn. También se veía asustada y creí que venía a sentarse con nosotros en busca de apoyo emocional. En cambio, sacó una cámara de su bolsa y me dijo: "Te voy a tomar la última foto de tu vida," con una sonrisa que no convenció a nadie. Me la tomó y regresó a su lugar con las mujeres.

Mi compañero de vuelo, el piloto egipcio, ni siquiera objetó la presencia de Marilyn. Estaba francamente alterado, nervioso. Se paró y como pudo llegó hasta la cabina de vuelo. Desapareció por unos segundos. Al regresar a su asiento le volví a preguntar: *"What's going on?"* (¿Qué está pasando?) pero ni siquiera me miró los ojos y se agarró lo mejor que pudo al banco de madera. "¿Ahora resulta que éste no habla inglés?" pensé.

En realidad, la gente reacciona de maneras muy extrañas cuando tiene miedo. El piloto egipcio enmudeció, Marilyn se puso a tomar fotografías y yo comencé a escribir unas notas:

"Estoy volando en estos momentos de Jeddah a Taif en un avión militar. Voy muerto de miedo. Sin duda le tengo más miedo a estos aviones militares de transporte que a los soldados de Saddam Hussein . . . A veces, esta profesión se convierte en un juego suicida. Siempre hay que llegar al límite, ver hasta dónde podemos alcanzar. Sin embargo, olvidamos rápidamente los riesgos, nos creemos indestructibles y es así cuando se cometen los errores. Lo que me mantiene con fuerzas y con ganas inmensas de vivir es Paoli, mi hija adorada, que por supuesto no comprende en qué anda su padre. Acabo de ver unas fotos de ella que traje. Me dan ganas de llorar cuando las veo. Me muero de ganas de verla. Y sólo pensar en ella me da fuerzas para seguir adelante . . . Por las ventanas del avión entran unos rayos de sol. Es ella."

Estaba pensando en que ojalá estas notas, prácticamente ininteligibles por el zangoloteo del avión, no fueran mis últimas, cuando sentí bajo los pies un ruido brutal. Todos nos volteamos a ver aterrados. Pero a los pocos segundos comprendimos que el avión, por fin, había aterrizado. Abrieron las compuertas para que pudiéramos salir. No estábamos en Dahrán, como esperaba, sino que habíamos regresado a Jeddah, nuestro punto inicial de partida. Otra vez, punto cero.

El piloto había solicitado un aterrizaje de emergencia y prefirió regresar a Jeddah donde podría encontrar piezas de repuesto. Unos mecánicos se acercaron al motor izquierdo del avión y comenzaron a trabajar en él. Supuse que ese había sido el motor que dejó de funcionar. Pero por más que pregunté nadie me supo explicar que había pasado.

Se pasaron un buen rato reparando el desperfecto y luego nos volvieron a montar en la misma licuadora aerea. No tuve más opción. Lo lógico hubiera sido no subirse y buscar otro medio de transporte. Pero en las guerras opera una lógica distinta. Además, como periodista, hubiera sido muy difícil justificar a mis jefes que no iban a recibir esa noche un reportaje porque me había dado miedo volverme a subir en un avión que había estado a punto de estrellarse. Debido a los nervios, el estómago me sonaba como una tubería rota. Me volví a trepar en el maldito aparato y esta vez el piloto egipcio que seguía sentado frente a mí no repitió la frase de que los C-130 eran unos maravillosos "caballitos de batalla." El encanto se había roto.

LLEGAMOS A DAHRÁN sin mayores contratiempos. Todavía en Arabia Saudita, relativamente lejos del campo de batalla, estaríamos a salvo. O por lo menos eso pensamos. Tan pronto como nos registramos en el hotel, fui a mi cuarto y me disponía a tomar un baño—para tratar de quitarme los rastros de miedo que aún llevaba encima cuando se fue la electricidad y sonó una fuerte alarma. Ya sabía lo que esto significaba; fue lo primero que nos dijeron al llegar al hotel. Unos misiles iraquíes *Scud* habían sido disparados en dirección al hotel y teníamos que correr lo más rápido posible al refugio antiaéreo localizado en el sótano. De nuevo, aterrado, salí corriendo al pasillo y no paré hasta que me di cuenta de que iba prácticamente desnudo, con una toallita blanca cayendo sobre mis caderas. Otros corresponsales, ya con varios días ahí, se tomaron la alarma con más calma. O por lo menos se tomaron el tiempo de ir vestidos al refugio antiaéreo. "¿Qué hago?" pensé. "¿Me voy así al sotano o regreso al cuarto a ponerme algo encima?" Pudo más la pena que el miedo. Regresé al cuarto, me eché encima una camiseta con unos *jeans* y salí disparado.

Fue una falsa alarma.

Sin embargo, ahí no terminarían las sorpresas. Volví a mi cuarto y me di cuenta que había un gigantesco ramo de rosas rojas. "¡Qué extraño!" murmuré. "Debe ser carísimo conseguir unas rosas como éstas en la mitad del desierto y en plena guerra." Entonces me acordé que Marilyn, al registrarnos, me había dicho que sería mejor si yo me quedaba en el cuarto que había sido reservado a su nombre y que ella se iría al mío. No le di mayor importancia al asunto y acepté. Las rosas eran para Marilyn. Pero ¿quién se las podría haber mandado? No había una tarjeta en el arreglo floral.

La respuesta llegó sin demora. Tocaron a mi puerta y eran dos guardaespaldas de un tal Mohamed, un alto funcionario del gobierno de Arabia Saudita.

"*Where is Marilyn?*" me preguntaron en un inglés que apenas entendí.

"*I have no idea,*"—les dije, haciéndome el tonto. Dieron unos pasos para entrar a mi cuarto, miraron alrededor y cuando se convencieron de que no estaba escondida en el clóset o debajo de la cama, se fueron visiblemente molestos.

Más tarde Marilyn me contaría la historia. Resulta que el tal Mohamed nos había conseguido las visas para entrar a Arabia Saudita. En esa época era casi imposible hacerlo pero Marilyn lo logró gracias a los contactos que desarrolló en un viaje anterior a la región. Quién sabe qué le habrá prometido Marilyn a Mohamed para que nos diera las visas. Marilyn es una de las mejores productoras con quien he trabajado en mi vida; nunca falla en ninguna tarea asignada, pero ahora Mohamed quería cobrarse el favorcito. Las rosas, obviamente, no habían funcionado. Marilyn no tuvo más remedio que pasar dos o tres noches durmiendo en los sofás del *lobby* del hotel para evitar que Mohamed se le apareciera en el cuarto con otro ramo de rosas.

Lo único que salvó a Marilyn de Mohamed fue la derrota de Saddam Hussein tras el ataque terrestre de Estados Unidos y su alianza militar. La madrugada del jueves 28 de febrero de 1991 el presidente norteamericano George Bush anunció un cese al fuego. Las tropas iraquíes habían sido vencidas y se encontraban en franca retirada de Kuwait. La invasión de Kuwait iniciada el 2 de agosto de 1990 —que motivó la participación militar norteamericana— y la guerra habían quedado atrás. Pero nuestra labor periodística apenas comenzaba.

Nos unimos esa mañana a una caravana de corresponsales extranjeros que se dirigían a Kuwait, cruzamos de Arabia Saudita a la demolida población de Khafji —donde se había realizado la única batalla terrestre de la guerra— y empezamos a seguir varios vehículos militares de la Alianza con destino a la capital, la ciudad de Al-Kuwait. Manejé una buena parte del trayecto y nunca he seguido con más precisión las huellas de un camión; las carreteras kuwaitíes estaban llenas de minas colocadas por los iraquíes y corríamos el riesgo de salir volando en pedacitos si nos desviábamos mucho de sus marcas. Por eso nadie manejaba a mas de 20 o 25 millas por hora.

A mitad del camino, y todavía de mañana, el cielo se oscureció. Era negro, absolutamente negro. Temí lo peor. Que Saddam Hussein, en un gesto desesperado, hubiera hecho explotar un bomba nuclear. En ese entonces nadie tenía pleno conocimientos de las armas con que disponía el líder iraquí. La temperatura bajó considerablemente y alguien en la caravana mencionó la frase "invierno nuclear." Poco después nos enteraríamos que las tropas de Saddam, antes de huir, incendiaron más de 500 pozos petroleros. Era eso lo que impedía que pasaran los rayos del sol y que descendiera tanto la temperatura.

Llegamos a Al-Kuwait de noche. Una copia fotostática de la ciudad nos permitió orientarnos y nos dirigimos hacia la costa. Algunos kuwaitíes, entre sorprendidos y sonámbulos, vagaban por las calles. Preguntamos por la embajada de Estados Unidos y nos topamos, en cambio, con el hotel

International. Su interior parecía de película. Algunos reporteros, como nosotros, y militares de la Aliaza se habían apropiado de los cuartos de hotel que rápidamente transformaron en oficinas de trabajo. *ABC News, CNN, British Army* . . . se leía en pedazos de papel con la tinta aún fresca y pegados contra las puertas.

La recepción estaba vacía. No había gerente ni empleados. Papeles tirados tapizaban los pisos de marmol. Los techos goteaban con tuberías rotas. El hotel había sido ocupado por soldados iraquíes y al irse se encargaron de destruir todo lo que estaba a su paso. No había electricidad. Los cuartos olían a sudor y estaban maltratados, con cuadros en el piso y mesitas de noche usándose como madera para dar calor. Los periodistas y militares caminaban alumbrados por linternas y velas.

En uno de los pisos encontré a uno de los héroes anónimos de la guerra. Tras casi siete meses de ocupación iraquí, un empleado kuwaiti del hotel me contó cómo escondió a una amiga filipina en el clóset de su cuarto. Ella, a pesar de llevar mucho tiempo sin ver la luz del sol, estaba sonriente. Debí haber sido una de las primeras personas que vió después de salir de su escondite. Había sobrevivido. Era una Ana Frank filipina. En tono de celebración y falta de champaña me ofreció un paquetito con un jugo de frutas. Quien no corrió la misma suerte fue un amigo palestino del mismo empleado del hotel que fue descubierto. Soldados iraquíes inmediatamente lo sacaron a empujones del cuarto, lo arrestaron y nadie supo lo que ocurrió con él.

Tras curarme del asombro al escuchar algunas de las historias de horror durante la invasión iraquí, me puse a trabajar. Era el primer día de libertad en Kuwait y había que enviar, cuanto antes, un reportaje a Miami para que pudiera ser transmitido en el Noticiero Univision. El problema era cómo hacerlo. Los pocos teléfonos que funcionaban estaban en control de los militares y había largas filas de suplicantes periodistas para usarlos.

Teníamos un reportaje con testimonios e imágenes únicas de la liberación de Kuwait y era muy frustrante no poder enviarlo vía satélite. Los reportajes son muchas veces como carne fresca; si no se consumen inmediatamente corren el riesgo de pudrirse. Además, el mejor reportaje no sirve de nada si se queda enlatado en una cámara de televisión. Y en esas estábamos—del otro lado del mundo y sin posibilidad de hacérselo saber a nadie—cuando Marilyn, con su ingenio característico, convenció a nuestro principal competidor de ese entonces—CNN en español—de enviar nuestro reportaje vía satélite a Estados Unidos. (Luego me enteraría de que el favor de CNN nos costó nueve mil dólares pero nadie, nunca, se quejó: en un día de noticias como esas cualquier costo estaba justificado.)

Por fin—después de una larga odisea que incluyó un avión que casi se cae, las rosas y los guardaespaldas de Mohamed, un peligroso camino a Al-Kuwait repleto de minas, un frío día que se convirtió en noche por el humo de cientos de pozos incendiados, y un reportaje de televisión que estuvo a punto de no ver la luz—podíamos pensar en descansar.

Iván se había quedado con el otro equipo de Univision que cubría la guerra y que estaba compuesto por el corresponsal Guillermo Descalzi y el ahora productor Gilberto Hume. Marilyn, el camarógrafo José Pérez y yo nos subimos al auto que habíamos rentado (que fue blanco pero que ya era una negro aceitoso por las manchas del humo de los pozos) y nos dispusimos a buscar un hotel. "El Holiday Inn, cerca del aeropuerto, es el único de toda la ciudad que tiene agua," comentó uno de los periodistas que nos ayudó esa noche a enviar el reportaje. Queríamos bañarnos y no estábamos dispuestos a buscar refugio en el derruído y oloroso hotel International.

Eran las dos y media de la madrugada y estábamos perdidos en la ciudad. De pronto nos detuvo un comando urbano de la resistencia kuwaití. Eran los ciudadanos de Kuwait quienes durante la ocupación, habían realizado ataques contra los soldados iraquíes. Tras la huída de los iraquíes y la toma de control por parte de los soldados de la Alianza ellos representaban la ley.

Se acercó uno de ellos y me apuntó con una ametralladora al pecho. "ID" dijo en inglés. Marilyn y José, más cansados que temerosos, le mostraron su identificación de periodistas. Pero yo no encontraba la mía. "Carajo, no la encuentro," dije en voz alta. "I can't find it," repetí en inglés. No obtuve ni un gesto de simpatía. "ID" volvió a decir. Con el índice de la mano izquierda empujé el cañon de la ametralladora a un lado. Regresó inmediatamente como un columpio a la altura de mi corazón. A pesar del aire que congelaba el medio ambiente, empecé a sudar profusamente de las manos y la frente. En la desesperación le ofrecí al muchacho que me apuntaba una bolsa de chocolates *kisses* que encontré entre mis papeles y que había comprado en Estados Unidos para un caso extremo de hambre. Movió la cabeza en señal negativa. "Caray ¿dónde está?" Al final, después de lo que me pareció una eternidad, encontré mi pasaporte y una identificación de Univision. Nos dejaron pasar.

Marilyn y José nunca percibieron mi angustia. Sólo me veían la espalda ya que iban en el asiento de atrás del auto. "¿Qué te pasa?" me preguntaron tranquilos. "Nada, nada," contesté. Las gotas del sudor me caían de la frente, las manos empapaban el volante y la camisa, debajo de la chaqueta, era un mar. Para acabarla de fregar, se nos ponchó una de las llantas del auto antes de llegar al hotel. La cambiamos tiritando de frío.

El Holiday Inn debió haber sido un buen hotel antes de que los iraquíes lo incendiaran. Dos personas en el lobby, que nunca se identificaron, nos pidieron 150 dólares por persona. No hicimos ninguna pregunta. Les dimos el dinero, pedimos la llave del cuarto y desaparecimos. Con la vela noté una fina capa de hollín sobre la alfombra, la cama y el baño. Prendí la llave del agua. Salió un fuerte chorro helado. Me lavé la cara, dejé marcados mis rasgos sobre una toalla blanca y me metí vestido en la cama. Esa noche no tuve fuerzas ni para soñar.

"THANK YOU, THANK YOU" me decían al día siguiente, el viernes primero de marzo del 91, los kuwaitíes que se reunieron en un improvisado desfile sobre la carretera que costea el malecón de Al-Kuwait. Los *"thank you, thank you"* se confundían con el sonido del claxon de los autos y los disparos al aire. Hombres y niños me besaban, pensando que era norteamericano. En sus mentes, la determinación bélica de los Estados Unidos había logrado expulsar a los iraquíes de su país.

Era su primer momento de distracción en siete meses. Un burro, con una fotografía de Saddam Hussein sobre la cara, recibía golpes a diestra y siniestra. Pero no todo era alegría. Un grupo de mujeres, vestidas de negro, marchaban en silencio. Cada una de ellas arrastraba su pérdida; algunas habían sido violadas, otras eran viudas o buscaban a sus hijos. Adael, un muchacho que no pasaba de los 18 años y que acompañaba a su madre en la procesión, me contó cómo los iraquíes habían sacado a su padre por la fuerza de su casa y que no sabían nada de él. Suponían lo peor. Henad, tan jóven como Adael, me describió cómo su tío fue asesinado frente a su casa y que por tres días los iraquíes les habian prohibido moverlo de ahí. Quien violara la orden, también, sería asesinado.

La marcha se realizó frente a una playa de Al-Kuwait que estaba llena de zanjas y alambres de púas, minas y artillería antiaérea. Los iraquíes, equivocadamente, pensaron que la ofensiva terrestre de la Alianza se realizaría por la playa. Y se prepararon para resistir. El ataque los sorprendió por la retaguardia y los obligó a huir despavoridos.

Miles de soldados iraquíes, con autos y camiones recargados de joyas, obras de arte, ropa, dinero y cualquier otra cosa que cupiera en su botín, trataron de huir el último día de la guerra por la carretara que conduce a Al-Mutla. No llegaron muy lejos. Fuimos a conocer esa misma tarde la llamada "carretera de la muerte." Quedé impresionado.

Los aviones de la Alianza se dieron gusto despedazando los vehículos del ejército de Irak. Eran diez kilómetros de absoluta destrucción. Tanques volteados y despedazados, camiones quemados, armas en el suelo, autos estrellados, cuerpos mutilados. Señales todas de un caos. Un verdadero cementerio. Parece ser que los soldados iraquíes, al sentirse atrapados, dejaron los tanques y jeeps para echarse a correr. Muchos fueron capturados o cayeron ajusticiados más tarde. Pero otros murieron ahí. Como sórdido recuerdo, Marilyn y José recolectaron una docena de cuchillos de los vencidos durante la guerra. Yo no tuve la fuerza para hacerlo.

Al día siguiente fuimos a visitar una morgue y un hospital. *"Look, look,"* me decía el encargado de la morgue del hospital Al-Sabah de la capital kuwaití. Y apuntaba a las señales de tortura de los kuwaitíes asesinados por fuerzas de Irak durante las horas finales de la guerra. Uno de ellos tenía un tiro en la cabeza. A otro le quemaron la cara. Al que más me impresionó le habían arrancado los ojos y cortado la lengua. Ese era el castigo para los que colaboraban con los grupos de resistencia en la invasión a Irak. Aparentemente el mismo verdugo se encargó de los tres kuwaitíes; escribió con un cuchillo su nombre en la piel de sus víctimas.

"*Look, look,*" decía morboso el doctor y disfrutando un poco de nuestro asco. El olor a muerto impregnó toda mi ropa a tal grado que, después, no tuve más remedio que tirarla.

A un lado de las víctimas kuwaitíes había un montón de cadáveres. Quince quizás. Esos eran iraquíes. Sus cuerpos y piernas formaban un extrañísismo pulpo morado. Ninguno tenía zapatos pero casi todos llevaban una réplica del característico bigote de Saddam Hussein. Los médicos encargados de la morgue ni siquiera les hacían caso.

En un hospital cercano, otro tipo de tragedia nos esperaba. "Esta niña de 10 años," me dijo el doctor Hishan Al Nisef, "vió cómo los soldados iraquíes mataron a sus hermanos de 14 y 17 años de edad; probablemente nunca se pueda recuperar psicológicamente del trauma que le causaron."

La doctora Mariam Al Ragem, jefa de enfermeras del hospital Al-Sabah, me contó cómo una de sus empleadas fue obligada a subirse al auto con un soldado iraquí. Apareció horas más tarde en el desierto, golpeada y violada. Y esa mujer se convirtió, para mí, en un símbolo de lo que había sufrido el pueblo de Kuwait bajo la invasión iraquí. Sobrevivieron, sí. Pero su honor nunca más podría ser recuperado.

El avión acababa de aterrizar procedente de Jeddah. Eran las ocho de la mañana en Nueva York y se abrieron hacia la calle un par de puertas automáticas del aeropuerto Kennedy. Entró apurada una brisa fresca, rejuvenecedora. Caminé unos pasos hacia afuera. Cerré los ojos y respiré profundamente. Sentí el sol sobre mi cara y me quedé, así, inmóvil. "Qué rico es vivir," pensé. "Riquísimo."

Esa fue la primera vez en mi vida en que, al tocar territorio norteamericano, sentí que estaba llegando a casa. Aunque se tratara, incluso, de un aeropuerto en una ciudad tan impersonal como Nueva York. Y, al igual que sentí tras mi llegada de la guerra en El Salvador, el miedo a morir se transformó en un inusitado ímpetu por vivir con descontrolada intensidad. No me imaginé en ese momento la posibilidad de enamorarme pero, ciertamente, las condiciones a nivel personal estaban dadas.

LISA DESPUÉS DE LA GUERRA

Conocí a Lisa unos días después de regresar de la guerra del Golfo Pérsico. Y nuestra relación se fue formando dentro de una deliciosa serie de coincidencias. La primera fue el habernos encontrado en una fiesta de aniversario de Univision en Miami. Ella trabajaba en una agencia de publicidad de Nueva York pero había viajado hasta el sur de la Florida para asistir a esa fiesta y al festival de la Calle Ocho.

"Ahí está el futuro padre de mis hijos," le dijo Lisa a su jefe al verme a lo lejos en la fiesta de Univision. Él soltó una carcajada pero ella no: lo decía en serio. En ese momento no nos conocíamos pero pronto empezamos a intercambiar miradas. Al acercarme, Lisa estaba un poco nerviosa; sospechaba que su jefe —famoso por hablar de más— me había contado el comentario de que yo sería "el futuro padre" de sus hijos. De hecho yo no me enteré de eso hasta mucho tiempo después cuando ya estábamos comprometidos.

Preguntar, para mí, se había convertido en una deformación profesional que acarreaba también a mi vida personal. Y, muchas veces, en lugar de participar en una conversación me la pasaba haciendo preguntas. Eso, ahora me doy cuenta, hacía sentir a las personas muy incómodas pues les daba la impresión de estar siendo sometidas a un interrogatorio. Supongo que era una manera de protegerme, de saber de los otros sin decir nada de mí. Pero Lisa lo detectó inmediatamente. "Ya deja de preguntar tanto," me dijo, "y dime algo de tí." No paramos de hablar en toda la noche.

Aquella noche cancelé una cita que tenía y me llevé a Lisa a recorrer la ciudad. Noté que algo especial me estaba ocurriendo puesto que no me sentía cansado a pesar de que acababa de regresar de la guerra del Golfo Pérsico. Franca, como siempre, me dijo que tenía novio y que estaba a punto de comprometerse para mudarse a Boston. "No te cases, por favor," le dije, un poco sorprendido de mi premura. "Dame un poquito de tiempo." Y me lo dio. Pasamos todo el domingo juntos. Todo.

El fin de semana siguiente fuí a verla a Nueva York. Ahí chocamos. Nos dimos cuenta de que apenas nos conocíamos y que a pesar de ello, ya estábamos hablando muy seriamente de un futuro juntos. Para airearnos, salimos de su apartamento y nos fuimos a un bar. "Vamos a darnos un palito," me dijo. Y yo me eché a reir. Esa frase, que en Puerto Rico significa tomar unas copas, en México podría tener connotaciones sexuales y la propuesta, seguramente, habría culminado de manera horizontal.

Bueno, todavía no sé lo que me pasó; pudo haber sido la tensión y el cansancio atrasado desde la guerra aunado a una experiencia emocional muy fuerte. No lo sé. El caso es que tras darle dos o tres sorbos a un coctel margarita me mareé de tal manera que apenas si podía caminar y las palabras se me atoraban en la lengua. Lisa—bien entrenada por su padre, quien trabajaba en la compañía Bacardí, a aguantar alcohol—estaba muerta de la risa. Me mostré muy vulnerable. No aguantaba nada. Y la imagen de seriedad y de control que proyectaba en la televisión, afortunadamente, se desmoronó esa noche. Gracias a ese incidente volvimos a conectar.

Recuerdo haberle enviado después una tarjeta en la que le agradecía haber pasado algunos de los mejores días de mi vida. La tristeza que arrastraba por años por la separación de mi hija Paola, por fin, empezaba a desvanecerse.

Sin pensarlo mucho, decidimos irnos de viaje a Grecia y a Turquía. Conseguí los boletos en la antigua Pan Am y nos dirigimos al aeropuerto JFK de Nueva York. Todo fue tan apresurado que Lisa ni siquiera revisó si su pasaporte estaba en orden. Al llegar al mostrador, uno de los encargados de la aerolínea se dio cuenta de que estaba vencido y nos dijo que así no podía viajar. Era viernes por la tarde y no había manera de obtener otro pasaporte. Pero yo no me iba a dar por vencido de pasar una semana con Lisa en Europa sólo porque un pinche pasaporte no estaba en orden.

Volvimos a hacer fila y confundimos de tal manera a otro de los empleados de la línea que ni siquiera se dio cuenta que el pasaporte estaba vencido. Nos subimos al avión, celebramos con una copa de champaña y en la parada del vuelo en Frankfurt, Alemania, Lisa consiguió un nuevo pasaporte de emergencia en la embajada norteamericana. Asunto resuelto.

El viaje fue, en realidad, la confirmación de que no nos habíamos equivocado. Tras unos días visitando mesquitas en Turquía vivimos un maravilloso romance en Santorini, en un cuarto de hotel formado por cuevas naturales, frente al panorámico volcán de la isla, y tomando un suave y fresco vino blanco. Ese viaje selló el compromiso.

Si una fotografía pudiera reflejar lo mejor de esta relación es la que tenemos en un pequeño restaurante abierto de Santorini, junto al mar, tocándonos por debajo de la mesa y felices de la vida. Esa fotografía guarda un lugar muy especial en casa.

A nuestro regreso, cuando iba a visitarla a Nueva York ella ponía un viejo cassette con los sonidos de las olas del mar, nos abrazábamos fuerte, cerrábamos los ojos frente a una ventana y nos imaginábamos, de nuevo, en Santorini.

A PESAR DE LA DISTANCIA, nuestra relación fue posible gracias a los aviones y a los teléfonos y a que nos queríamos mucho. Ella vivía en Nueva York y yo en Miami hasta que después de un año decidimos que era más práctico y menos costoso vivir en la misma ciudad. Pocas veces en mi vida he estado más alegre que en esos primeros meses en que se solidificó mi relación con Lisa. Todo me parecía nuevo, excitante, divertido. Reviví.

Lisa me quitó el miedo que le tenía a una ciudad imponente como Nueva York. Cuando llegaba a verla me sentía liberado, sin lastres. Fue el mismo sentimiento de libertad que experimenté al llegar a vivir a Estados Unidos. Y luego, cuando se mudó conmigo a Miami, ambos extrañamos Nueva York como si siempre hubiéramos vivido allí.

Poco después, llegó la boda. Sin embargo, estuvo marcada por vientos huracanados. Nos casamos en San Juan, Puerto Rico, un día antes que el huracán Andrew devastara el sur de la Florida el 24 de agosto de 1992. Ha sido uno de los peores desastres naturales en la historia de Estados Unidos. Mis amigos, casi todos periodistas, tuvieron que despedirse antes de la ceremonia religiosa para poder tomar el último vuelo a Miami y reportar sobre la llegada del huracán en territorio norteamericano. De nuevo, es el periodismo interfiriendo en las vidas personales. Yo no tuve que regresar sólo porque me estaba casando. Pero si no hubiera sido así estoy seguro que Guillermo Martínez —mi amigo, de quién recibí algunas de las mejores lecciones de periodismo, y director de noticias en ese entonces—me habría mandado a cubrir el huracán.

No es ningún secreto que esa no es la boda que yo hubiera deseado. Hubiera preferido saltarme la ceremonia religiosa y casarme con Lisa, solos, en Grecia o el caribe, o en una pequeñísima reunión en nuestra propia casa con familiares y amigos cercanos. Pero después de quejarme tanto, al grado de poner en peligro la relación, entendí que esa boda grande—en la catedral de San Juan y con decenas de invitados que yo ni conocía—era importante para Lisa y para su familia y así se hizo.

EL HURACÁN NO ECHÓ a perder la luna de miel en la isla de San Martín en el caribe. Sin embargo, un ataque cardíaco que sufrió mi padre nos obligó, a Lisa y a mí, a regresar a San Juan un par de días después de la boda.

No es fácil estar casado con un periodista. Por eso recuerdo como uno de los mejores momentos de nuestra relación—además del nacimiento de nuestro hijo Nicolás—cuando ella corrió parte de la maratón de Nueva York conmigo. Entre las obsesiones de mi vida siempre estuvo correr los 42,125 metros (poco más de 26 millas) en una maratón. Y por fin me apunté a hacerlo en 1997. Pero no llegué bien entrenado.

A los pocos minutos de la salida noté unos intensos dolores en mis dos rodillas—que ya estaban un poco desgastadas por los entrenamientos— y faltando 12 kilómetros para llegar a la meta me era imposible doblar mis piernas. Caminaba, no corría. Y fue ahí, en ese momento, que se apareció Lisa. Ella no llevaba, ni siquiera, zapatos tenis. Pero me acompaño, dándome ánimos, hasta que crucé la meta. Me tardé 6 horas 56 minutos y siete segundos; seguro es uno de los peores tiempos que se han registrado en la maratón de Nueva York. Quedé en el lugar número 27,841. No me importó. Había terminado la maratón y Lisa me había dado una extraordinaria muestra de amor.

Reconozco ser una persona compleja y complicada. No es fácil vivir conmigo. Tengo ideas muy firmes, soy independiente hasta el extremo y organizado hasta la obsesión. Lisa se ríe de mí cuando hago mis *"orgui-bags"* que son bolsas o cajas perfectamente organizadas con documentos importantes. Pago mis cuentas cada semana; lejos de ser una preocupación incómoda eso me libera la mente para poder dedicarme a otras cosas.

Cada día me aseguro de contestar todas las cartas y correos electrónicos antes de irme a casa. Así, comienzo cada día sin lastres. Sobre mi escritorio hay sólo lo indispensable y me molesta que, al apuntar con un dedo sobre la pantalla de mi computadora, alguien deje su huella. Patsy Loris, mi amiga productora, dice que soy un "hombre sin pasado" porque no suelo dejar rastro de donde he estado ni de lo que he hecho. Durante años, cuando me iba de vacaciones, recogía todo mi escritorio y me llevaba lo más importante a casa como si nunca fuera a volver.

No uso anillos, cadenas ni nada que estorbe. Sigo sin usar reloj; no me gusta saber la hora del día en cada momento. Sin embargo, mi típica impuntualidad mexicana —acostumbraba llegar tarde a todos los sitios entre 30 y 45 minutos— me causaría una enorme angustia hoy en día. No me gusta perder el tiempo y vivo de prisa como mi amigo Félix Sordo. Y cada vez que viajo conozco todas las opciones que tengo para salir del lugar al que llego. Antes de llegar ya sé cómo irme y cuáles son todos los vuelos disponibles con una precisión que con frecuencia pone en aprietos hasta a los más experimentados agentes de viajes. Un incordio, sin duda.

No guardo nada. Lo que no me gusta, aunque sea valioso, lo tiro o lo regalo. Pocas veces acepto estar equivocado y a pesar de que no creo en la astrología, mi signo, Piscis —con dos peces nadando en direcciones opuestas— refleja mis muchas contradicciones: adoro la espontaneidad pero puedo ser muy rígido en mis ideas, me siento un rebelde pero llevo una vida muy tradicional, soy una figura pública pero me aburren enormemente los compromisos y las reuniones sociales. Y Lisa es la que, en esta última etapa de mi vida, me ha tenido que aguantar todo esto.

Me aburre enormemente hablar de comida, del tiempo, de carros, motos, computadoras y otras máquinas ininteligibles para mí. Mi regalo de cumpleaños al cumplir los 40 fue intentar no hacer nada que no quisiera; he tenido bastante éxito desde entonces en evitar bodas, primeras comuniones, bautizos, ceremonias de premios, cenas y almuerzos por compromiso, entrevistas para revistas y programas de entretenimiento, convenciones médicas, desayunos de cámaras de comercio y, sobre todo, reuniones en que me llaman para presumirle a los otros invitados que un tipo de la tele va a estar allí.

Mi independencia puede ser insoportable. Una vez Lisa me regaló un kayak con dos asientos para que navegáramos juntos por los canales de Coral Gables; lo cambié por otro de un solo asiento. Ella vió en el regalo una forma de trabajar en la relación. Yo, en el fondo, quería un escape: unos momentos de soledad. Todavía me lo echa en cara . . . y tiene razón.

Es ella, seguro, quien ha tenido que soportar una maratón de inconvenientes y de frustraciones: citas rotas por causa de noticias y de emergencias, noches en vela por viajes que me llevan a cubrir una guerra y la imposibilidad de poder planear más allá del día que tienes frente a tus narices. Todo, todo, puede cambiar gracias a una noticia. A veces, de verdad, no sé cómo me aguanta.

Lo peor debe ser, por ejemplo, cuando me encierro en mi cueva. Mi principal defecto es ese distanciamiento, esa ocasional falta de interés por establecer contacto. No hay nada más grave que no reconocer la presencia de los otros y por eso admiro, cada vez más, la capacidad de mi madre de poner atención a los demás incluso en los momentos más difíciles o de mayor tensión. Esa es una lección que no he acabado de aprender.

Hay largos períodos—cuando estoy escribiendo un libro o regreso de un viaje particularmente difícil, por ejemplo—en que estoy ausente y distraído. Dedico, es cierto, una buena parte de mi tiempo libre a proyectos ajenos a mi trabajo en la televisión. Pocas veces me puedo desconectar de las noticias y a Lisa no le queda la menor duda de que soy un *workaholic*.

"Hago lo que más me gusta hacer," es mi excusa. "Y además me pagan muy bien por ello." Pero esta actitud, casi infantil, no es necesariamente la más conveniente para mantener estable y prendida una relación. Lo sé. Aún así, Lisa ha aguantado el tren y hace un enorme esfuerzo por mantener abiertos nuestros hilos conductores.

Y sí, efectivamente, ella también tenía razón—y un increíble poder de percepción—cuando me vió esa noche en Miami y dijo: "ahí está el futuro padre de mis hijos." ¿Qué es lo que ella sintió esa noche? ¿Qué la hizo estar tan segura de que terminaríamos casados sin siquiera conocerme?

Esa corazonada—que difícilmente puede explicarse de manera racional y verbal—es lo que explica el por qué estamos juntos.

Nuestro hijo Nicolás me ha mantenido jóven y se ha convertido en mi gran alegría diaria. Río más, juego más y le pongo menos importancia a los que se creen importantes. Gracias a Nicolás. Con él he podido vivir lo que nunca pude hacer, todos los días, con Paola.

Hay algo maravillosamente reconfortante en levantar a un niño, calientito de la cama, para darle de desayunar y luego llevarlo a la escuela. Y nada es comparable al momento en que un par de bracitos te rodean el cuello antes de decirte: "buenas noches, papá." Es ese día a día en que notas como crece el pelo y que los balbuceos se transforman en las primeras palabras el que me faltaba por vivir. A Paola la he disfrutado a brincos. Muy intensos y ricos. Pero con pausas muy dolorosas. A Nicolás en cambio no lo he dejado de ver desde que nació—salvo por mis viajes de trabajo—y le llevo marcado un diario de todas las frases más divertidas que ha dicho: "¿Vas a Hueva York, papá?" o "los niños no quieren lo que no quieren" . . .

A Nicolás no le he perdido la pista y gracias a eso he recuperado, un poquito, la dirección en mi vida. Donde estén Nicolás y Paola, juntos, ahí es mi hogar.

LOS NIÑOS DE KOSOVO

Cuando llegué a Macedonia a los campos de refugiados de la guerra de Kosovo, me sentí profundamente agradecido con la vida de que mis hijos no estuvieran ahí. Nicolás acaba de cumplir un año y Paola era una adolescente de 13 años. Y como ellos vi a cientos de menores de edad. Algunos huérfanos. Otros extraviados. Unos heridos. Todos viviendo una tragedia.

Mientras estuve ahí no puede dejar de pensar en mis hijos. ¿Y si ellos hubieran nacido en Kosovo? ¿Y si los serbios les hubieran matado a su padre, a su madre o a ambos? ¿Qué hubiera hecho Nicolás perdido, en una calle desconocida, sin siquiera poder pronunciar su apellido? Cómo lo hubiéramos encontrado? ¿Cómo? ¿Y si uno de estos cabrones hubiera querido violar a mi hija? ¿Qué hubiera hecho? ¿Cómo se habría podido defender con una pistola en la cabeza?

En cada niño albanokosovar encontré a los míos. En cada uno. Y para no olvidarme de eso, en los primeros segundos del video en mi cámara grabé a Nicolás jugando con mi maleta antes de que partiera a Macedonia. Cada noche, cuando regresaba a mi cuarto de hotel, ponía el video de Nicolás . . . y me sentía abrazado. Mi mundo no era, afortunadamente, el que estaba cubriendo como reportero.

SKOPJE, MACEDONIA, abril de 1999. *"Free, free, set them free . . . "* cantaba a grito pelado el vocalista del grupo de rock Wild Bunch Band. La canción del británico Sting no desmejoraba mucho con el peculiar acento en inglés del cantante macedonio. Después de todo, el grupo Wild Bunch Band era uno de los mejores de Skopje. Si no fuera así, nunca hubiera sido invitado a tocar en el Marakana Club, el sitio *cool* de la ciudad. Tan *cool* que la discoteca tenía un solo baño unisex, igual que en la célebre pero ya cancelada serie de televisión estadounidense *Ally McBeal*. Una mesera, que vendía *shots* de tequila, sufría enormemente para no tirar su bandeja de bebidas importadas entre los jóvenes vestidos de negro al igual que en cualquier bar de Londres o de Nueva York el lugar estaba a reventar.

Cuando la banda hizo una pausa, le pregunté al cantante si era difícil presentarse en una discoteca cuando, al mismo tiempo, se oían pasar los aviones de la OTAN en sus misiones de guerra. "Estamos en guerra pero no esta noche" *("We are at war, but not tonight")* me dijo en inglés. "Nos tenemos que divertir" *("We have to have fun")*. El contraste era fascinante. Esa misma tarde estuve presenciando los bombardeos de los aviones de la OTAN sobre zonas controladas por el ejército serbio en Kosovo y horas después me pasaban *shots* de tequila mexicano con Sting de fondo musical.

Los jóvenes macedonios, me parecía a mí, no tenían muchos conflictos morales que les impidieran divertirse en medio de una guerra. Al ritmo de *"burn, baby, burn . . . "* pasé mi primera noche en Skopje. A Sanco, mi guía, le pareció apropiado llevarme a una discoteca de dos pisos llamada Colosseum Club "para que conociera el sentir de los jóvenes macedonios respecto a la guerra." En realidad, no se podía conversar mucho durante la tanda de música norteamericana de los años 80.

Los *wonderbra* y los muchachos con la cabeza casi rapada que pululaban en la discoteca eran claras indicaciones de que la globalización cultural hacía mucho tiempo había cruzado las fronteras de Macedonia. El principal programa de televisión en Macedonia era una telenovela venezolana—"Casandra." Y era tan popular que ni el propio presidente Gupcho Georgievski, se atrevía a interrumpirla; se esperaba a que terminara para pronunciar sus discursos sobre la guerra. Y también fue fácil escuchar en la radio canciones en español de Thalía (" . . . amor a la mexicana . . ."), del colombiano Carlos Vives y de la supercubana Celia Cruz. Una pareja bailando arriba de una mesa me regresó a Macedonia.

"Bienvenido a la guerra," pensé.

HABÍA CAIDO EN Macedonia por testarudo. Algunos de mis jefes en Univision pensaron que la guerra en Kosovo no era del interés de la comunidad hispana en Estados Unidos. Yo no estaba de acuerdo con ellos, pero tampoco podía forzarlos a mandarme. Así que saqué mi dinero del banco, compré los boletos de avión y pedí dos semanas de vacaciones para irme a la guerra. Solo. Por mi cuenta.

¿Cómo podía quedarme sentado cómodamente en mi escritorio de Miami mientras el siglo XX se cerraba con uno de los peores casos de racismo y discriminación étnica que recordaba Europa tras el fin de la segunda guerra mundial? Los refugiados albanokosovares huyendo de la violencia serbia me dieron un serio caso de comezón periodística.

A mis amigos y familiares les pareció una locura tomar tiempo de vacaciones para correr el riesgo de morirse en una guerra. Pero a mí la frustración de ver tan lejos y fuera de mi alcance la principal noticia del momento pudo más. Ni Serbia ni Albania me dieron visa. Macedonia sí. No reportaría para la televisión pero sí para la radio y para la prensa escrita. Me armé con una libreta de apuntes, una cámara fotográfica y otra de video partí.

Viajé a Atenas—el aeropuerto de Skopje estaba cerrado—y tomé un auto en dirección norte. Al llegar a la frontera de Grecia con Macedonia, un agente de aduanas fue directo al punto. "¿Usted no es terrorista, verdad?," me preguntó. Seguramente era el primer pasaporte de México que tenía que revisar. Antes que pudiera contestar, el agente echó un grito:

"Ah, Pancho Villa," se puso a reir y me dejó pasar. Hasta el momento nunca he entendido que tiene de chistoso el nombre de Pancho Villa pero gracias a la risa que el revolucionario mexicano le causó al funcionario gubernamental pude entrar a Macedonia y llegar hasta llegar a la misma frontera con Kosovo.

La guerra estaba a pocos kilómetros de distancia. Era muy fácil ver los aviones militares y las columnas de humo que dejaban sus bombardeos. Pero las consecuencias de la guerra estaban a plena vista. Macedonia, que se había independizado en 1991, estaba recibiendo casi la mitad de todos los refugiados albanos provenientes de Kosovo.

Los deseos expansionistas de los serbios no eran ningún secreto. Bajo las órdenes del líder Slobodan Milosevic, un comando militar arrasó la pequeña población kosovar de Racak el 15 de enero de 1999. Cuarenta y cinco cadáveres, incluyendo mujeres y niños, fueron encontrados esparcidos en las calles y patios de Racak. Esa fue la primera señal. Para detener a Milosevic había que actuar rápido y sin titubear. Pero Estados Unidos tenía la cabeza en otro lado.

El congreso estadounidense enjuiciaba en esos días al presidente Bill Clinton por mentir y obstruir la justicia en el caso de Mónica Lewinsky. Kosovo estaba demasiado lejos. Fue hasta después del 12 de febrero del 99—cuando no se pudieron juntar dos terceras partes de los votos en el Senado norteamericano para destituir a Clinton—que Estados Unidos realmente empezó a preocuparse por la suerte de los refugiados kosovares. Tras el fracaso de las pláticas de paz de Rambouillet, a las afueras de París, Clinton ordenó los primeros ataques aéreos el miércoles 24 de marzo. Mónica Lewinsky debía quedar atrás. Pero los bombardeos de la OTAN sólo intensificaron la actitud desafiante del ejército de Slobodan Milosevic.

Cada día miles de refugiados albanokosovares cruzaban la frontera con Macedonia cargando historias de horror.

Los vi llegar con sus bultos y maletas. Algunos únicamente con lo que llevaban puesto. La miranda perdida y arrastrando los pies, el suéter o la chaqueta mojada por las lluvias y los zapatos enlodados. Las autoridades macedonias esperaban a que se acumularan unos 100 o 200 y luego los dirigían a unas tiendas de campaña por un par de días, para que se recuperaran físicamente del trayecto, antes de enviarlos a los campamentos de refugiados en Stenkovec o Blace.

En los campamentos de refugiados en Macedonia lo primero que llamaba la atención eran los niños. Niños, niños, niños por todos lados. Y no tuve más remedio que concentrarme en sus historias. Eran los niños de la guerra. Las verdaderas e inocentes víctimas.

Yolanda, una gallega que trabajaba para la Cruz Roja, estaba encargada del *tracking* o de encontrar a los niños perdidos durante la guerra. "Actualmente hay unos 800 padres buscando a sus hijos," me informó sin mucha emoción, acostumbrada ya a este tipo de tragedia humana. "Y al mismo tiempo hay unos 400 niños buscando a sus familias."

"Jehona Aliu, cinco años, Urosevac." Encontré el nombre de Jehona en la lista de más de niños perdidos que tenía la Cruz Roja en el campamento de refugiados de Stenkovec.

Jehona vivía en la tienda de campaña D-289. La sorprendí jugando con otros niños en medio de las casas de lona que proporcionaba la OTAN a los cientos de miles de refugiados albanokosovares. Se quedó mirándome con unos ojazos color café. Tenía el pelo muy corto y unas orejas demasiado grandes para su fina cara. Se reía fácilmente.

Lo único que la Cruz Roja sabía de Jehona es que una noche los soldados serbios entraron a la población kosovar de Urosevac y a punta de pistola sacaron a la familia Aliu de su casa. Aparentemente, poco después de cruzar la frontera con Macedonia, Jehona se perdió de sus padres y fue encontrada por un grupo de soldados británicos.

Hablamos un poco pero el proceso de comunicación era complicado. Jehona sólo hablaba albano. Un adulto traducía sus palabras al macedonio. Y Sosa, mi traductor, las pasaba al inglés. Pero yo no necesitaba hablar albano para comprender la angustia de sus ojos. Gritaban: "estoy perdida, ayúdenme."

Jehona vivía en la misma tienda de campaña que Xhavit, un hombre de 34 años que parecía de 10 más. A Xhavit también lo obligaron por los serbios a salir de su casa en Vucitrn. Trepó a sus dos hijos, Agon y Ardin, de tres y seis años de edad, en el carruaje de madera que conducían sus vecinos "Para que fueran más cómodos," recuerda Xhavit. Él y su esposa irían adelantito del carruaje en su tractor. Pero en un cruce de caminos, aún dentro de Kosovo, los soldados serbios obligaron a Xhavit y a su esposa a seguir adelante y a los vecinos —con los hijos de Xhavit a bordo— a desviarse por otro camino. Ni Xhavit ni su esposa se atrevieron a quejarse ante los soldados serbios. Bastaba la más mínima provocación para que los mataran.

Cuando los vi en el campamento de refugiados, tanto Xhavit como su esposa estaban destruídos emocionalmente. Su único consuelo era acompañar a Jehona. Hasta que ella encontrara a sus padres. Hasta que ellos encontraran a sus hijos.

Había historias similares por todos lados que me tocaban de manera muy personal. No era el único. Julia Dangond, una aventurera innata y a quien siempre le he admirado su forma de llevar la libertad pegada a la piel, me contaba con mucha ternura y emoción cómo su experiencia en los campos de refugiados en Albania la empujó a darle mayor sentido e intensidad a todo lo que hacía. "Sólo tenemos una vida," me decía, con el brillo en los ojos de quien se ha atrevido a seguir su propio camino y que, aunque nació en Santa Marta, Colombia, tiene el don de sentirse a gusto en cualquier parte del mundo y con gente de los orígenes más dispares. Sus historias iban entrelazadas con las mías.

Mientras yo me quejo por no encontrar un lugar al cuál pertenecer, los refugiados en Macedonia estaban, no sólo sin hogar, sino también sin futuro. Como Lummie, Blero o Fatos.

Lumnie Feta, una muchacha de 18 años, tenía que cuidar —como una madre— a sus cinco hermanos; Samer, Mustafá, Imer, Nebi y Feribe. Ellos vivían en Penu con sus padres. Es una población tan pequeña que no aparece en la mayoría de los mapas. A principios de abril del 99, los Feta fueron obligados a emigrar a la ciudad de Podujevo y una vez allí separaron a los padres de sus hijos. Los niños —cuatro niñas y dos varones— caminaron solos más de 100 kilómetros hasta llegar a la frontera con

Macedonia. Vivían en la tienda de campaña C-114 de Stenkovec. Y eran la atracción de los visitantes y periodistas. *"Party of six,"* decían, recordando al programa de televisión—*"Party of five"*—en que unos niños vivían solos sin sus padres.

La historia de Blero era distinta. Él se escapó, literalmente, de la muerte. Su único delito era ser jóven—24 años—y albanokosovar. Cuando su familia fue expulsada de la casa que tenían en Urosevac, al sur de la capital Pristina, Blero se fue a las montañas. A los adolescentes serbios de su edad, el ejército los incribía como soldados. En cambio, a los albanos los mataban; era más fácil terminar con ellos antes que fueran entrenados en tácticas guerrilleras. Blero pasó dos semanas escondiéndose de los soldados serbios. No comió. Pero gracias a las constantes lluvias, agua no le faltó. Me lo encontré unos minutos después de haber cruzado la frontera de Kosovo en el campamento de refugiados de Blace. "Si me hubieran encontrado estaría muerto," me dijo. "Es como Vietnam." Lo primero que hizo este exestudiante de la Universidad de Pristina fue conseguir un teléfono celular; quería saber si sus padres y cuatro hermanos estaban vivos. La voz en el teléfono no le pudo dar una respuesta. Y cuando le pregunté qué pensaba hacer, sólo se quedó viendo al norte, hacia las montañas de Kosovo.

A veces no son las historias de heroísmo, como la de Blero, las que más nos tocan. Fatos era un niño que me conmovió por algo más sencillo y cruel: no podía dejar de orinar. Desde que los soldados serbios entraron por la fuerza a su casa de Podgraje, ninguna medicina pudo controlar la incontinencia de este niño de nueve años de edad. Nada. Además, le dio diarrea. Quizás por los nervios. Sus padres estaban desesperados. Por eso lo llevaron a ver a los doctores de la organización Médicos Sin Fronteras en uno de los campamentos para refugiados de Macedonia. Uno de ellos, en lugar de darle más medicinas, lo puso a dibujar. A su padre le pareció una soberana tontería pero no se atrevió a quejarse. Conocí a Fatos durante su segunda cita con el médico que le recetaba dibujar y el cambio era notable. No pude evitar mirarle el pantalón y lo tenía seco. Luego le miré la cara y estaba sonriendo. En la mano derecha llevaba un dibujo que me enseñó orgulloso. Era una simple casa con dos paredes y dos ventanas muy cercanas al techo. No había ni puertas ni ventanas en la parte inferior de la casa. No había que ser psicólogo para entender. Por una ventana del primer piso de su casa en Podgraje, Fatos vió venir a los soldados serbios. Y por la puerta principal entraron para destruir su mundo. En la casa que había dibujado Fatos, nadie, nadie, podría entrar o salir de allí.

La misma terapia que recibió Fatos la recibieron cientos, o tal vez, miles de niños albanos que cruzaron de Kosovo a Macedonia. A primera vista, los dibujos no eran muy distintos de los que había visto en los salones de clase de otros países; colores brillantes, jardines muy verdes, soles sonrientes y lunas adormecidas. Pero una vez te acercabas, saltaban a relucir un soldado disparando, un niño tirado en el piso, una casita incendiada y bombas, muchas bombas, explotando. También, brincaban en los dibujos siglas indescifrables pero muy familiares para estos niños—NATO, USA, UCK (Ushtria Clirimtare e Kosoves o el rebelde Ejército de Liberación de Kosovo). Éstos, después de todo, no eran unos niños cualquiera. Eran niños de la guerra.

"Algunos llegan muy tristes, no pueden sonreir," me comentó Yoav, uno de los voluntarios israelíes que coordinaban las actividades infantiles.

"¿Y cómo te das cuenta de que estos niños llevan, dentro de sí, los traumas de una guerra?" le pregunté.

"Es muy fácil," me contestó. "Te tocan mucho."

Antes de irme del campamento de Stenkovec se me acercó Ardiana, una niña de seis años. El intérprete se había quedado atrás y me le quedé viendo a los ojos de Ardiana. Mi mirada no la asustó. Estaba parada como un soldadito, con sus brazos estirados a los lados de su cadera, sin dejar de sonreir. Le llamó la atención mi pequeña cámara de video y se la presté. Como cualquier niña de su edad, se puso a jugar con ella y a tocar botones. Ardiana, sus padres, cuatro hermanos, dos tíos y abuelos paternos, vivían en Pale. Durante seis días estuvieron en la estación de ferrocarril de Pristina hasta que un viejo vagón los acercó a la frontera sur. Y a pesar de esa odisea Ardiana todavía confiaba en un extraño y tenía fuerzas para sonreir y jugar. Conectamos sin decir palabra. Encontré a mi hija Paola en sus ojos. Le tomé a Ardiana una foto que luego puse en mi oficina.

"¿Es tu hija?" me han preguntado.

Si supieran. De alguna manera, me llevé a mis hijos a esa guerra y durante días no pude evitar las preguntas: ¿Y si Paola hubiera sido Ardiana? ¿Qué habría hecho Nicolás perdido en las calles de Kosovo . . . ?

La última noche en Macedonia, mi guía Sanco me quiso dejar con un buen sabor de boca. Y me llevó a cenar al restaurante Urania, supuestamente el mejor de Skopje. Tres violinistas suavizaban el ambiente. Se atrevieron, incluso, a tocar "Las Mañanitas," una canción que en mi natal México se le dedica a los que cumplen años. "Esa es una canción mexicana," le comenté a Sanco. "Claro que no," me dijo. "Esa es una vieja canción de Macedonia."

Pero el momento era absolutamente surrealista. Mientras cenaba con Sanco, su esposa y un grupo de periodistas, acompañados de violines y vino tinto, los serbios continuaban con su brutal campaña de limpieza étnica en Kosovo, aviones de la OTAN bombardeaban posiciones serbias y a sólo unos kilómetros del restaurante Ardiana y Fatos y Blero y Lumnie y Jehona y Xhavit pasaban frío y hambre en sus tiendas de campaña.

El contraste fue demasiado fuerte para mí. Me disculpé por un instante y me fui a refugiar al baño. Cuando regresé a la mesa estaban sirviendo el postre.

ZONA CERO

El once de septiembre del 2001 cuatro aviones—dos de American y otros dos de United—fueron secuestrados en el noreste de Estados Unidos por 19 terroristas fundamentalistas. Dos se estrellaron contra las torres gemelas del *World Trade Center* de Nueva York, uno contra el Pentágono de Washington y el otro cayó, tras una batalla en la cabina entre los pasajeros y los secuestradores, en Pennsylvania. Miles murieron. Nunca antes Estados Unidos había perdido tantas personas en un sólo día de combate. Fue el peor ataque terrorista de su historia. Y el único, con la excepción de Pearl Harbor en 1941, en territorio norteamericano desde la guerra civil.

Todo cambió esa mañana. Estados Unidos se declaró en guerra, a los pocos días la bolsa de valores se derrumbó (apuntando a una recesión) y se disipó la confianza de la única superpotencia militar y económica como una nación invulnerable. Estados Unidos había sido tocado. Nuestras vidas, todas, nunca volverían a ser como antes.

NOS HABÍAMOS LEVANTADO TEMPRANO y Nicolás estaba muy contento. Días atrás mi hijo había comenzado a ir a la escuela y ya le estaba perdiendo el miedo a quedarse sin sus padres por unas horas. Pero cada vez que lo acompañaba para dejarlo en el colegio, me señalaba con su dedito al cielo y decía: "Mira, papá, ésa es mi bandera." Esa mañana parecían flotar las 13 franjas horizontales rojas y blancas con las cincuenta estrellas enterradas en el azul. Se refería por supuesto a la bandera norteamericana.

Ese martes once de septiembre del 2001 me quedé unos minutos más en la escuela y vi a mi hijo Nicolás ponerse la mano en el pecho, al igual que cientos de sus compañeros de primaria, y declamar en inglés: "*I pledge allegiance to the flag of the United States of America . . .*" Me enterneció ver a un niño de apenas tres años de edad repetir, si bien mecánicamente, el saludo a la bandera de Estados Unidos. Soy mexicano (más bien, muy mexicano) pero Estados Unidos me ha dado las oportunidades que no encontré en mi país y, además, mis dos hijos nacieron en esta nación de inmigrantes.

Salí contento de la escuela y regresé corriendo a casa, para hacer un poco de ejercicio, seguido por mi perro Sunset. Tras una ligera llovizna el sol peleaba con las nubes y me quemaba la cara. Era una mañana típica del sueño americano: casa en los suburbios, un buen trabajo, dos hijos maravillosos y el futuro asegurado.

En todo tenía razón, menos en lo del futuro asegurado.

Cuando llegué a la casa fui a la cocina a tomar un poco de agua y mi esposa Lisa recibió una llamada por teléfono. Era una amiga. Colgó inmediatamente y la vi correr para ir a encender el televisor. No le hice mucho caso, hasta que gritó: "¡Nooo puede ser!" Las imágenes de la televisión transmitían a nivel nacional el extrañísimo caso de un avión enterrado en una de las torres gemelas del World Trade Center de Nueva York. Nos paramos, mudos, frente al televisor. Y ahí mismo vimos atónitos cómo otro avión comercial se estrellaba contra la segunda torre causando una enorme explosión. Eran las nueve y tres de la mañana.

"¿Qué es esto?" dije en voz alta. "¿Qué está pasando?" La posibilidad de un accidente quedaba desvanecida con el choque de la segunda aeronave. Una falla en la torre de control de alguno de los tres aeropuertos de Nueva York habría sido detectada y corregida por cualquier piloto experimentado. Sí, la única posibilidad factible era la de un acto terrorista.

Hice un par de llamadas a la oficina—como periodista vivo de lo inusual, de lo repentino y hay mañanas en que no sé en qué país del mundo acabaré durmiendo—y me fui a dar un duchazo. El plan era irme directo al aeropuerto y tomar el primer vuelo de Miami a Nueva York. Lisa me sorprendió cuando jalaba una toalla tras salir de la bañera. "Bombardearon también el Pentágono," me informó y se echó a llorar.

El mundo lineal, seguro, tranquilo, que sólo unos minutos antes había vislumbrado para mi hijo Nicolás, se transformó en un escenario caótico, impredecible y lleno de miedos. Y Estados Unidos que estaba muy mal acostumbrado a pelear fuera de su territorio y a sentirse prácticamente invulnerable a ataques terroristas internacionales hincaba la rodilla por unos angustiantes momentos. El ataque había sido audaz, cruel y bien planeado. Luego vendrían los mares bipartidistas de patriotismo y el contraataque. Pero la inocencia estaba perdida.

Por supuesto, no me pude ir a Nueva York en avión. Todos los aeropuertos del país cerraron. Y la ciudad de la que Frank Sinatra aseguró que nunca duerme—... *a city that doesn't sleep*—durmió. Aterrada. Desencantada. Sin cantos.

Doce, 13, 14, 15 horas pasé en la televisión reportando sobre el peor día en la historia de Estados Unidos en lo que se refiere al número de muertos por un acto terrorista o de guerra. Y describí 100, 200, mil veces cómo un avión se había estrellado en las torres gemelas de Nueva York y cómo unos muñequitos desesperados se tiraban al vacío para no morir calcinados.

Desde las nueve y media de la mañana hasta las ocho y media de la noche de ese martes el presidente George W. Bush prácticamente desapareció del mapa. Había "evidencia creíble," diría luego el portavoz presidencial, de que la Casa Blanca y el avión presidencial estaban también en la lista de objetivos terroristas.

Así es que el Air Force One, como chapulín supersónico, saltó de Sarasota en la Florida (donde sorprendió a Bush el primer ataque) a una base aérea en Lousiana a otra en Nebraska a otra en Virginia. El presidente, ausente pero seguro, reapareció en vivo para dar un discurso a la nación a las 8 y 32 de la noche del martes en la Casa Blanca a donde había llegado esa misma tarde.

Quizás no hubo vacío de autoridad durante esas larguísimas horas en que no vimos ni escuchamos en los medios de comunicación a Bush ni a ninguno de sus ministros o colaboradores. Quizás todas las órdenes fueron dadas desde el avión. Quizás ahí estaba el mandatario en pleno control. Quizás. El código Delta—una operación de emergencia antiterrorista—estaba en efecto. La seguridad era la prioridad. Pero poder que no se ve, poder que no se ejerce.

Nadie se atrevía a pensar, siquiera, que mientras el presidente Bush tomó sus 32 días de vacaciones, ese verano, los terroristas estaban planeando activamente su ataque. ¿Dónde estaban los servicios de inteligencia de Estados Unidos? Tal vez, también, de vacaciones.

La noche del 11 de septiembre terminó con los mismos aviones destruyendo las mismas torres y las mismas imágenes de seres desesperados lanzándose al vacío.

Cuando por fin salí de los estudios de televisión estaba lloviendo. No abrí el paraguas y caminé, lentamente, hacia el auto. Prendí el radio para escuchar aún más noticias. No pude más. Apreté el botón que dice CD y oí a Madonna cantar *hey mister D.J.* . . . Mi mente, lo admito, descansó.

Llegué a casa, comí un sandwich de mantequilla, preparé leche con chocolate—como cuando era niño—y me metí a la regadera. Al salir fui al cuarto de Nicolás y le toqué el estómago en un ritual que sigo desde que nació.

Sí, estaba respirando. Y respiré. Aliviado.

Así, el mismo martes que Estados Unidos perdió su inocencia yo perdí la convicción de que el futuro de mi hijo Nicolás sería mejor que el mío. Lo despeiné suave, delicadamente, mientras dormía y me acordé que esa misma mañana me dijo orgulloso en su escuela: "Mira, papá, ésa es mi bandera."

ES PEOR QUE LA GUERRA. No lo vi ni en las montañas de El Salvador ni en la invadida Kuwait o en los campos de refugiados de Kosovo. La muerte, sí, fue parte de todos estos conflictos bélicos que me ha tocado cubrir como corresponsal de guerra. Pero nunca había estado en un lugar donde se hubiera concentrado tanta destrucción.

Tampoco se parecía a las escenas que presencié después del acto terrorista que destruyó el edificio federal de Oklahoma City en abril de 1995. Eran dos cuadras bombardeadas, incendiadas, cubiertas por una ceniza sólo parecida a la que vi tras la erupción del volcán Chichonal en México a principios de los 80. Pero aquí no había hecho erupción ningún volcán. Dos aviones de pasajeros, convertidos en proyectiles, destruyeron en unos minutos los dos edificios más altos del centro financiero del mundo. Y entre las ruinas de lo que fueron las torres gemelas del *World Trade Center* de Nueva York estaban escondidos los restos de casi tres mil personas.

"Zona cero" o *ground zero* le llaman en inglés. Es el preciso lugar donde se cayeron las torres. Me pude colar en la "zona cero" poco después del ataque terrorista una noche cuando la vigilancia aún era pobre y no habían llegado a la isla de Manhattan los refuerzos del ejército, la guardia nacional ni policías de todos los rincones del país. Esperaba ver cuerpos esparcidos por todos lados. Pero no vi ni uno sólo.

"¿Dónde están los muertos?" le pregunté retóricamente al camarógrafo que me acompañaba. No me contestó. Estábamos los dos sorprendido de las dimensiones de la tragedia. Medio millón de toneladas ardían frente a nuestros ojos, enrojecidos por el miedo y por las blancas partículas de asbesto que se clavaban como alfileres en la retina. "No veo ningún cadaver," le dije a Ángel Matos, quien me ha acompañado a los lugares más sangrientos del mundo. Hasta que de pronto nos dimos cuenta de lo que estaba pasando y la piel se me erizó.

Los muertos estaban ahí pero no los podía ver. Los respiraba, pero no los podía ver. Los olía, dulzones y punzantes, pero no los podía ver. Los pisaba, pero no los podía ver. Los muertos estaban por todos lados, pulverizados, calcinados, en pedacitos. No vi una mano o un dedo. No vi ni una cara. Pero los muertos estaban ahí. Se metían a mis pulmones, se pegaban a mi ropa, se enredaban en mi pelo . . . hasta que me rodearon. Viajaban en el aire. Eran polvo que revoloteaba con la fría brisa del mar y que brincaba con las palas y picos de los socorristas. No me resistí. Cerré los ojos y dejé que los muertos me abrazaran.

Algunas estructuras metálicas, dobladas y heridas, sugerían que allí durante casi 30 años, estuvieron parados y de la mano, los gigantes del

World Trade Center. Pero no pudieron aguantar los trancazos que les quebraron la columna vertebral. Y se vinieron abajo tal y como se hubieran imaginado los arquitectos e ingenieros que lo harían. Si estas torres se caen algún día, pensaron quienes construyeron las torres gemelas, que lo hagan sin derribar los edificios que les rodean. Y así fue. Es decir, la tragedia pudo haber sido mucho peor.

Me alejé pero los gigantes gemían. Echaban humo por sus mil bocas de cemento. Tronaban por dentro. Agonizaban.

Las calles que rodeaban la "zona cero" estaban desiertas. Una tienda de flores tenía copos de cenizas sobre las rosas y los claveles. El estan—quillo de diarios, vacío, aún tenía enteras columnas de periódicos sin leer, del martes 11 de septiembre del 2001. Un auto que alguna vez fue azul—cubierto por una mole de piedras que unía al techo con el volante—tenía todavía marcando en las luces direccionales una vuelta a la izquierda que nunca pudo dar; a su conductor no le dio tiempo de escapar. Y los policías, atónitos por la magnitud de la tragedia, me dejaron salir de la "zona cero" sin una pregunta. Le busqué la mirada a uno de ellos pero la tenía clavada en el vacío.

Llegué al cuarto de hotel a las tres de la madrugada. Me escurrí en la regadera las 21 horas que me tardé en llegar por carretera a Nueva York desde Miami. Y, luego, con una toalla mojada y jabón, fui arrancando el polvo de los muertos. Caí en la cama, limpio, destruído. Apagué la luz, respiré profundo y los volví a oler. Ellos, los que cayeron en las torres gemelas, seguían dentro de mí.

Traté de regresar a la "zona cero" pero no me dejaron. Mis pases de prensa y trucos profesionales no me permitieron acercarme tanto como la primera vez. Pero sí llegué a una cuadra del lugar del desastre.

La vigilancia, ahora, era férrea y la ciudad estaba tomada por una impresionante operación militar. *"We're at war"* declaró el presidente George W. Bush y a nadie le cabía duda que la guerra se avecinaba. El enemigo todavía no tenía cara. Pero Estados Unidos ya estaba en pie de guerra. En los ojos alertas de la policía y de las tropas había una nueva determinación nacionalista.

Este no era un momento para las recriminaciones. Esas vendrían más tarde, sin duda, durante la campaña presidencial del 2004. Demócratas y Republicanos mostraban una unidad sin precedente. Todos apoyaban al presidente George W. Bush. A pesar de sus discursos leídos. Sus niveles de popularidad—90 por ciento en algunas encuestas—superaban incluso, por un punto, a los de su padre durante la guerra del Golfo Pérsico. Las banderas ondeaban por todo el país. El patriotismo renacía. Nadie quería siquiera recordar que mientras Bush tomó 32 días de vacaciones en su rancho de Crawford, Texas, los terroristas prepararon su golpe mortal.

Las consecuencias de las terribles fallas en las agencias de inteligencia y en los sistemas de seguridad en los aeropuertos estaban frente a mis ojos. Desde lejos vi salir el humo de los escombros y al poco rato una nube de cenizas, empujada por un estornudo del mar, me envolvió. Eran ellos. Los muertos-polvo me habían vuelto a abrazar. Y de ese apretón ya no me pude escapar.

La noche fue de los muertos pero la mañana era de los vivos. En cada esquina de una hincada Nueva York, la ciudad intentaba pararse. Los familiares de las víctimas pegaban en paredes, carros, vidrios y buzones las fotografías de los desaparecidos. Cuando se enteraban que era periodista me repetían el nombre de la persona que buscaban. "Que no se le olvide, que no se le olvide," me decían una y otra vez, "yo sé que está con vida." Y yo no me atrevía a decirles que desde el miércoles, un día después del ataque terrorista, no se habían encontrado más sobrevivientes.

Me han contado decenas y decenas de historias. Los neoyorquinos, todos, sienten unas ganas inmensas de hablar, como si se tratara de una terapia masiva, descomunal. Algunas de las cosas que escuché apuntan a un verdadero heroísmo. Como la de los bomberos que entraban a las torres gemelas mientras sus ocupantes huían despavoridos. Otras son de horror.

Elda, embarazada de cinco meses, estaba segura que José había escapado con vida. Y se los decía, convencida, a sus hijos Sasha y Miguel. "A lo mejor está en coma y no puede hablar," me decía. "O tal vez se pegó en la cabeza y se olvidó de su nombre."

"¿En qué piso estaba José?" le pregunté a Elda. Y después de oir "en el ciento . . ." dejé de escuchar y volteé a ver a Sasha y Miguel. Me sonrieron y traté de corresponder. Pero no pude más que hacer una extraña mueca.

Y lloré por dentro. No quería ser yo el que, con una lágrima, le informara a Sasha y Miguel que su papá había muerto. Al despedirme, Elda insitió. "Yo sé que está vivo," me dijo. "Además, José siempre había querido otro varoncito y hoy el doctor me dijo que el bebé será varón."

José no se salvó. Pero Jesús Noel Barral sí. El estaba en el piso 97 de la torre dos cuando sintió el avionazo en el edificio de al lado. Inmediatamente empezó a bajar las escaleras y paró en el piso 78. Dudó en tomar el elevador *express* que lo llevaría al *lobby* pero se montó. Las puertas se abrieron y salió a la calle. Y desde allí, tres minutos después, vió cómo un avión se incrustaba en la segunda torre.

"Si hubiera seguido bajando por las escaleras," me contó, "no estaría aquí." El día que conocí a Jesús, a unas cuadras de la "zona cero," abrazaba amoroso a su hijo Yashua de nueve años de edad. "En él estaba pensando," me dijo José, "cuando bajaba por las escaleras del *World Trade Center.*"

Bolívar Arellano lo vió todo desde el piso. Fue uno de los primeros reporteros gráficos en llegar al lugar del desastre. Sus fotografías eran un cruel testimonio. Varias mostraban a gente tirándose al vacío desde las torres gemelas. Otra, impresionante, la mole de carne y sangre cuando uno de esos cuerpos se estrelló contra el piso. Una más, tenía un brazo completo separado del cuerpo.

Bolívar estaba en muletas. Mientras tomaba las fotos se lastimó una pierna. Pero los ojos, esos sí que los tenía lastimados de ver a través de sus lentes tanto dolor, tanta desesperación.

SÍ. TENÍA MIEDO. Estaba nervioso, aún una semana después del ataque. Era el primer vuelo que iba a tomar desde septiembre 11. ¿Cómo lo hicieron?

Sin ir muy lejos se trató de un gravísimo error de los servicios de inteligencia de Estados Unidos y de fallas muy claras en los sistemas de seguridad de los aeropuertos. ¿Cómo es posible que tantos terroristas hayan conseguido identificaciones falsas, cruzado por los detectores de metales con cuchillos y armas blancas, violado todas las protecciones dentro de los aviones, sometido a la tripulación y, luego, tomado el control de cuatro aeronaves hasta convertirlas en proyectiles cargados de civiles?

¿Cómo? ¿Podría repetirse?

En todo esto pensaba mientras un taxi me llevaba del centro de Manhattan al aeropuerto de La Guardia en Nueva York. Acostumbraba llegar con sólo una hora de anticipación a todos mis vuelos. Pero ahora, con las estrictas medidas de seguridad, me di por lo menos dos horas. Y fueron más que suficientes. El aeropuerto estaba casi vacío.

En el mostrador de American —una de las dos aerolíneas cuyos vuelos fueron secuestrados— me hicieron las preguntas de cajón: "¿empacó usted sus maletas? ¿han estado fuera de su control? ¿alguien le ha dado un paquete para llevar?" Ni más ni menos preguntas que antes. Ese ritual no cambió. La verdad, me hubiera gustado que me pidieran una identificación extra o que revisaran mi maleta rodante y el portafolios. Me habría sentido más seguro. Pero nada.

Donde sí noté un cambio fue en la pequeña cafetería donde me gusta pedir un chocolate caliente por las mañanas antes de subirme al avión. Conozco bastante bien el aeropuerto de La Guardia. Allí desembarco entre cuatro, cinco, y seis veces por año, por cuestiones de negocios. En lugar de encontrarme a la media docena de muchachos hispanos atendiendo como abejitas a los apurados pasajeros, me topé con dos empleados, tristes, preparando capuccinos y *café au latte*. "¿Dónde están sus compañeros?" les pregunté. "Los despidieron a todos," fue la respuesta. El vaso con chocolate me quemó la mano.

Ahí, mientras me soplaba la mano, conocí a Cristian. No pasaba de los siete años. Él y su mamá tomarían junto conmigo el vuelo a Miami y luego ellos seguirían a Quito, Ecuador. Pero Cristian no se quería subir al avión. "Oye mamá," advirtió antes de llegar al aeropuerto, "no quiero subirme a esos aviones que chocan." Yo tampoco. Las imágenes de esos aviones estrellándose contra las torres gemelas, una y otra vez, eran imborrables. Para Cristian y para mí. Lo calmé como pude y le dije: "nos vemos en el avión."

Al dirigirme a la puerta de salida me crucé con dos agentes del servicio de inmigración de Estados Unidos que patrullaban los pasillos. Eso es nuevo, pensé. Llegué al detector de metales, me pidieron de nuevo una identificación y siete personas —siete— vieron a través de una pantalla mis tres calzones, cuatro pares de calcetines, dos camisas sucias y un arrugado traje. Me dejaron pasar. Y me preocupé. ¿Acaso mi rasuradora eléctrica, en forma de escuadra o pistola, no debió haber sido revisada?

Seguí adelante, rodeado de tiendas vacías, y me senté en una esquinita para hacer un par de reportes para la radio. No tardó mucho en que dos policías se me acercaran. Me oyeron hablar español y probablemente les pareció extraño o sospechoso. Los saludé con la cabeza y el asunto no pasó a mayores.

Esperé. Esperé y esperé. El avión tenía al menos media hora de retraso. Pero nadie se quejó. Cuando llegó el momento de abordar los pasajeros nos vimos a la cara con desconfianza. Lo admito. ¿Quién entre nosotros podría ser un terrorista?

Mi compañero de vuelo, un hombre de negocios sesentón y anglosajón, veía de reojo mis notas en español en una libreta. Lo noté intranquilo. Una sonrisa cordial y un *hi* lo calmaron. Los buenos modales, supongo, estarán de moda.

El avión tomó la pista y los pasajeros dejamos de hablar. En la cabina se formó un absoluto silencio. Volteé a mi alrededor y varias personas tenían las uñas clavadas en los asientos. Vi hacia abajo y yo estaba haciendo lo mismo. Pasamos a un lado de Manhattan y la isla estaba chimuela, sin los dientes gigantes de las torres gemelas. Todavía salía humo del lugar donde se realizó el peor ataque terrorista en la historia norteamericana.

Sirvieron el desayuno y desaparecieron los cubiertos de metal. Me comí un desabrido omelette con un tenedor de plástico. Mi vida —la de todos— había cambiado el 11 de septiembre. Los planes de retirarse a los 50, comprar una mejor casa y cambiar el auto cada dos años, eran triviales. De pronto nos encontramos luchando, simplemente, por nuestra supervivencia y la de nuestras familias. En 18 minutos —que separaron el ataque del primer avión que se estrelló contra las torres gemelas del segundo— el mundo se puso patas p'arriba.

Traté de filosofar y así poner la mente en otras cosas. Francis Fukuyama se equivocó al pensar que con la desintegración de la Unión Soviética habíamos llegado al Fin de la Historia. No, Estados Unidos no sería una superpotencia invulnerable ni la globalización la forma preferida de extender su imperio y sus ideas. En cambio, Samuel Huntington había atinado al sugerir que un Choque de Civilizaciones marcaría el futuro y que Estados Unidos, líder de Occidente, se vería amenazado. Este rollo mental lo cortó una mujer yendo al baño. Todos la seguimos con los ojos.

No encontramos ni una nube. No hubo turbulencias. Pero cada vez que alguien iba al baño o se paraba para sacar algo del compartimento superior, el resto de los pasajeros temblábamos. En un clima de terror, una diarrea puede convertir al más pacífico y enfermo de los viajeros, en un terrorista potencial ante los ojos de sus compañeros de vuelo.

Aterrizamos en Miami, con alivio, tras dos horas y media de vuelo. Puedo decir, sin temor a equivocarme, que ese vuelo fue uno de los más seguros de mi vida. Cristian salió del avión de la mano de su mamá. Y sonriendo.

Por fin pude llorar. Casi tres semanas después de los actos terroristas. Iba en mi carro manejando bajo una tormenta floridiana cuando la música del CD me regresó a otro septiembre, dos años atrás, a otro auto en otra carretera con otra compañía y a otro futuro mucho más soleado. El contraste fue irresistible.

Lloré. Grité. Solo.

Me sentí francamente desbalanceado. Durante los días que estuve en Nueva York reprimí lo que para la mayoría era natural en una situación así. No lloré, no grité y guardé la compostura en el aire; estoy convencido que me contrataron para reportar por televisión no para expresar mis sentimientos y emociones frente a una cámara. Pero tanto aguantarme me enfermé.

Perdí cuatro o cinco libras. Ese es mi problema; el estrés, lejos de incitarme a comer de manera incontrolable, me enflaca. Por semanas, después de los ataques, me sentí débil, no podía conciliar el sueño una noche completa y en mis pesadillas los aviones se estrellaban una y otra vez contra las torres gemelas. Tenía ojeras marcadas, moradas, la piel seca y el pelo aún más canoso. Caminaba encorvado. Me costaba trabajo concentrarme, incluso en las canchas de tenis o jugando futbol, y cualquier cosita me enojaba.

Pero luego de llorar esa tarde en el auto empecé a recuperar el balance en mi vida. Volví a escribir sin atorarme, metí un gol en el partido de futbol de los sábados y gané mi primer set de tenis en mucho tiempo.

El tiempo mejoró. "Está chispeando," pensé, mientras el sol se peleaba con las nubes para hacerse un campito.

Sol.

Sol.

Hasta los periodistas necesitan desahogarse.

GUERRA Y FUTBOL. Bombardeos y llamados a la normalidad. Con estas contradicciones estaba viviendo Estados Unidos el domingo siete de octubre del 2001 cuando el presidente George W. Bush ordenó los primeros bombardeos sobre Afganistán.

Era una verdadera esquizofrenia.

El alcalde de Nueva York, Rudolph Guiliani, le pidió a los neoyorquinos (a pocas horas de los bombardeos) que "no se encerraran en sus casas." "Salgan," insistió Giuliani, "sean valientes." Esta era la primera vez que escuchaba en Estados Unidos que hechos tan sencillos como ir al mercado o al cine, llevar a los niños a la escuela y manejar hasta el trabajo eran considerados actos de valentía.

¿A quién le hacemos caso? se preguntaban los norteamericanos. ¿Al presidente, George W. Bush, quien incitaba a los ciudadanos a volar para que no se fueran las aerolíneas a la bancarrota o al procurador general, John Ashcroft, que advertía sobre la franca posibilidad de nuevos ataques terroristas dentro de Estados Unidos?

¿A quién?

El domingo siguiente a los ataques demostró claramente lo que es vivir en tiempos de guerra aquí en Estados Unidos. La televisión en español partió la pantalla en dos para poner el partido de futbol entre México y Costa Rica por un lado y las bombas cayendo sobre Kabul y Kandahar por el otro. La televisión en inglés, más purista, no pudo lidiar con los grises; algunas cadenas transmitieron la guerra bomba por bomba mientras que otras prefirieron mostrar la batalla campal entre los Gigantes de Nueva York y los Pieles Rojas de Washington. Después de todo el futbol americano es una guerra contenida en 100 yardas.

El mismo día en que Bush ordenó a los aviones bombarderos B-2 cruzar la mitad del mundo desde sus bases militares en Missouri para atacar los campos de entrenamiento de la organización terrorista Al-Qaeda en las montañas afganas, Barry Bonds de los Gigantes de San Francisco conectaba su cuadrangular número 73 de la temporada, y así haría reescribir los libros de historia. Cada quien lucha como puede; algunos con aviones bombarderos que tienen un valor de dos mil millones de dólares cada uno, otros con bates de béisbol.

Esta era la nueva normalidad en Estados Unidos. Bombas y bates.

El siglo XXI comenzó realmente el 11 de septiembre del año 2001. Esa es la fecha definitoria. Y en pocos lugares se sentían más los contrastes que en Nueva York donde murieron miles de personas.

Tuve que regresar a Nueva York a recibir el premio Maria Moors Cabot de periodismo, luego de pasar aquí una semana reportando tras el fatídico 11 de septiembre. Y a pesar del enorme esfuerzo de negocios, restaurantes, agencias gubernamentales y gente común y corriente por salir adelante, la enormidad de la catástrofe lo dominaba casi todo.

En esta ciudad había una nueva fobia; el temor a entrar a edificios muy altos. Habría que buscarle nombre. Una amiga me contó cómo una mañana salió huyendo de un hotel en Manhattan poco después de haber entrado a su cuarto que quedaba en el piso 17. Las visitas a la torre del Empire State—otra vez, el edificio más alto de Nueva York, tras el derrumbe de las torres gemelas del *World Trade Center*—se habían reducido a un pequeñísimo grupo de turistas masoquistas.

A principios de octubre del 2001 era un momento maravilloso para visitar Nueva York. Claro, si se podía vencer el miedo a subirse a un avión, a dormir en un piso 51 y a que los terroristas vuelvan a atacar el mismo lugar. Había poca gente en las calles, el tráfico era bastante decente, los neoyorquinos (generalmente toscos y bruscos) se habían vuelto gentiles y amables y entrar a las principales obras de teatro en Broadway no requería comprar boletos en el mercado negro a 500 dólares por cabeza.

Hacía tiempo, para contarles algo más, que tenía ganas de ir a comer a Nobu, un restaurante japonés en la zona de Tribeca. Pero era imposible. Las reservaciones había que hacerlas con semanas de anticipación. Por fin, debido a una cancelación, pude ir. La comida fue, en una palabra, extraordinaria. Sin embargo, antes de entrar al restaurante tuve que recorrer la zona afectada por el acto terrorista y en el aire todavía se respiraba olor a quemado y a muerto. ¿Cómo disfrutar un sushi o un atún *tataki* cuando en tus pulmones se alojan pedazos de violencia y de muerte?

De la misma manera, una rica caminata por la Quinta Avenida se tornó en angustiosa cuando me topé con el funeral de un bombero en la Catedral de San Patricio. Tanta gente murió ese martes 11 de septiembre que las iglesias no se daban abasto para realizar todos los entierros, muchas veces, sin el cuerpo presente.

Antes de irme de la ciudad, visité el Museo de Arte Moderno (MOMA). La poca gente que visitaba el museo se aglomeraba frente a la vanguardista pintura de la bandera estadounidense hecha por Jasper Johns. Turismo y patriotismo. Pero yo me quedé, en cambio, frente a las maravillosas lilas que Claude Monet pintó en 1920. Es un cuadro monumental que abarca lo largo de toda una pared.

Así es la vida, pensé. Compleja. Contradictoria. Es como el cuadro de Monet; si lo vemos muy de cerca sólo podemos apreciar unos brochazos de color y pedazos sin dirección. Hay que alejarse para que tenga sentido. En estos tiempos de guerra también había que distanciarse un poquito para tratar de entender lo que ocurría.

Así estábamos viviendo; entre la guerra y el futbol.

AFGANISTÁN: DE VACACIONES A LA GUERRA.

Es absurdo. No se explica fácilmente. Pero quería ir a la guerra de Afganistán. Despues de haber cubierto hasta el cansancio los actos terroristas del 11 de septiembre del 2001 en Nueva York, me faltaba ponerle punto final a la historia.

Todo comenzó la noche de *Thanksgiving*. Estaba viendo la televisión en casa de mi cuñada en Leesburg, al norte de la Florida, después de haber comido el típico pavo del Día de Acción de Gracias, cuando de pronto apareció en pantalla Christiane Amanpour transmitiendo para CNN desde Kabul.

La miré—lo reconozco—con un poco de envidia y me dije para mis adentros: "¿qué estoy haciendo aquí?" El mundo se está desbaratando en Afganistán y yo estaba comiendo pavo en la Florida. Fue en ese preciso instante que decidí ir a la guerra. Solo o acompañado. Pero iría.

No le dije nada a mi familia, para no preocuparlos, pero el lunes siguiente comencé a hacer los arreglos de viaje: boletos, visa, contactos . . . En Univision, por razones de costos y seguros, habían decidido no enviar a ningún periodista de nuestro *staff* a cubrir la guerra. Pero a mí eso me parecía impensable. La guerra de Afganistán era, sin duda, la noticia más importante de la última década y había que estar ahí.

Nunca he culpado a nadie por las cosas que hago o dejo de hacer. Así que, en lugar de enojarme con mis jefas o pelear dentro de la compañía, pedí unos días de vacaciones y avisé que me iba a Afganistán. Así nadie me podría parar.

Sí, suena raro. Pero me fui de vacaciones a la guerra.

Montañas de Tora Bora al este de Afganistán. *¡BOOOM!* Una y otra vez. *¡BOOOM! ¡BOOOM!* No podía ver la batalla pero la oía. Las bombas norteamericanas y las balas de las ametralladoras y de los fusiles Kalashnikov de fabricación rusa sonaban opacas; al explotar hacían eco en las montañas y podían ser escuchadas a kilómetros de distancia. *¡BOOM! ¡BOOOM! ¡BOOOM!* . . . y se formaban tres hongos de humo. Cada vez que garabateaba algo en mi libreta de apuntes, las vibraciones de las bombas impedían que las palabras quedaran dentro de las líneas. *¡BOOOM!* Una y otra vez. *¡BOOOM! ¡BOOOM!*

Durante varias noches a mediados de diciembre del 2001 no pude dormir por los constantes vuelos de los aviones norteamericanos B-52 sobre las montañas de Tora Bora donde algunos creían que estaba escondido Osama. (En el mundo árabe todos se llaman únicamente por su primer nombre.) De hecho, en esa región nadie había podido dormir durante esas fechas. Los combatientes de la llamada Alianza del Este—que componían tres grupos tribales—habían ido ganándole terreno a los más de mil talibanes y miembros de la organización terrorista Al-Qaeda que estuvieron atrincherados durante casi dos semanas en esas inhóspitas montañas. Pero ni siquiera los bombardeos aéreos estadounidenses habían doblegado totalmente a los talibanes, que contaban entre sus filas a bien entrenados y fieros soldados árabes, chechenos y paquistaníes.

Sin embargo, los bombardeos que me tocó presenciar no importaban. Tampoco importaban las condiciones de rendición impuestas sobre los miembros de Al-Qaeda. Lo que importaba era saber si Osama bin Laden estaba escondido ahí.

El comandante Malang Yar de la Alianza del Este me aseguró que Osama sí estaba escondido por ahí cerca. En eso, valga la aclaración, coincidía con las sospechas del Pentágono y las declaraciones del Jefe del Estado Mayor Conjunto de Estados Unidos, Richard Myers. Aunque los soldados bajo el mando del comandante Yar no estaban tan seguros.

"Osama es como un pájaro," me dijo Janmohd mientras acariciaba su ametralladora como si fuera un bebé. "Y la montaña es muy grande." "Sólo Alá sabe," confirmó su exhausto compañero Maselkhan, sobándose la barba en una de las muchas pausas de los combates. Ayabgul, otro de los guerreros de la tribu Agam, sugirió entonces que deberían buscar a Osama cerca de la frontera de Afganistán con China. No aquí. La verdad es que nadie sabía.

No pude encontrar a una sola persona que conociera a alguien que hubiera visto a Osama en las montañas de Tora Bora. Ni una. Y pregunté decenas de veces con la ayuda de mi traductor Naim; él les preguntaba a los guerreros en pashto —la lengua que predomina en esa región— me lo comunicaba en inglés y yo lo apuntaba en mi libreta en español. Los rumores de que Osama andaba por ahí surgieron de comunicaciones de radio en árabe interceptadas por los enemigos del talibán. O sea, decían saber de Osama de puras oídas. Al final, Osama se escapó. Una vez más. Pero la cacería aún no había terminado.

Ni yo ni nadie vió a Osama bin Laden esos días a finales del 2001. Pero el sinuoso y accidentado camino de la población de Jalalabad a las montañas de Tora Bora —me tardé dos horas y media en recorrer sólo 50 kilómetros en una camioneta 4X4— sí me abrió los ojos a las desdichas legendarias del pueblo afgano.

En ese trayecto conocí a Mohamed, un hombre de 35 años (aunque parecía de 50) que perdió la pierna izquierda al pisar una mina. Aún así Mohamed tuvo suerte. "Los dos amigos que me acompañaban," me contó con cara alargada, "murieron." Alrededor del aeropuerto de Jalalabad—bueno, en realidad es una ondulada pista de aterrizaje llena de hoyos—había rojos letreros en inglés, árabe y pashto advirtiendo de minas colocadas durante la ocupación rusa (1979–1989). Afganistán, en guerra durante 23 años, tenía en su territorio más minas antipersonales que cualquier otro país del mundo.

En eso Afganistán sí era el número uno. Y también en la lista de naciones más pobres del planeta. La intensa sequía de los últimos cuatro años sólo permitió sobrevivir a los menos débiles.

Antes de llegar a las montañas me topé con los niños empolvados de los planos del Chapliar. Es una zona desértica con una finísima arena que evita que corran las lágrimas y los mocos en los rostros de los niños. Tras ver empolvada de pies a cabeza a una niña de cuatro años—tan sorprendida de conocer a un extranjero, como yo de ver su penosa apariencia—fue fácil entender porque en Afganistán uno de cada cuatro infantes no cumplía los cinco años de edad.

Cada vez que pasaba con la camioneta, empolvando aún más a esos niños del desierto, me golpeaba la sensación de que no durarían mucho tiempo más parados ahí; sin agua, sin comer, sin soñar. Y todos los niños, sin excepción estiraban la mano pidiendo unas monedas o juntaban sus dedos y se los llevaban a la boca. El mensaje era inequívoco: tenemos hambre.

Las casas del campo afgano son como pequeñas fortalezas de barro y madera, cuadradas, sin agua, teléfono, electricidad ni imaginación. Y se amontonan como en esas estampas bíblicas que tratan de retratar la vida de hace dos mil años. Esas casas que vi escondían a algunas de las personas más pobres que he visto en mi vida; he visitado más de 50 países en cinco continentes y nada me preparó para enfrentar la pobreza y la violencia que se ha ensañado con la gente de Afganistán.

CRUCÉ A PIE LA FRONTERA de Pakistán a Afganistán. No hay zona fronteriza sin conflictos. Pero Tijuana (entre México y Estados Unidos) es el paraíso terrenal comparado con Torkham.

Un soldado pakistaní abrió una enorme y oxidada reja para que yo pudiera cruzar la frontera, mientras otros dos o tres guardias trataban de evitar a gritos y golpes que se colaran a Pakistán un puñado de refugiados afganos.

Entré a Afganistán, literalmente, a empujones.

Llevaba una carta que, supuestamente, me permitiría llegar sano y salvo a Jalalabad con la compañía de guerrilleros bajo el mando de Haji Zaman, uno de los tres jefes tribales que se habían repartido la provincia de Nangahar tras la huída de los talibanes. Pero su gente brillaba por su ausencia en la frontera.

En cambio, uno de los lugartenientes de Haji Qadir—otro de los líderes—al verme medio perdido se acercó para proponerme que por 100 dólares sus guardias me llevarían a Jalalabad. No tuve otra opción.

Así, rodeado de tres perfectos desconocidos tomé una destartalada camioneta Toyota para recorrer los casi 80 kilómetros. Kafir, un soldado de 20 años, se acomodó junto a mí en el asiento de atrás. No me alivió mucho los nervios que su fusil Kalashnikov, apoyado en el piso de la camioneta, brincaba con los hoyos del camino y a veces terminaba apuntándome exactamente debajo de la barbilla. Ruleta afgana, pensé. Me sudaban copiosamente las manos mientras pensaba: ¿qué diablos hago aquí?

En un inglés muy rudimentario, Kafir me preguntó mi opinión sobre Osama bin Laden. Pero percibiendo una pregunta capciosa me resistí a decirle que Osama me parecía un impresentable y cobarde criminal. Poco después aplaudí mi prudencia al escuchar que él, Kafir, era un seguidor del líder terrorista: *"I am a follower of Osama."* Me quedé helado y sólo alcancé a decir "ok." Los dos vimos hacia adelante y el fusil siguió brincando en el piso, entre sus rodillas.

"En cualquier momento este tipo se da la vuelta y me vuela la cabeza de un tiro," pensé. Y en lugar de esperar el balazo le hice un propuesta que entendió perfectamente: *"If you take care of me, I'll take care of you."* (Si tú me cuidas, yo te cuido.) Terminaron las preguntas sobre Osama bin Laden y al final del camino Kafir recibió 15 dólares de propina.

La vida valía poco en Afganistán. Muy poco.

Durante todo ese trayecto no pude dejar de pensar en los cuatro periodistas asesinados el 19 de noviembre del 2001 en una carretera de Afganistán. Más que en combate, los reporteros muertos en esta guerra habían perecido por robos o asaltos en los poco transitados caminos del país.

En Afganistán no aceptaban Visa o American Express y, para los guerrilleros, los periodistas llevábamos en la frente el símbolo de *cash*. Para alguien que estaba acostumbrado a ganar sólo 20 dólares al mes, la cartera de un periodista extranjero era un verdadero botín.

En ningún país del mundo me he sentido tan frágil y vulnerable como en Afganistán. Pero, diferencias políticas aparte, Kafir y sus secuaces me ayudaron a pasar por todos los retenes sin un rasguño antes de depositarme en el mugroso hotel Spinghar de Jalalabad, el centro extraoficial de reunión y albergue de los corresponsales extranjeros en esa parte del país.

Jalalabad—que sería una grosera exageración calificar de ciudad— reflejaba claramente los problemas que enfrentaría el Afganistán de la posguerra. Esta era tierra de nadie. O, más bien, un lugar que muchos se disputaban pero que carecía de un gobierno fuerte, policía eficiente y cierto sentido de orden. Ese era el peligro. La escapada de los talibanes dejó un escabroso vacío de autoridad en Afganistán.

En el mercado de Jalalabad (entre flacas y descoloridas zanahorias, cerros de lana recién trasquilada y abundante hashish) se paseaban nerviosos los muchachos iletrados y armados de los tres jefes tribales. Constantemente se estaban disputando pequeños pedazos de territorio: el mercado, la carretera de Jalalabad a Kabul, la entrada al único hotel. Y trataban de imponer su autoridad con la fuerza de las armas y frecuentes retenes. Las peleas eran cosa de todos los días. Y no era extraño escuchar tiros al aire. A los afganos les encanta discutir pero siempre me quedó la impresión que sus gritos en un ambiente tan cargado de tensión podrían haber sido el preludio de una descarga de ametralladoras.

Además, los ahora ex-talibanes estaban mezclados con el resto de la población y me fue imposible dar unos pasos sin sentir en mi nuca la mirada curiosa del que nunca ha visto a un extranjero . . . pero que ha sido adoctrinado a odiarlo. O, al menos, resentirlo. En las calles de Jalalabad me llevé un buen par de empujones y de—supongo—insultos en pashto (que por supuesto no entendí y qué bueno).

Me dio mucha pena darme cuenta que las mujeres de Jalalabad seguían tan reprimidas como en la época de los talibanes. Por principio, las mujeres no aparecían en la vida pública. Vi a niñas y ancianas, éstas últimas cubiertas totalmente con la tradicional burka. Pero no vi la cara de una sola adolescente o mujer joven durante varios días. En el Afganistán postalibán ya se podía oir música, ver televisión y volar papalotes (o cometas). Sin embargo, las mujeres no tenían voz ni voto.

La provincia de Nangarhar —donde está localizado Jalalabad— es más conservadora que, digamos, la capital, Kabul. Pero Afganistán estaba décadas atrás en la igualdad de los sexos, en ingresos, oportunidades de empleo y educación. Basta decir que antes de la guerra de cada 100 estudiantes de primaria sólo seis eran niñas.

En la parte del mundo de donde yo vengo a este tipo de burda discriminación le llamamos machismo. Aquí no. En Afganistán —me aseguran— es una centenaria tradición el papel sumiso y secundario de la mujer. Desafortunadamente no lo pude conversar con ninguna mujer. Los hombres no me lo permitieron. "La única posesión de muchos hombres musulmanes es su mujer," me contó a manera de explicación alguien que nunca ha dejado salir sola a su esposa.

Si Jalalabad era un microcosmos de la pobreza, violencia y discriminación sexual que le esperaba a Afganistán, era fácil darse cuenta que la paz sería mucho más difícil de ganar que la guerra contra los talibanes.

YO LES LLAMABA LA ATENCIÓN A ELLOS tanto como ellos a mí. Me veían mirarlos y los veía mirarme. Durante seis años el gobierno talibán había prohibido la entrada de extranjeros y era obvio que los niños de un campo de refugiados en las afueras de Jalalabad nunca habían visto a uno.

Observaban con curiosidad mis *jeans*, botas y las cámaras de fotografía y video que colgaban de mi cuello. Estoy seguro que uno de esos niños afganos llegó a pensar: este tipo usa unos collares muy raros. Yo, en cambio, quería leer los mapas de angustia y pobreza que llevaban marcados en sus caras.

Niños-arena. Su piel cuarteada como tierra en sequía estaba a punto de reventar. Eran niños que no conocían un peine; su pelo se había endurecido por años de viento, arena del desierto y ausencia de shampú o jabón. Sus manos eran color café y rugosas, como de madera y lija. Sus rostros decían cinco, seis, siete años; sus ojos, en cambio, comunican la angustia de un anciano que había visto la muerte muy de cerca. Nunca habían tomado un vaso de leche o se habían lavado la cara con agua limpia. Y sus juguetes eran unos palitos de los que colgaban de un hilo cartones en forma de autos.

Lejos de sus preocupaciones estaba la cacería del hombre más buscado del mundo —Osama bin Laden— o la instauración del nuevo primer ministro, Hamid Karzai, que tenía la imposible labor de unir a Afganistán. No, la preocupación inmediata de estos niños de la guerra era sobrevivir.

En esta población de guerreros encontré muchos ojos claros, más verdes que azules. Pelo rubio, de sol y de polvo. Y estómagos vacíos, chillantes, desesperados.

La guerra en Afganistán provocó un éxodo de más de cuatro millones de refugiados, la mayoría de los cuales se asentaron en Pakistán. Pero también había muchos desplazados internos; una de cada cinco familias afganas tuvo que dejar su casa y huir con sus niños. Y los niños que encontré aquí, que son los más pobres del planeta, seguían sonriendo y yo no sabía de qué.

Me asombró mucho la violencia con que son tratados públicamente los niños en Afganistán. Son frecuentes las escenas de padres, guerrilleros y guardias ahuyentando a los niños con palos y pedazos de hule —o sencillamente levantándoles una mano amenazante— como si se trataran de moscas revoltosas. Me dio mucha pena. Son niños cuya curiosidad y alegría es apagada muy pronto a golpes.

Sin embargo, la peor violencia que sufren estos niños afganos de la guerra es el hambre. Fawad Haider del Programa de Naciones Unidas para el Desarrollo me contó que dos de cada tres niños menores de 14 años tienen que dejar la escuela y trabajar para ayudar en la subsistencia familiar. Ese es su cálculo de experto en el tema aunque no hay ningún estudio fiable al respecto. La realidad puede ser peor. Los niños afganos pierden su infancia (y a veces la vida) poco después de nacer.

El campamento que visité, en la carretera de Jalalabad a Torkham, consistía en cientos de casas de campaña. No hay agua, ni electricidad, ni baños. "Cuidado con las minas," me advirtió medio en broma mi guía, refiriéndose a los restos de excrementos humanos por todos lados. El invierno se colaba fácilmente en las cubiertas de plástico. Un menor de edad que había tenido la suerte de salvarse de hambre durante el día, podría fácilmente morir de frío en la noche.

Mi visita, sin embargo, duró poco. Ni siquiera una hora. Entre los miles de residentes del campamento había muchos ex-talibanes que se molestaron por mi presencia y por las fotografías que le tomé a varios niños. Sospechaban, equivocadamente, que estaba fotografiando a sus mujeres, *emburkadas* de pies a cabeza: una ofensa imperdonable.

Además, los residentes del campamento me echaron en cara—como si yo tuviera algo que ver con eso—la lentitud con que estaban llegando los cargamentos de ayuda humanitaria. Sin embargo, sí vi decenas de camiones detenidos por líos burocráticos en la frontera con Pakistán cargados de comida; mientras aquí, en el campamento, había niños y ancianos que literalmente se morían de hambre todos los días.

"Nos tenemos que ir," me dijo ya asustado mi guía, cuando comenzaron a pelearse a gritos algunos hombres del campamento con los guardias armados que me protegían. Mi presencia se había convertido en motivo de discusión y amenazaba con crear una situación fuera de control. Guardé mis camarás y salí a paso rápido hacia el auto.

Pero cuando volteé, decenas de niños me seguían, sonriendo, esperando quizás otro *flash* de la cámara que colgaba sobre mi pecho o una moneda. A pesar de que mi primer impulso fue abrir la cartera y darles algo de dinero, el sentido común me detuvo. Si le hubiera dado unas monedítas a algunos de los niños—la pobre cotización era de 55 mil afganis por dólar norteamericano—sospecho que el resto (adultos incluídos) me habría rodeado sin escapatoria y que hubiera perdido más que la cartera.

Al subirme al auto sentí la lengua rasposa, llena de arena. No podía tragar bien. Los campos de refugiados de los albanokosovares que conocí en Macedonia eran casi lujosos comparados con el que vi en Afganistán. Esta era una gente desesperada, dispuesta a casi todo, para no morirse. Eran, no hay que olvidarlo, los sobrevivientes de varias guerras. Pero los primeros que estaban cayendo en esta batalla eran los niños-arena que conocí en ese campamento de refugiados.

MÁS PERIODISTAS MURIERON en la guerra de Afganistán durante el 2001 que soldados norteamericanos o británicos en combate. Ocho. Sé exactamente cómo murió cada uno de ellos; traía conmigo durante el viaje los recortes de los periódicos informando de sus muertes. Era, para mí, un terrible recordatorio: de nada sirve un reportero muerto.

Lo más importante para cualquier periodista en una zona de guerra es sobrevivir. Pero estábamos en franca desventaja. En Afganistán todos parecían estar armados (talibanes, soldados de la Alianza del Norte, *marines* norteamericanos . . .), menos nosotros. Ninguna noticia es tan importante que justifique la muerte de un periodista. Ninguna. Aunque a veces tomamos el riesgo porque nos toca ser los ojos y los oídos de los que no están ahí.

Lo curioso es que los mismos periodistas que se jugaban el pellejo durante el día cubriendo los combates en las montañas de Tora Bora, buscaban en la noche la ilusoria protección de estar en grupo en el hotel Spinghar de Jalalabad. En las cenas de cuatro dólares —arroz blanco con pasas y coliflor junto a raquíticas piernas de pollo frito en aceite negro de tanto uso, pan *nan* y Pepsis— escuché las más fascinantes historias del periodismo a principios de siglo: "Me dispararon los talibanes y tuve que esconderme bajo un tanque . . ." "Al llegar a Kabul fuimos rodeados por corruptos guerrilleros ansiosos de unos cuantos dólares . . ." "Mi cuarto de hotel, recién bombardeado, estaba muy bien; excepto que no tenía techo . . ." Son verdaderas aventuras en las que, si algo salía mal, no llegabas a la cena para contarlo. Y ocho periodistas no llegaron a cenar.

El hotel Spinghar bien podría confundirse con un maltratado hospital psiquiátrico de la época soviética. Dos pisos, paredes manchadas de humedad, pasillos largos, fríos y oscuros. Pero en medio de la guerra era difícil encontrar otro rinconcito mejor protegido de las balas. A mí me tocó quedarme en el cuarto que ocupaban los corresponsales del Miami Herald y de la cadena de periódicos del Knight-Ridder. "Ahí te dejamos a Osama," me dijeron muertos de la risa. "Osama" era un ratón que jodía y hacía ruido toda la noche. *Toooda*. Y el maldito "Osama" mordisqueó durante mi primera noche un riquísimo chocolate que llevaba en caso de emergencia y lo tuve que tirar.

Mi cuarto (30 dólares la noche) tenía el olor de muchas batallas campales. Varios periodistas antes que yo se habían enroscado en el mismo colchón agujereado y tapado con las mismas sábanas grises sin que nadie, en más de dos meses, las limpiara. El baño, compartido, nunca tuvo agua y las costras de mugre, mocos y excremento sugerían otro tipo de guerra. Eso me obligó a aprender una legendaria técnica afgana que requiere de mucho balance y puntería. Y sobra decir que pasé varios días sin bañarme. Pero en medio del conflicto bélico agradecí, aunque no lo crean, mi aborto de cuarto de hotel.

En el mismo cuarto dormía Naim, mi guía y traductor. Naim es un *fixer* pakistaní. (*Fixer* viene del inglés *fix*, es decir, el que lo arregla todo.) Por 200 y hasta 300 dólares diarios estos *fixers* conseguían transporte hasta la zona de guerra (por 100 dólares), contrataban guardaespaldas o guerrilleros armados (20 dólares por cabeza), traducían del pashto al inglés, compraban comida (nada costaba más de un dólar) y se aseguraban que tus crónicas llegaran a donde tenían que llegar. Y a veces, también, estos *fixers* te salvaban la vida.

"No vaya para allá, *mister* George," me advertía Naim con mucha calma. "Minas." Me llamaba George porque Jorge en pashto significa "hermana menor" y no pude convencer a Naim de llamarme así. Y lo de *mister* era, supongo, porque yo era el que pagaba. Naim ganaba en un día lo mismo que una familia pobre pakistaní en cinco meses. Eran los precios infladísimos por la guerra. Pero no me arrepiento ni por un centavo de lo que pagué. Lo importante era estar sano y salvo.

Me recomendaron a Naim luego de que le salvó la vida a un periodista de la televisión norteamericana. Al reportero, por ser negro, lo habían confundido con un miembro de la organización terrorista Al-Qaeda de Sudán o Yemen y estuvo a punto de ser masacrado por soldados de la Alianza del Este y enojados afganos. Naim rescató con mucho valor al periodista de CNN de la turba enfurecida que estaba lista para apedrearlo. Para mí, Naim también fue un gran compañero en la guerra. El problema es que sus ronquidos—aunados a los chillidos del ratón "Osama" y los vuelos de los B-52 norteamericanos—nunca me dejaron dormir más de tres horas seguidas.

En la guerra los periodistas hacen alianzas y amistades que serían impensables en tiempos de paz y de *ratings*. Comparten pasta de dientes y papel del baño, se recetan medicinas para la tos y la diarrea, se regalan dulces, intercambian información y entrevistas, y mantienen un férreo código de silencio: los *affairs*, imprudencias y abusos de drogas y alcohol son siempre un secreto profesional. Pero, sin duda, los corresponsales más apreciados son los que te prestan el teléfono satelital (a seis dólares el minuto) para hablar con los tuyos cada noche y avisar que todavía estás vivo. (Gracias Daryl de CNN; y muchas, muchas gracias, Enrique Serbeto del diario ABC de España.)

El *lobby* del hotel Spinghar (que significa "montañas blancas") estaba plagado de jóvenes afganos armados, miembros del equipo de seguridad de algunos corresponsales; tras la muerte de cuatro periodistas el 19 de noviembre muchos reporteros decidieron contratar guerrilleros para su protección. Y en el jardín del hotel había un muchacho que, en lugar de decir "buenos días," preguntaba: "¿Va usted hoy a la zona de guerra?" como si se tratara de ir a comprar zanahorias al mercado. Además, un montón de niños te perseguía como un enjambre de avispas, pidiendo monedas y repitiendo hasta el cansancio que eran muy pobres: *"I'm a poor boy, I'm a poor boy . . ."*

Me fui del hotel con una mezcla de nostalgia y alivio. Las noticias de la guerra daban sus últimas patadas de ahogado y, para ser muy franco, nunca dejé de tener miedo durante mi estancia en Jalalabad y Tora Bora. Me sentí muy frágil y vulnerable. El peligro no era morir en combate; el verdadero peligro era ser atacado o robado por alguno de los muchos y dispares grupos armados de bandidos y guerrilleros. El miedo, estoy seguro, me mantuvo alerta y evitó que me relajara en un lugar donde no se podía confiar en nadie.

Le pagué a Naim una pequeña fortuna, le di un abrazo como a un hermano y me subí a un taxi (100 dólares) que me llevaría desde Jalalabad a la frontera con Pakistán. Pero los peligros no habían terminado.

Una de las personas que me acompañaba en el taxi —íbamos cinco— se paró a comprar hashish en el mercado de Jalalabad y luego hizo otra parada similar en la frontera de Torkham. Más tarde me enteraría que si la policía de Pakistán hubiera detectado que había droga en el vehículo en el que yo iba —aunque ni siquiera conociera bien a la persona que la había adquirido— podría haber pasado el resto de mis días en la cárcel o haber sido sentenciado a la pena de muerte.

Todo esto era más que suficiente para mí. Era momento de regresar. Podría haberme quedado en Afganistán un par de días más. Pero no quise estirar mi suerte. En casa me esperaban a cenar.

Antes de salir a Afganistán me pesé: 145 libras. Flaco pero con energía. Y lo hice porque sé que en cada viaje o en cada momento de tensión, tiendo a perder peso. Esta vez no fue la excepción. Para acabarla de amolar, durante mi estancia en Afganistán tuve que respetar, a regañadientes, el mes sagrado del Ramadán.

Los extranjeros, desde luego, no estamos obligados a dejar de comer, tomar, fumar y tener relaciones sexuales desde el amancer hasta el atardecer durante el Ramadán. Las dos últimas prohibiciones no me preocuparon. Pero nunca quise correr el riesgo de comer o tomar algo en público y arriesgarme a alguna agresión de un extalibán o de un musulmán que pensara que mi actitud era una falta de respeto.

Comí muy poco y mal y dormí sólo unas horas cada noche. Mucho menos de lo que estoy acostumbrado. Sin embargo, nunca me sentí cansado. Me alimenté, no tengo duda, de adrenalina pura.

Al final del viaje la báscula constató lo que me imaginaba: perdí cinco libras de peso por los nervios y la tensión. A esta dieta forzada hay que añadir un virus afgano que traje de paseo y que no me dejó en paz hasta varias semanas después de mi regreso. Con cada estornudo dejaba la guerra atrás.

El desalojo mental fue mucho más complicado. Tuvieron que pasar algunos meses antes de que recuperara cierto equilibrio en mi vida y pudiera regresar a mi rutina. Pero aún no he podido desechar ese sentimiento de fragilidad que descubrí en Afganistán y que me hizo ver la vida como un cristal a punto de romperse.

FUE DURO, DESDE LUEGO, pero no me arrepiento de haber ido a la guerra de Afganistán—ni a ninguna otra—porque le ha dado una increíble perspectiva a mi vida. He visto, sí, horrores y muertos y cuerpos convertirse en humo y polvo. Y después de eso, de verdad, un abrazo, un beso e, incluso, una tarde tirado en el sofá viendo la televisión son experiencias que toman una nueva dimensión. Aprecio la vida y lo que tengo mucho más; eso es inevitable teniendo la destrucción y violencia de la guerra como punto de referencia.

Además, nadie me lo tiene que contar. He sido lo que siempre quise ser: un testigo, de primera mano, de la historia. ¿Qué otra profesión u oficio puede ofrecerte algo así? De adolescente, ya lo he dicho, quería viajar a los lugares donde el mundo cambiara y conocer a quienes provocaban esos cambios. El periodismo me dio esa oportunidad. Hoy no puedo pensarme de otra manera. Con tanto mundo que ver es un desperdicio encerrarse en un solo lugar. Hice bien en escoger como carrera lo que más me gustaba y no lo que debía hacer ante los ojos de mi padre.

He vivido tiempos interesantes. No me puedo quejar. Ha sido intenso—y a veces tan intenso—que en ocasiones me he sentido como una vela quemándose por ambos extremos. Pero, la verdad, no lo cambiaría por nada.

UN PERIODISTA ("PREGUNTÓN") EN AMÉRICA LATINA

Todos tenemos que cazar un león.
Algunos hemos llegado a hacerlo.
Pero temblando.

—GABRIEL GARCÍA MÁRQUEZ

(AQUELLOS TIEMPOS CON GABO)

Claro que hay que trastornarlo todo . . .
cuestionarlo todo y no sentarse a
contemplar el paisaje.

—ELENA PONIATOWSKA (LA PIEL DEL CIELO)

Eloísa Ortíz, la abuelita de un buen amigo periodista, Alejandro Escalona, le dio una queja sobre mí a su nieto. "Ese Ramos es un preguntón," le dijo. Antes me habían tratado de definir de muchas maneras, pero para un periodista que trata siempre de hacer la pregunta difícil a la gente con poder, que te acusen de ser un preguntón es una verdadera satisfacción. Para mí eso significa que estoy haciendo bien mi trabajo. Si la abuelita de Alejandro, editor del semanario Éxito de Chicago, le hubiera dicho que mis entrevistas por televisión le aburrían o que le parecían falsas y arregladas, me preocuparía. Afortunadamente ese no es el caso. Mi carrera periodística podría resumirse así en unas pocas líneas:

60 presidentes
2 atentados terroristas
4 guerras
2 amenazas de muerte
2 aterrizajes de emergencia
4 convenciones políticas
2 asesinatos
2 décadas de reportero
y miles de reportajes al aire o escritos. Miles.

Pero en realidad es mucho más que una lista palomeada—*been there, done that*—y un mapa lleno de *pins* azules que identifica los países visitados. El periodismo me infiltró tan violentamente que ha cambiado la manera en que vivo.

El novelista Mario Vargas Llosa dice que "la ficción es una mentira que encubre una profunda verdad."[43] Al periodista, en cambio, le toca pelar como cebolla esa "profunda verdad." Y eso es precisamente lo que he estado tratando de hacer por más de 20 años. Pelando noticias.

A pesar de llevar más de 15 años como *anchor* o conductor del Noticiero Univision aún me siento como un reportero de la calle. Seré juzgado, estoy seguro, por la última entrevista o el último reportaje que haga, no por mi carrera. Por eso, nunca dejo de preguntar, cuestionar lo obvio y buscarle tres pies al gato.

Creo haber entrevistado a algunos de los presidentes y figuras políticas más influyentes de Estados Unidos y América Latina y he desarrollado una técnica para entrevistar que me ha dado muy buenos resultados. Antes que nada, trato de saber sobre ciertos temas más, incluso, que el mismo entrevistado. Esa es la única manera de estar al tú por tú. Segundo, pre-

---

[43] Cartas a un joven novelista. Mario Vargas Llosa. Ariel/Planeta 1997

paro muchas más preguntas de las que voy a poder realizar durante la entrevista de tal manera que, al final, depuro mi lista y sólo quedan las más duras. Tercero, y quizás esto es lo más importante, centro la entrevista en los temas más controversiales y relevantes; es una pérdida de tiempo preguntarle a un presidente sobre su familia cuando lo que la gente quiere saber es si recibió dinero del narcotráfico o si permitió que su hermano se hiciera rico mientras él controlaba el gobierno. Hay que buscar el punto donde el entrevistado caiga en una contradicción o mentira. Todo político tiene su lado débil y a nosotros los periodistas nos corresponde encontrarlo. Y cuarto, no hay pregunta tonta. A veces la pregunta más ingenua nos lleva a algo importante. Por ejemplo, un asunto tan sencillo como preguntarle a un político cuánto dinero tiene o cuál es su salario puede generar las respuestas más inverosímiles. Curiosamente, ante esa pregunta, la mayoría de los políticos tienden a responder: "no sé."

Una vez hecha mi "tarea" y me siento preparado para la entrevista, me gusta hacer un juego psicológico para controlar los nervios y humanizar al personaje con quien voy a hablar. Particularmente, en el caso de entrevistas con presidentes y personas con mucho poder, me gusta imaginármelos con sus grandes panzas y dolor de espalda, ojeras e incipiente calvicie, pelos en la oreja y uñas sucias y sin cortar. Es decir, trato de bajarlos a un nivel manejable y realista. Dejarlos en un plano suprahumano, intocable, nunca conduce a una buena entrevista.

Luego viene lo más divertido. Soy, probablemente, uno de los periodistas que conoce más baños en las casas y palacios presidenciales. Los baños reflejan mucho mejor la personalidad de un mandatario que los grandes salones y el comedor. Desde luego, nunca he entrado al baño privado de un presidente pero sí me he metido a casi todos los baños de las residencias oficiales donde me ha tocado hacer las entrevistas. Y esos baños dicen mucho de un país.

Hay baños presidenciales realmente impresentables y sucios—me han tocado un par de ellos en centroamérica y el caribe—que denotan mucha pobreza, presupuestos bajos o falta de atención en los detalles; después de todo son los mismos baños que utilizan la mayoría de los visitantes y esa es la imagen que, luego, se llevan a casa.

La Casa Blanca, por ejemplo, conciente que todo visitante se quiere llevar algún recuerdo y que la pintura de John F. Kennedy con Jacqueline es demasiado grande para esconder en un portafolios, tiene unas servilletas en el baño con el logotipo o sello oficial de Estados Unidos. Me ha dado risa como varios de mis compañeros de trabajo, al igual que yo, consideraron que era aceptable ese pequeño robo y terminaron con varias servilletas presidenciales como *souvenir*. (La pintura de JFK y Jacqueline sigue colgada.)

Pero el baño que más me ha impresionado es el del palacio de La Moneda en Santiago de Chile. Como cualquier periodista urgido por las presiones de la naturaleza, pregunté donde estaba el inodoro y salí disparado al retrete. Pero cuál sería mi sorpresa al ver que un soldado estaba montando guardia exactamente en la puerta del baño en lo que, me pareció, era una mal encubierta labor de espionaje. ¿Acaso los servicios de inteligencia del gobierno chileno estaban interesados en monitorear las fallas renales y problemas estomacales de sus visitantes? El gobierno del dictador Augusto Pinochet había quedado atrás pero me asustó un poco que aún en plena democracia un soldado me siguiera hasta el mismo baño.

Esta rutina sanitaria antes de mis entrevistas ayuda a controlar los nervios, lava el sudor en las palmas de las manos y hace las visitas a las casas presidenciales mucho más interesantes. Más allá de lo que me contesten los entrevistados, siempre tengo la curiosidad de saber qué es lo que voy a encontrar en el baño presidencial.

POR SUPUESTO, MI INTERÉS va mucho más allá de los hallazgos en la guerra sucia de los baños del hemisferio. La democracia, aunque frágil, se ha atornillado en América Latina. Y si bien es esperanzadora la tendencia hacia la democratización de la región, no me queda la menor duda de que las disparidades económicas están generando situaciones críticas que fácilmente podrían irse fuera de control y poner en peligro la democracia en varios países. Nuestras democracias no son de hierro.

Me preocupa mucho que cuando las cosas no están saliendo bien hay una triste y retrógrada costumbre en Latinoamérica de buscar soluciones en caudillos, golpes de estado y gobiernos de mano dura. Todavía, y a pesar de las terribles consecuencias de una multitud de regímenes autoritarios en la región, no parecemos aprender la lección principal; no se pueden aceptar las violaciones a los derechos humanos—ni sacrificar la vida de las personas—en la búsqueda de un cierto orden. Eso no se vale a principios del siglo XXI.

Es verdad que la democracia—tan esperada por décadas en la mayoría de los países de la región—no fue la varita mágica ni resolvió los más importantes dilemas de América Latina. Todos los países del continente americano tienen algún tipo de democracia, con la excepción de Cuba. Pero el principal problema de la región—la pobreza—sólo tiende a aumentar. En cada uno de mis viajes me duele constatar que hoy hay más pobres en la región que en ningún otro momento de la historia y la tendencia va en aumento. La aplicación de fórmulas neoliberales ha creado, sí, gobiernos más sólidos y presupuestos balanceados pero no ha atacado la terrible distribución de la riqueza—la peor en el orbe—que padece este hemisferio. Ni siquiera en África me ha tocado ver injusticias y disparidades más grandes.

Los malos gobiernos parecen ser una condición endémica en la región. No importa a dónde vaya, las críticas más frecuentes que escucho son sobre presidentes o funcionarios ladrones, ineptos e impunes. Pero más allá de cada situación particular, el meollo del asunto es que los gobiernos latinoamericanos tienden a basarse en liderazgos personales y no institucionales. Cuando la ley no es rey, la corrupción reina.

Como periodista me ha tocado cubrir un sinnúmero de rimbombantes proyectos sociales cuyos fondos terminan, invariablemente, en las cuentas personales de los políticos. "Que roben," me dicen algunos desilusionados, "pero no tanto; que dejen un poquito para la gente."

Además, nuestros ciclos de crecimiento se ven constantemente destruidos por crisis que nos echan atrás dos o tres décadas. El caso más concreto que tenemos es el de Argentina, cuya ilusoria situación económica permitió que sus ciudadanos ni siquiera tuvieran que solicitar visa para entrar a Estados Unidos. ¿Por qué un argentino—se preguntaban muchos—quisiera dejar su país cuando ahí lo tiene todo?

Pero Argentina vivió de prestado. Como alguien que sobrevive firmando tarjetas de crédito, hay siempre un momento en que es necesario pagar. A Argentina le llegó el momento de pagar a finales del año 2001 y no tuvo con qué. Rompió la artificial paridad de su moneda con el dólar y tuvo un desfile de presidentes interinos en la Casa Rosada. Un régimen basado en leyes y preceptos bien establecidos, y no en populismo e improvisación, habría evitado la actual crisis argentina y la mexicana, en el 94 y la mayoría de las que la precedieron en el hemisferio.

Ahora bien, sectores mal informados y en algunos casos, muy resentidos, culpan frecuentemente a Estados Unidos de todos los males latinoamericanos. Pero esas son críticas viejas. La postura de Estados Unidos ante las frecuentes crisis latinoamericanas, más que responder a situaciones externas, tiende a reflejar momentos muy concretos de su política interna. Estados Unidos salió a la defensa de la economía mexicana en el 94 pero no hizo lo mismo con Argentina 8 años después. Y no es, tampoco, que Estados Unidos prefiera a los mexicanos que a los argentinos. No. No es lo mismo estar viviendo un *boom* económico —como fue el caso durante la crisis mexicana— que estar en medio de una recesión financiera y de una guerra contra el terrorismo —como ha sido el caso con la Argentina. Además, el gobierno de transición argentino nunca aventuró un plan convincente de recuperación económica. Así no, ché.

Una de las cosas que más me ha llamado la atención en casi dos décadas de recorrer el hemisferio, es que la relación de Estados Unidos con Latinoamérica ha estado compuesta, históricamente, de ciclos contradictorios y muy bien marcados. A veces aprieta tanto que ahoga (como un oso) y en otras ocasiones ni siquiera reconoce nuestra existencia; son períodos de obsesión —como ocurrió durante la guerra en Centroamérica— seguidos por otros de aislamiento.

Las inevitables expresiones de antiamericanismo en América Latina (más pronunciadas en los países con fuertes tradiciones nacionalistas, como México y Argentina) responden tanto a una burda y grosera historia de invasiones e intervencionismo que a momentos de total olvido estadounidense en situaciones críticas. Estados Unidos existe muchas veces sin ver ni pensar en el sur.

América Latina, en cambio, no puede vivir sin pensar en Estados Unidos; al menos como punto de referencia. No se puede dar ese lujo cuando la mayoría de las naciones del área concentran sus exportaciones en el mercado estadounidense y dependen del gigante del norte para casos de emergencia. La simple existencia de la única superpotencia en nuestro propio hemisferio obliga a un constante debate interno sobre los deseos y designios de Estados Unidos para con la región. ¿Qué quiere Estados Unidos y cómo respondemos a sus intereses?

Es interesante notar que, a nivel oficial, los políticos norteamericanos con quienes me cruzo con frecuencia, tienen muy claros sus tres objetivos para la región y, como una especie de letanía, repiten: la promoción de la democracia, el libre comercio y el respeto por los derechos humanos. En la práctica, sin embargo, son las aparentes y no tan aparentes amenazas a la seguridad nacional de Estados Unidos —terrorismo, narcotráfico, guerrillas izquierdistas— y el deseo de expandir el control comercial norteamericano, los temas que marcan la agenda.

Vivo en dos mundos. Estados Unidos y América Latina. Desde aquí, en Miami, Los Ángeles o Nueva York, veo constantemente al sur. Y cuando ando por allá, me oriento hacia el norte. Pero en ninguno de esos mundos acabo de ser totalmente aceptado. En latinoamérica me descartan diciendo: "ah, pero si tú vives en Estados Unidos," como si eso me evitara el poder entender qué está pasando. Y en Estados Unidos algunos aún sospechan de mi origen y de mi acento. ¿Cómo me voy a sentir en casa así?

El periodismo es, sin embargo, el puente que comunica mis dos mundos.

Estoy convencido que los sistemas de gobierno basados en liderazgos personales no institucionales, promueven abusos, acumulación de poder y la riqueza en unas pocas manos. Y por eso creo que la principal función social del periodista es hacer las preguntas duras que eviten —o al menos saquen a la luz— los abusos de poder. Es dentro de este marco en el que creo debe verse el periodismo latinoamericano.

Para mí, lo tengo que reconocer, es fácil salir a cubrir alguna noticia, enfrentar a un presidente y regresar a mi trinchera de Miami. Nadie me censura, tenemos los recursos para movilizarnos y un buen salario que me evita el verme tentado a presiones políticas y económicas. Pero un periodista en Colombia, por ejemplo, corre el riesgo de morir o de ser secuestrado por hacer exactamente lo mismo que yo hago todos los días.

Y no es lo mismo aguantar las presiones de una corporación multinacional o de un gobierno autoritario cuando tienes un empleo bien remunerado cuando ganas un raquítico salario—como el de muchos reporteros latinoamericanos—que apenas alcanza para dar de comer a la familia y enviar a los niños a la escuela. Si a esto le sumamos los compadrazgos y alianzas entre las clases dirigentes—políticos protegidos por medios de comunicación, empresarios apoyados por funcionarios públicos, militares coludidos con narcos y criminales . . .—entonces es inevitable concluir que ejercer un periodismo crítico en América Latina es un acto rebelde y, en algunos casos, verdaderamente revolucionario.

DOS LIBROS ME INFLUYERON enormemente en la elección del periodismo como profesión, como forma de vida. Uno fue La noche de Tlatelolco de Elena Poniatowska que recoge los testimonios en torno a la masacre realizada por el ejército mexicano el dos de octubre de 1968. El otro es Entrevista con la Historia *(Interview with History)* de Oriana Fallaci.

A Elena he tenido el placer de entrevistarla un par de veces en la ciudad de México. Su fuerza, honestidad y sensibilidad para explicar el mundo siempre me toca hondo, tanto en persona como en sus libros. Pero a la Fallaci no la conozco.

"El periodismo es un privilegio, extraordinario y terrible," decía la escritora y reportera italiana. "Terrible" porque nos acerca a las guerras, a la destrucción, a la violencia, a lo más bajo de la condición humana. Pero es "extraordinario" porque ninguna otra profesión nos permite ser testigos presenciales de la historia.

Caí en el periodismo casi por accidente. Yo quería hacer las noticias, no cubrirlas. Sin embargo, muy pronto me di cuenta que el periodismo me permitiría estar en los lugares donde el mundo cambia y conocer a las personas que cambian al mundo. ¡Qué maravilla! Es decir, podría ser un hombre de mi tiempo y estar en el mundo. Y esa es precisamente la razón por la que el periodismo es un verdadero privilegio.

De una de las cosas que más me arrepiento es la de no haber tenido el valor de acercarme a la mítica periodista italiana en Arabia Saudita. Coincidimos en el mismo hotel en Dharán durante la cobertura de la guerra del Golfo Pérsico pero no quise importunarla. Lo dejé para después. Y el después nos barrió a los dos al tratar de ser de los primeros periodistas en entrar a Kuwait liberado.

Pero quería decirle a Oriana que aprendí de su libro que la principal labor del entrevistador no es caer bien sino hacer preguntas difíciles, al corazón, que descubran las contradicciones del entrevistado, particularmente de los que detentan mucho poder. Y que su estilo agresivo de entrevistar, sin trincheras, marcó el mío.

Quizás por eso entiendo la entrevista como una guerra. Todo el mundo tiene un punto vulnerable. Encubierta en el diálogo está la lucha por el control. ¿Quién domina la entrevista: las preguntas del entrevistador o la agenda del entrevistado? ¿Qué prevalece: el interés del entrevistado por ocultar sus errores y contradicciones o la insistencia y perspicacia del entrevistador para sacar a relucir lo que duele y lo que define a un personaje?

Estoy convencido que la actitud correcta del periodista ante un entrevistado debe ser: si yo no hago esta pregunta nadie más la va a hacer. De lo que se trata es de desenmascarar al entrevistado, conocer un rasgo, un gesto nuevo. Al final es preferible enfrentar al entrevistado como un enemigo que como un amigo y hacerlo con la convicción de que la primera entrevista puede ser, también, la última. Así han sido muchas.

He tenido, también, entrevistas más suaves y satisfactorias. Recuerdo una conmovedora conversación sobre la muerte con la escritora chilena Isabel Allende y un maravilloso intercambio con seis premios Nobel (en el marco de una conferencia de la Organización de Estados Americanos en Washington). "Nosotros también decimos cosas estúpidas," me comentó con asombrosa humildad y humor la única mujer y estadounidense del grupo, Jody Williams (Premio nobel de Paz-1997), para calmar mis nervios frente a un impresionante grupo de pensadores: el argentino Adolfo Pérez Esquivel (Premio nobel de la Paz-1980), el costarricense Oscar Arias (Premio nobel de la Paz-1987), Derek Walcott de la isla caribeña de Santa Lucía (Premio nobel de Literatura-1992), el mexicano Mario

Molina (Premio nobel de Química-1995) y el canadiense John Polanyi (Premio nobel de Química 1986). Aprendí más de ellos que de cualquier presidente. Pero lo que me dijeron no fue, necesariamente, noticia.

Con los presidentes ocurre, generalmente, lo contrario. No dicen muchas cosas memorables pero sus comentarios sí hacen noticia. A veces sus mentiras hacen noticia. Ese fue el caso del ex–presidente colombiano Ernesto Samper cuando me negó haber tenido conocimiento de que su campaña electoral recibió seis millones de dólares del narcotráfico, o cuando Ernesto Zedillo fingió desconocer la forma antidemocrática en que fue escogido como presidente de México en 1994 y su absurda negativa de haber asistido a una publicitada reunión que tuvo en marzo del 95 con el expresidente Carlos Salinas de Gortari, o cuando el mismo Salinas de Gortari dijo desconocer que su hermano Raúl hacía negocios multimillonarios mientras él era presidente, o cuando Daniel Ortega dijo no saber cuánto pagó por una casa en Managua que, en realidad, se apropió.

En mi carrera como periodista he entrevistado a medio centenar de mandatarios y jefes de estado y en muy pocas ocasiones la imagen del poderoso personaje público se compara con el imperfecto ser de carne y hueso que me tocó conocer. De mis entrevistas en América Latina, hay cinco que—creo—reflejan claramente los abusos del poder que suceden en América Latina y el caribe. Tres fueron con presidentes; una, la más dramática, con una víctima de la dictadura chilena de Augusto Pinochet; y la última, con un soñador que lo único que pide es que Estados Unidos permita que su isla—Puerto Rico—deje de ser una colonia.

Es tal vez por esto la abuelita de Alejandro me llama "preguntón."

ERNESTO SAMPER: CUANDO UN PRESIDENTE MIENTE

Bogotá, Colombia, 24 de enero de 1996. Era la una de la madrugada y el presidente Ernesto Samper había interrumpido una reunión de ministros, convocada de emergencia en el Palacio de Nariño, para hablar conmigo. Más que una deferencia especial, Samper quería asegurarse de que el mundo también conociera su propia versión del escándalo que estaba a punto de costarle la presidencia.

Cinco horas antes había escuchado las denuncias de Fernando Botero, el ex–director de la campaña electoral de Samper, quien se encontraba detenido en una celda de la Escuela de Caballería de Bogotá. Y las denuncias eran contundentes. Según Botero, el presidente Samper "sí sabía del ingreso de importantes sumas de dinero provenientes del narcotráfico a su campaña," y había participado en el manejo de esos fondos y en una "operación de encubrimiento." En concreto, Botero estaba acusando al presidente de haber recibido durante su campaña electoral unos seis millones de dólares de los narcotraficantes del cartel de Cali con el fin de vencer al candidato opositor Andrés Pastrana.

Botero, al igual que el extesorero, Santiago Medina, habían sido detenidos por las sospechas de que habían permitido esa filtración de dineros del narcotráfico. Pero ahora Botero le había dado la espalda a su antiguo jefe y estaba dispuesto a decirlo todo; primero, para salvarse y segundo, según él, por un compromiso moral con el país.

La entrevista que realicé con Botero, organizada en absoluto secreto, tomó por sorpresa al presidente Samper, quien había vencido en las pasadas elecciones a Pastrana. Ahora era él quien quería dar su versión de los hechos.

"El doctor Fernando Botero lamentablemente está mintiendo," me dijo Samper. "Él mismo diseñó la campaña para que fuera totalmente autónoma la parte administrativa de la parte política"

"¿Pero usted no es el responsable final de la campaña? ¿Cómo puede decir: 'soy candidato pero esto no me incumbe, esto no me preocupa'?" le pregunté.

"Es que yo no recibía los cheques, no entregaba los recibos . . ."

". . . O está mintiendo usted o está mintiendo el doctor Botero. Uno de los dos tiene que estar mintiendo. No pueden estar diciendo la verdad los dos."

"Sí, estoy totalmente de acuerdo, y por eso he señalado hoy que el doctor Botero—que está en unas condiciones bastante difíciles desde el punto de vista emocional y judicial—está mintiendo para salvarse.

"Pero ¿cómo es posible que su director de campaña lo sepa (que recibieron dinero del narcotráfico), que su tesorero lo sepa, otras personas lo sepan y usted como candidato no lo sepa? ¿No le decían las cosas o qué pasaba?" insistí.

"No, es que yo no tenía la responsabilidad financiera," concluyó tajante.

"¿Usted no considera que hay que renunciar?" pregunté.

"Por supuesto que no," me dijo Samper. ". . . considerando que soy una persona que no tengo culpa en los hechos de la campaña, y que esa culpa fue analizada y fui exonerado ¿por qué tendría que renunciar?"

Así quedó todo. O por lo menos eso creí. Samper nunca iba a aceptar su culpabilidad ni a renunciar de la presidencia. Enviamos las dos entrevistas —la de Botero y la de Samper— por satélite a Miami. Y luego me fui con la productora Patsy Loris y el camarógrafo Angel Matos a dormir al club privado El Nogal. Por cuestiones de seguridad. Muy pocas personas sabían dónde nos estábamos quedando.

A la mañana siguiente, cuando bajé de la habitación a buscar al chofer que nos llevaría a la oficina de Univision en Bogotá, una pálida recepcionista me dijo que el jefe de seguridad del club me estaba buscando. Volteé y me topé con él en el *lobby*. "Recibimos una amenaza de muerte contra usted," me dijo sin mayores preámbulos. "¿Qué tan serio puede ser?" pregunté. "Estas cosas hay que tomárselas muy en serio siempre," respondió.

Nervioso, le pregunté a la recepcionista cuál había sido la amenaza. Vio al jefe de seguridad, como pidiendo permiso para hablar, y luego me comentó que había recibido una llamada alrededor de las nueve de la mañana. "Dígale a Ramos que lo vamos a quebrar," fue el mensaje. Cuando ella le pidió que se identificara, la voz colgó.

Al poco rato llegó la policia e instaló en la central telefónica un sistema para interceptar llamadas. Cerca de las once de la mañana se recibió la segunda amenaza. La voz de hombre, según la recepcionista, parecía ser la misma de la llamada anterior y también utilizó la palabra "quebrar," sinónimo de muerte en Colombia. La llamada, según me comentó uno de los investigadores policiales, "fue rastreada a un teléfono celular vinculado a un miembro del gobierno." Para mí era imposible comprobar esa información. Pero su mirada de preocupación era clara. "No le podemos garantizar su vida aquí en el país," me dijo. En ese momento me pareció una soberana estupidez que alguien me amenazara utilizando un teléfono gubernamental y durante años intenté, sin éxito, confirmar el origen de las amenazas que recibí. Sin embargo, era claro que mi presencia en Colombia incomodaba al gobierno ya que estábamos transmitiendo a Estados Unidos y a América Latina toda la información sobre el escándalo de Samper. Al final, quienes estaban interesados en sacarme del país, lo lograron.

La policía y el jefe de seguridad del club me metieron al cuarto y cerraron las cortinas hasta que se organizó un convoy de patrullas y de motocicletas, reforzado con agentes de la fiscalía, que nos llevaría al aeropuerto para tomar el primer vuelo con destino a Estados Unidos. Entramos por la pista de aterrizaje, me monté en un avión de American y pasé varias semanas, ya en Miami, bajo la protección de guardaespaldas y miembros de la policía del condado de Dade.

Angel Matos, uno de los mejores camarógrafos de la industria, y la productora ejecutiva Patsy Loris me acompañaron con mucho valor y prestancia durante ese viaje a Colombia.

Angel nunca perdió la perspectiva de lo que era importante en los momentos más críticos, además de asegurar nuestra protección física: puso una alfombra de chalecos antibalas en los pisos de la camioneta que nos transportaba, organizó junto con el valiente corresponsal Raúl Benoit hasta los últimos detalles del delicado traslado al aeropuerto—"nunca hay que dar papaya" decía Raúl ante las mútiples amenazas que recibía— y estableció posibles planes de escapatoria en caso de un ataque armado.

Años más tarde, cuando recordaba con Angel este incidente, se pegaba en la frente con sus gigantescas manos antes de decirme: "me da miedo no tener miedo." Y era cierto. Angel actuó en esa ocasión como un experimentado militar sin un pelo de miedo. "El verdadero peligro," recuerda Angel, "era que entre los tres distintos cuerpos de seguridad que nos acompañaban en la ruta para tomar el vuelo a Miami estuvieran escondidos los pistoleros que te querían matar."

Raúl Benoit no está totalmente convencido de que hubieran querido asesinarme. "Creo que habría sido un enorme golpe de publicidad que te secuestraran," me comentó Raúl una tarde en Miami, muy lejos y mucho después de ocurridas las amenazas. "Les servías más vivo y secuestrado que muerto." En realidad nunca sabremos cuál fue la motivación ulterior de esas amenazas ni exactamente quién o quiénes estuvieron detrás de ellas. Aunque, desde luego, tengo mis sospechas.

Patsy, como Ángel y Raúl, también mantuvo la compostura hasta que nos sentamos en el avión. Y sólo un par de copas de champaña la aflojaron aflojó permitiéndole que sobre su cara escurriera un chorrito de lágrimas. "¿Te das cuenta de lo que nos pasó?" repetía incrédula. "¿Te das cuenta? Nos hubieran podido haber matado a todos."

Más allá de esa experiencia en Colombia, Patsy ha sido un verdadero ángel de la guarda en toda mi carrera periodística. Ella ha posibilitado un sinnúmero de entrevistas exclusivas y coberturas noticiosas de trascendencia en las que, al final, yo me he llevado el crédito. La televisión es muy injusta; gente que trabaja detrás de las cámaras como Patsy — indispensable e insustituible en la producción del Noticiero Univision — rara vez resalta a la vista del público. Pero sin ella, una magnífica periodista, y el equipo de Univision mi carrera habría terminado como una llamarada de petate; rápida y explosivamente.

A mediados del 96 Samper fue exonerado por el congreso colombiano, por segunda ocasión, de las acusaciones de haber recibido dinero del narcotráfico en su campaña presidencial. Irónicamente, varios de los congresistas que votaron por absolver a Samper estaban acusados de haber recibido, también, dinero de los narcos.

Tras las dos amenazas de muerte aún sin resolver, yo no tenía el menor deseo de regresar a Colombia. Pero el presidente Samper nos ofreció otra entrevista, para tratar de limpiar su honor, y fue difícil resistirse a la tentación de volverlo a enfrentar. Tomamos extremas medidas de seguridad; viajé en Bogotá con un chaleco antibalas y me trasladaron acostado en la parte de atrás de una camioneta fuertemente custodiada del aeropuerto a la casa presidencial.

El Palacio de Nariño tenía un cambio muy significativo. Una hermosa pintura de una gorda de Fernando Botero, del padre del ex–colaborador de Samper del mismo nombre, ya no colgaba en las paredes de la casa presidencial. Y Samper respiraba un poco más tranquilo.

Antes de iniciar la segunda entrevista, le pregunté a Samper si sabía quién podría estar detrás de las amenazas de muerte que yo había recibido. Me dijo que no se había enterado de las amenazas, cosa que me pareció muy rara ya que aparecieron en toda la prensa colombiana e internacional. No insistí más en el asunto y me concentré en las preguntas.

Casi al inicio de nuestro diálogo, filmado a dos cámaras, le mostré al presidente Samper una fotografía en la que él aparecía con dos narcotraficantes. Los dos ya habían muerto. Asesinados. Uno de ellos era Elizabeth Montoya de Sarría, alias la "monita retrechera." Elizabeth Montoya había sido detenida en abril del 86 en Los Ángeles por posesión y tráfico de narcóticos.

"La gente no tiene derecho a sospechar que algo raro está ocurriendo cuando usted aparece . . ." le empecé a decir a Samper cuando me interrumpió.

"Si la fotografía fuera verídica, si," dijo.

"Fue en el año 89 ¿no es así?"

"Es un fotomontaje, mi estimado profesor Ramos." Y luego, apuntando a la fotografía, continuó con una sonrisa: "Usted ve; tengo un brazo que le da la vuelta al salón y regresa. Y la mano que aparece aquí . . . no es mi mano."

Samper no iba a dar su brazo a torcer. Fernando Londoño, el abogado de Botero, envió la fotografía original que le presenté a Samper a un laboratorio de Estados Unidos para ver si había sido alterada y para ver si era un fotomontaje, como sugería el presidente. Un exfuncionario de inteligencia del gobierno estadounidense determinó que lo más probable era que la fotografía fuera verdadera aunque no podía dar una conclusión definitiva.

El caso es que Samper nunca aceptó que la fotografía en que aparecía con dos narcotraficantes fuera verdadera, ni que tuvo conocimiento y participó en el manejo de seis millones de dólares del narcotráfico en su campaña electoral, ni que su presidencia fue una vergüenza para millones de colombianos que se apenaban de tener un presidente así. Samper siempre insistió en que los grandes errores de su campaña y de su presidencia ocurrieron a sus espaldas. En su época fue, sin duda, una de las personas con las espaldas más anchas de todo el continente.

Tras la entrevista no dormí en la capital; esa misma noche partí con destino a Quito.

Admiro muchísimo el carácter y la cultura colombianas. Además, disfrutan las fiestas como nadie; quizás porque históricamente han vivido muy de cerca de la muerte. Y por eso, entre muchas otras cosas, siento mucho el no poder visitar Colombia con más frecuencia. En 1998 intenté regresar al país a cubrir las elecciones presidenciales en las que ganó Andrés Pastrana. Sin embargo, unos días antes del viaje llegaron a la oficina de Univision en Bogotá unas coronas o arreglos florales que se usan en los entierros con el nombre de todos los periodistas que teníamos planeado asistir a las votaciones. No tengo la menor idea de cómo se enteraron de nuestros planes, ya que los hicimos con absoluta discreción. Estaba muy claro que para un cierto sector no éramos bienvenidos. Por si las moscas, al final, decidimos no ir.

A ANDRÉS PASTRANA nunca lo entrevisté mientras estuvo en la presidencia. Por principio, me hubiera parecido poco ético entrevistar a alguien por quien guardaba una particular simpatía: siempre pensé que tanto Pastrana como yo peleamos contra Samper desde el mismo lado; él en política y yo desde el periodismo. Es difícil criticar a alguien cuando encuentras *a priori* muchos puntos en común.

Sin embargo, sí tengo que reconocer que Pastrana se equivocó, garrafalmente, cuando le entregó a los guerrilleros de las Fuerzas Armadas Revolucionarias de Colombia (FARC) un territorio equivalente a Suiza antes de que, siquiera, se comprometieran a un alto al fuego, a los secuestros y a los ataques a civiles. Tres años después de iniciado el experimento, Pastrana tuvo que dar marcha atrás a principios del año 2002.

Las cosas en Colombia empeoran antes de mejorar. La razón es muy sencilla. Ninguno de los grupos armados tiene la fuerza para vencer a los otros. El ejército colombiano no tiene la capacidad militar para vencer a los guerrilleros de las FARC y del ELN (Ejército de Liberación Nacional) ni a los paramilitares. Los guerrilleros no podrían vencer ni al ejército colombiano ni a los paras. Y los paramilitares nunca podrían dominar militarmente a las guerrillas ni al ejército colombiano.

Los colombianos tienen mucho que aprender del proceso de paz de El Salvador o de Guatemala. Sólo a través de la negociación, los colombianos—como lo hicieron previamente los salvadoreños y los guatemaltecos—podrán encontrar la paz. Mientras tanto, Colombia continuará autodestruyéndose en una guerra tan abierta como absurda.

HUGO CHÁVEZ: CUANDO UN PRESIDENTE DEJA DE OIR

"Yo no soy el diablo," me dijo Chávez en nuestra primera entrevista. Todavía escuchaba. Tenía las manos llenas de cicatrices de tanto saludar a la gente. Hablé con él un día antes que ganara las elecciones presidenciales del 6 de diciembre de 1998. Entonces resultaba increíble que un militar que se levantó en armas casi siete años antes y que fue encarcelado por su rebelión, estuviera a punto de lograr con los votos lo que no había podido lograr con las balas.

Un perdón presidencial (del exmandatario Rafael Caldera) lo sacó de la prisión y en una campaña revanchista y populista prometió ponerse del lado de los pobres, es decir del 80 por ciento de los venezolanos. Su clarísima victoria electoral terminó con 40 años de dominio de los dos partidos políticos tradicionales de Venezuela (Acción Democrática y Copei).

Pero incluso antes de su elección ya había serias dudas de sus convicciones democráticas.

"¿Cómo puede llamarse demócrata alguien que intentó realizar un golpe militar?" le pregunté.

"Es posible," me contestó. "Pero ¿sabe usted qué pasa aquí? Que un sistema que se llamó democrático degeneró (en tiranía). El 4 de febrero de 1992 cuando yo y muchos militares venezolanos salimos con un fusil en la mano, lo hicimos buscando la democracia."

"Pero el gobierno que usted quería tirar había sido elegido democráticamente," insistí.

"Ciertamente," dijo. "Pero a nombre de una elección democrática, como presidente (Carlos Andrés Pérez) no puede masacrar a un pueblo como ocurrió aquí y utilizar a las mismas tropas para ametrallar a un pueblo a mansalva. Usted vió eso, el mundo lo vió: el Caracazo."

Irónicamente, las mismas críticas por autoritarismo que Chávez lanzó contra Pérez se revertirían contra él años después. Volví a hablar con el comandante—"esa es mi profesión" decía con gusto—el 18 de febrero del año 2000 y su actitud hacia la prensa había cambiado radicalmente.

Lo acompañé en una gira de trabajo al estado Táchira cerca de la frontera con Colombia y me obligó a perseguirlo todo el día antes de concederme unos minutos para platicar. Supongo que quería que lo viera con la gente. Ese es su fuerte.

De los 24 periodistas que acompañábamos a Chávez en la gira, ocho eran de Cuba. Esto enfatizaba el reciente acercamiento de Chávez con la dictadura castrista. "El cauce que está construyendo el pueblo de Venezuela es el mismo cauce y va hacia el mismo mar hacia el que marcha el pueblo cubano," había dicho anteriormente el presidente y no paraba de llamar "hermano Fidel" al líder cubano.

"¡Chááávez! ¡Presideeente!" le gritaban los pobladores de La Fría y Guarumito mientras el presidente repartía besos, saludaba de mano y recibía cientos de cartas y pedazos de papel con todo tipo de peticiones: ayude a *mi'jito* que está enfermo, necesito trabajo, el alcalde de mi pueblo es un ladrón . . . Y Chávez, ahí mismo, instruía a los ministros que lo acompañaban para que resolvieran los problemas de un niño sin un ojo, de una escuela sin maestros, de los damnificados por las peores lluvias en medio siglo.

Mientras, sus guardaespaldas sudaban la gota gorda. Sin ninguna preocupación aparente por su seguridad, Chávez se inmersa entre las masas y se pierde. No he visto a ningún líder latinoamericano hacer algo parecido tras el asesinato del candidato presidencial mexicano Luis Donaldo Colosio en 1994. Pero Chávez por *show* o por convicción populista lo hace.

Cuando me senté a conversar con él, en el patio abierto de una escuela rural, insistió en estar rodeado de todos sus ministros, de sus guardaespaldas y de cientos de los pobladores de La Fría. Así, cada vez que yo le preguntaba algo que no le gustaba a Chávez, la gente abucheaba y cuando su presidente respondía, sus palabras eran seguidas por aplausos. Nunca en mi vida, había realizado una entrevista con porristas.

Su lenguaje continuaba cargado de referencias a Bolívar y llamaba poderosamente la atención cómo se comparaba con Jesucristo. Pero el primer cambio importante que noté en Chávez es que ya no escuchaba. Se sentía poderoso y no era para menos; estaba en proceso de cambiar la constitución para permitir su reelección inmediata y tenía bajo su control al congreso, las cortes, al ejército, los medios de comunicación y los sindicatos.

Como era obvio, le pregunté a Chávez sobre las acusaciones de corrupción contra dos de sus principales asesores, de su cercanía a la dictadura cubana, de los abusos que cometía el ejército que él dirigía, sobre las críticas al manejo de la crisis durante las gravísimas inundaciones a finales de 1999, de sus promesas rotas sobre el mejoramiento de la economía y de la manera en que estaba acaparando todos los poderes en Venezuela. Chávez, sin embargo, no quería ser retado y mucho menos por un extranjero en su país. Y en lugar de contestarme, decidió atacarme. Este fue uno de los intercambios que tuvimos.

"¿Eso no es cierto?" le pregunté sobre las versiones de que había solicitado asesoría personal de Fidel Castro para el manejo de las inundaciones.

"Estás repitiendo basura, hermano," contestó molesto.

"Por eso le quiero preguntar . . ."

"Yo te respondo con mi dignidad. Y por la dignidad de un pueblo," insistió Chávez con su tono acusatorio. "Tú por tu boca estás repitiendo basura."

"Yo le estoy preguntando. Mi labor es preguntar."

"Está bien. Está bien. Pero estás recogiendo la basura. Estás recogiendo el basurero, el estiercolero. ¿Por qué no recoges otra cosa?"

"Bueno, es legítimo preguntar como periodista ¿no?"

". . . ¿Estoy obligado yo a responder sólo lo que tú quieres preguntar?" me preguntó ahora Chávez.

"No, claro que no."

"Tengo el derecho a expresarme también ¿verdad? Entonces te repito, hermano, con todo mi respeto. Ustedes cargan una bolsa de basura. Pareciera que a ustedes les llega sólo basura. Pareciera que hay un canal hacia allá, donde va pura basura. Y si va algún sentimiento digno, se queda en el camino o ustedes no saben recogerlo . . . ¿Pero qué clase de cosas preguntas?"

El Chávez que estaba entrevistando era muy distinto al candidato que buscaba la presidencia. Ya no oía. Ni se acordaba. Cuando le recordé que dos años antes él me había dicho que Cuba "sí es una dictadura," evadió el tema. "Yo no soy quién para condenar al régimen cubano," respondió cortante.

Nuestra agria entrevista terminó con un gesto típicamente chavista. Ahí, en medio del patio de cemento con una mal dibujada cancha de basquetbol y rodeado de sus entusiasmados seguidores, Chávez hizo una pausa teatral. "Dame un cafecito, por favor," le dijo a uno de sus asistentes.

Llegaron dos tazas de guarapo, un café muy ligero. Me dio una, sorbió la suya y luego levantó su mano al aire.

"Viva México," gritó Chávez mientras su taza chocaba contra la mía.

"Viva Venezuela," completé. Fue la única vez en toda la tarde que recibí un aplauso.

Eso es precisamente lo que quiere Chávez: que nada ocurra en Venezuela fuera de su voluntad. Quiere controlar, incluso, los aplausos. Pero es una aventura destinada al fracaso.

En Venezuela no hay una verdadera democracia. Lo que hay en Venezuela es chavismo. El presidente Chávez, después de lograr con los votos lo que no pudo lograr con las balas, rompió sus promesas electorales y cambió la constitución para reelegirse. Chávez no solo dictó la constitución, a través de sus seguidores, sino que también controla al ejército, al congreso y a los jueces de la corte suprema. Los únicos que se han rebelado ante su estilo autoritario son los trabajadores y empresarios.

La popularidad de Chávez va en picada. Prometió gobernar para los que menos tienen en Venezuela y ahora hay más pobres que nunca en ese país, a pesar de los multimillonarios recursos que recibe del petróleo. Chávez es un populista, un demagogo, con debilidades por dictadores como Fidel Castro y Saddam Hussein, y además con aires de grandeza: constantemente se compara con Jesucristo.

Conforme la oposición interna va creciendo en Venezuela, han surgido distintos escenarios para que Chávez deje el poder. Sin embargo, desde mi punto de vista, es muy peligroso que Chávez llegue a dejar el poder por la fuerza. Un golpe militar lo convertiría en un martir y difícilmente los gobiernos democráticos del área podrían apoyar a una junta—civil o militar, da igual—que derrocó a un presidente legítimamente elegido.

Chávez se está cayendo por su propio peso—sus políticas económicas son claramente improvisadas y el gobierno funciona atento a su cambiante personalidad: combativa, a veces, conciliadora, otras, paternal, las más.

Chávez es un caudillo del siglo XXI que llegó tarde a la fiesta de los dictadores.

"POR FIN SE CAYÓ CHÁVEZ" pensé al llegar a Caracas, Venezuela, la misma mañana del viernes 12 de abril en que dejó el Palacio de Miraflores escoltado por un grupo de militares golpistas. Los pasajeros de American Airlines habían aplaudido cuando el avión aterrizó en el aeropuerto de Maiquetía y no fue, precisamente, por la habilidad del piloto. "Hemos llegado a una tierra libre" dijo al aire, para que todos los escucháramos, un hombre de negocios que regresaba feliz a su patria procedente de Miami.

Yo tampoco pude ocultar mi entusiasmo de ser testigo de la caída de uno de los presidentes más autoritarios que ha tenido Venezuela en medio siglo. La mala experiencia que tuve en la última entrevista que había realizado con Chávez dos años atrás me convirtió en un frecuente crítico desde el exterior. No me dolía, en lo absoluto, su partida. "Uno menos," calculé. "Ahora sólo falta Castro."

Esa misma noche del viernes, junto con el equipo de Univisión que me acompañaba, fuimos a cenar a un restaurante en la zona de Las Mercedes y el ambiente era de fiesta. Un ejecutivo, ya medio pasado de copas y con la corbata desanudada, nos ofreció pagarnos un trago y lo aceptamos gustosos en medio de risas. ¿Por qué no? El trágico experimento populista del chavismo había terminado. O por lo menos eso creíamos. Nos amanecimos con margaritas.

El día anterior, el jueves 11 de abril del 2002, Venezuela vivió una de las jornadas más violentas de su historia moderna. Una pacífica marcha en que cientos de miles de personas pedían la renuncia del presidente Chávez culminó en una masacre cuando sus organizadores dirigieron a la gente hacia el Palacio de Miraflores. A sólo unas cuadras de la casa de gobierno, donde se resguardaba Chávez, miembros de los llamados "círculos bolivarianos" empezaron a disparar contra la multitud.

Más tarde, el gobierno de Chávez trataría de dar su propia versión de los hechos insinuando que fueron sus opositores quienes abrieron fuego contra la gente. Pero las imágenes de televisión filmadas por un camarógrafo de Venevisión, la más grande empresa de comunicaciones en el país, no le permitirían mentir al presidente. El video es escalofriante: simpatizantes de Chávez disparan enloquecidos desde un puente en la avenida Baral contra la multitud, cargan sus armas de nuevo y vuelven a disparar. Una y otra vez. La mayoría de los muertos perecen de un solo tiro en la cabeza; son disparos que sólo pueden hacer francotiradores bien entrenados en el ejército o la policía. Yo me subí a ese puente y disparar desde ahí es facilísimo. Y cobarde: los matones descargaron sus balas como si se tratara de un juego de tiro al blanco en una feria. Lo hicieron con alevosía y ventaja. Fue absolutamente criminal. Imperdonable.

Bueno, Chávez perdió el poder por esas imágenes repetidas hasta el cansancio a nivel nacional e internacional. Fue un videogolpe. Los militares, enfrentados ante la inevitable conclusión de que gente vinculada al gobierno fue la que disparó contra el pueblo, se le voltean al presidente y logran sacarlo del Palacio de Miraflores en la madrugada del viernes 12. Detenido. Derrocado. Derrotado.

Chávez, nos enteraríamos más tarde, es movilizado a cinco lugares distintos hasta terminar en la base militar de la isla de la Orchila. Poco después de su partida, el grupo de militares que negocia la salida de Chávez, nombra al empresario Pedro Carmona, presidente de la organización que agrupa a las cámaras de comercio de Venezuela, como líder del gobierno provisional. Pero Carmona, ingenuamente y mal asesorado, toma una terrible decisión que, poco horas después, le costaría el poder: anula la Asamblea nacional y destituye de sus puestos a jueces y a gobernadores.

El embajador de Estados Unidos en Caracas intenta, a través de un empresario de las comunicaciones, hacerle saber a Carmona que un gobierno así no podría ser reconocido jamás por la administración del presidente George W. Bush. Pero el mensaje llega demasiado tarde. Carmona se autonombra rey de Venezuela. O como me dijera en una entrevista el periodista Teodoro Petkoff del diario Tal Cual, Carmona realiza un "pinochetazo *light*." Carmona se estaba saltando olímpicamente la constitución de 1999; controversial, sí, pero aprobada por una mayoría electoral.

Cuando leí la noticia, tumbado en la cama de mi hotel, algo no me cuadraba. "Este tipo de va a quedar solito muy rápido," pensé. Prendí la televisión y encontré la confirmación. Ninguno de los presidentes del grupo de Río que asistían a una reunión en San José, Costa Rica, quisieron reconocer el nuevo gobierno de Carmona. "Esto no suena bien," le comenté al productor Rafael Tejero, con quien he compartido algunas de las noticias más interesantes del hemisferio. El sólo apretó los labios y movió la cabeza de lado a lado.

Nos fuimos a trabajar todo el día, haciendo un reportaje sobre las detenciones—o casi linchamientos—de exfuncionario chavistas. Los allanamientos en las oficinas de los círculos bolivarianos descubren muchas armas, al lado de posters del Che Guevara y de Fidel Castro, y son mostradas a la prensa como prueba irrefutable de que personas cercanas a Chávez tenían la capacidad de realizar la masacre del jueves 11 de abril.

Al regresar al hotel Caracas Hilton el sábado 14 de abril por la tarde, prendo la televisión—es ya una especie de reflejo cada vez que viajo—y me doy cuenta que todos los canales están transmitiendo películas, recetas de cocina y programas de entretenimiento. Me quedo con la falsa impresión de que en Venezuela no ocurre nada dramático y llamo a las oficinas de Univision en Miami para que me saquen del país en el primer vuelo disponible. "Aquí no está pasando nada," les informo.

Me voy con Rafael y nuestro camarógrafo, Frank Ramírez, a las instalaciones de Venevisión—una empresa asociada a Univision—para editar nuestro reportaje del día. Pero allí nos encontramos a la gente muy nerviosa. Altos ejecutivos entran y salen de la sala de redacción con caras de preocupación. *"This is not right,"* me dice Rafael con su acento cubano y siempre con el oído bien afinado.

Nos dirigimos a un cuarto donde se monitorean los programas que se están transmitiendo en todo el país y me doy cuenta del problema: CNN en español está entrevistando a militares y funcionarios chavistas que aseguran que el ex–mandatario nunca renunció y que él, Hugo Chávez, sigue siendo el presidente legítimo de Venezuela. Pero lo más preocupante son las imágenes de miles de simpatizantes de Chávez físicamente, tomándose, el Palacio de Miraflores. Nada de eso aparece en los canales nacionales donde se siguen transmitiendo películas y programas de concurso. "Esto es alucinante," le comento a Rafael. "El nuevo gobierno se está desmoronando en CNN y aquí nadie dice nada."

Terminamos de editar el reportaje y antes de enviarlo por satélite a Miami nos encontramos con el primer obstáculo logístico. Venevisión no lo puede enviar por cuestiones de seguridad, sus equipos de transmisión satelital están escondidos y esparcidos por la ciudad. Intentamos salir de las instalaciones y los guardias de seguridad nos lo prohíben. No tienen que decirnos nada.

Una turba, molesta, desafiante, rodea los estudios y las oficinas de Venevisión. Son prochavistas. No hay duda. Llegaron en motocicletas, con palos y piedras y, quizás, pistolas. Son cerca de 200 o 250. Y ahí, en ese momento, entiendo porqué los reporteros de Venevisión, Radio Caracas TV, Televen y Globovisión, entre otros medios de comunicación, no pueden salir a la calle a cubrir la toma del Palacio de Miraflores: las hordas chavistas los atacarían impunemente.

Recuerdo, entonces, las declaraciones de un funcionario de la Sociedad Interamericana de Prensa (SIP): en Venezuela no hay libertad de expresión, lo que hay son periodistas valientes. El mismo grupo de chavistas, frustrados por la férrea seguridad de Venevisión y la arquitectura de piedra—como un castillo arriba de una montaña—se dirigen hacia las más vulnerables instalaciones de Radio Caracas TV y destruyen sus ventanales.

Nosotros también pasamos un buen susto. Mientras transmitíamos vía satelite los cambiantes hechos del sábado por la noche, una ráfaga de balas nos obliga a apagar las luces y a detener el envío. Las peligrosas circunstancias—con grupos de chavistas en motonetas atacando a periodistas—nos evitan volver al aire. En Miami muchos creen, equivocadamente, que me detuvieron o que me dispararon. Mientras, mi familia y amigos pasan momentos de verdadera angustia hasta que puedo salir del improvisado escondite y conseguir un teléfono para informarles que estoy bien. Bien asustado. Pero bien.

El regreso de Chávez al poder era sólo cuestión de tiempo. Los militares y funcionarios que lo traicionaron, uno a uno, hacen actos de contrición en el canal ocho de Venezolana de Televisión; la televisora del estado que vuelve al aire tras dos días de silencio. La dirigencia del chavismo se reagrupa en el canal ocho.

Al final, la torpeza del gobierno provisional de Carmona, la lealtad de los rangos medios y bajos del ejército al teniente coronel Hugo Chávez, la lentitud con la que los militares golpistas negociaron la nunca firmada renuncia y posible salida del derrocado presidente de Venezuela hacia Cuba, y los miles de chavistas que retoman las calles y el Palacio de Miraflores, se conjugan para Chávez regrese al poder.

Fue increíble. Nunca en mi carrera de periodista había visto algo semejante. Un videogolpe seguido por un rebote al poder 48 horas después. Me sentí privilegiado de poder contar, de primera mano, esa experiencia. ¿Quién ha sido testigo de un golpe y un contragolpe en dos días? Por cosas así me hice periodista. Pero, personalmente, me llenó de desesperanza que un "loco parlanchín"—como lo definió el escritor mexicano Carlos Fuentes—volviera a regir, con una mortífera combinación de represión y populismo, los destinos de Venezuela.

"Al César lo que es del César, a dios lo que es de dios y al pueblo lo que es del pueblo," dijo el presidente Chávez, como frase inicial de una larga alocución pública, poco después de regresar al palacio de Miraflores la madrugada del domingo 14 de abril. Ese día no hubo periódicos ni noticieros de televisión. Pero sí muchos saqueos.

"Esto ya se volvió a joder," escribí en mi libreta de apuntes. Eran las cuatro y media de la mañana del domingo y Chávez seguía hablando y hablando por televisión. Agarré el control remoto e hice click. Y Chávez desapareció de la pantalla. Pero sólo por un ratito. Pronto estaría de vuelta, y todavía con más fuerza.

DANIEL ORTEGA: CUANDO UN PRESIDENTE SE ESCONDE EN SU CASA

Tengo como estrategia el buscar el punto donde se doblan los entrevistados, particularmente los que tienen mucho poder e influencia. No hay líder que no tenga sus contradicciones. Algunas, cierto, son inocentes. Pero en otros casos, dichas contradicciones tienden a reflejar abusos mayúsculos.

Todo entrevistado tiene un punto donde se quiebra, donde es vulnerable. Y no siempre hay que hacer profundas investigaciones periodísticas previas a la entrevista para encontrar ese punto de rompimiento. El punto donde más frecuentemente se rompen los presidentes y políticos es al preguntarles sobre dinero. "Háganle las cuentas a los presidentes," suelo recomendarles a los estudiantes de periodismo. "Sumen cuánto dinero han ganado como funcionarios públicos y luego vean a cuánto ascienden sus cuentas bancarias y propiedades personales." Pocos presidentes, muy pocos, aguantan la prueba del dinero. Las sumas y restas, sencillamente, no les dan. Casi todos acaban teniendo mucho más dinero del que sugiere sus modestos salarios de hombres públicos. Y el mejor ejemplo que he encontrado es, quizás, el del expresidente de Nicaragua Daniel Ortega que dice no saber, siquiera, cuánto pagó por la casa en que vive.

NO SE PUEDE ENTENDER la historia reciente de Nicaragua sin Daniel Ortega. No únicamente fue el presidente del país luego de que los sandinistas derrocaran la dictadura de los Somoza, sino que durante años intentó recuperar, como candidato, la presidencia que le arrebató Violeta Chamorro en las elecciones de 1990.

Es imposible dejar de reconocer el valor y la importancia de la revolución sandinista para acabar con décadas de dictaduras. Pero también es preciso resaltar sus abusos cuando estuvieron en el poder.

Uno de los ejemplos más claros de ese abuso es conocido por los nica-

ragüenses como "la piñata." Se trata de propiedades que fueron confiscadas por los sandinistas y que fueron utilizadas para su beneficio personal.
Y en esta categoría cae la casa en la que vive Daniel Ortega.

En realidad es una fortaleza de 900 metros cuadrados de construcción
con seis habitaciones, seis fuentes, dos salas, oficina y varios comedores.
La casa, originalmente, era de Jaime Morales (quien más tarde sería uno
de los principales asesores del expresidente Arnoldo Alemán). Él puso la
primera piedra y con el tiempo la embelleció con maderas preciosas y
obras de arte hasta convertirla "prácticamente en un museo," según me
comentó.

Los sandinistas tomaron el poder el 19 de julio de 1979 y dos días después Jaime Morales viajó a la ciudad de México, como dirigente de la Cruz
Roja, para conseguir urgentes donaciones de sangre. La esposa de Morales y sus tres hijos estaban de viaje en Miami. Pero cuál sería su sorpresa
cuando se enteraron que dos días después del triunfo de la revolución, Daniel Ortega y su compañera Rosario Murillo se había apoderado de la casa.

"Por ausencia" fue el argumento de los sandinistas para confiscar la
propiedad. Sin embargo, Morales no estaba en el país debido a una misión
encargada por los mismos sandinistas. Desde entonces ha habido una pro-
longada batalla legal por la casa entre la familia Morales y Daniel Ortega.

Morales calcula que cuando la casa fue tomada por los sandinistas tenía
un valor superior al millón y medio de dólares, incluyendo las obras de
arte. Quizás hasta dos millones. Pero Ortega—según establecen copias de
los recibos del Banco de Inversiones Nicaragüenses de Desarrollo y que
tiene en su posesión Morales—sólo pagó 1500 dólares. Ese primero y
único pago se realizó en abril de 1990 tras la derrota de Ortega en las elecciones presidenciales y, supuestamente, se hizo para asegurarse de que la
propiedad quedara a su nombre.

Ortega asegura que la casa es un "símbolo" de la revolución sandinista,
adquirida "dentro del marco legal" y que si la regresara a Morales pondría
en peligro las viviendas que fueron confiscadas y repartidas al pueblo nicaragüense tras la caída de los Somoza. Lo curioso del caso es que, cuando
hablé con Ortega a finales del 96 en Managua, no recordaba cuánto había
pagado por "su" casa.

"DÉJEME HABLARLE MUY DIRECTAMENTE sobre su casa," le dije.

"Sí"

"Dicen que vale dos millones de dólares. ¿Cuánto pagó usted por la casa?"

"Bueno, la verdad es . . . primero . . . no vale dos millones de dólares. Esa es una exageración."

"¿Cuánto vale? ¿Cuánto valdrá? ¿Cuánto calcula?"

"Eh . . . no vale tanto. O sea, vale mucho menos."

"¿Un millón?"

"No, no, no. Es que no, no, no."

"¿Cuánto pagó usted por su casa?"

"Bueno, yo pagué un valor del . . . del . . . del . . . pagué un valor por la casa de acuerdo a lo que se pagaba en ese entonces, pues, por las viviendas en este país."

"¿Cuánto? ¿Cuánto fue entonces?"

"Bueno, la verdad es que no tengo el dato exacto, pues, no lo tengo. Tal vez si lo tuviera . . ."

"Pero más o menos."

"Fue muy poco, pues, fue muy poco."

"Sí, pero se lo quiero preguntar porque muchas personas ven ahí, precisamente, el miedo ante el regreso de usted al poder."

"O sea, para mí es muy sencillo salir de la casa . . . Pero por otro sería una señal mala para miles de nicaragüenses que se sentirían indefensos si yo hago eso. Es decir, sentirían que si yo salgo de la casa a ellos los van a sacar, sobre todo a la gente más humilde, a la gente más pobre."

ORTEGA, FINALMENTE, nunca me quiso decir cuánto pagó por su casa. Y la frase de hospitalidad que tanto se repite en América Latina—"mi casa es su casa"—se convirtió en impronunciable para el líder sandinista.

Ortega representa al viejo rebelde que nunca acabó por entender que la revolución sandinista se luchó en nombre de toda la gente y no únicamente para aquellos, pocos, que reemplazaron con un sistema autoritario la dictadura que les precedió. Ortega, sin embargo, ha hecho historia: es el único candidato en la historia de Nicaragua que ha perdido tres elecciones presidenciales consecutivas. ¿Hasta cuándo se dará cuenta que su tiempo ya pasó?

LUZ DE LAS NIEVES AYRESS MORENO: TORTURADA DURANTE LA DICTADURA DE PINOCHET.

Mis odios están perfectamente repartidos. Me molestan tanto las dictaduras de derecha como las de izquierda. Así como no permití que Fidel Castro me pusiera su brazo en el hombro, jamás hubiera permitido, tampoco, un abrazo de Augusto Pinochet. Me hubiera gustado enfrentar a Pinochet antes que perdiera la mente. Nunca se dio la oportunidad. Habría disfrutado escuchar su voz pituda de protesta antes las denuncias de las masivas violaciones a los derechos humanos durante su régimen asesino.

Irónicamente, las dictaduras de izquierda, como la de Fidel, han mantenido el apoyo de todo tipo de gobiernos mientras que los brutales regímenes de derecha rápidamente perdieron la batalla internacional de las relaciones públicas. Pero yo no creo que haya dictaduras buenas o malas, suaves o duras. Para mí, un dictador es un dictador es un dictador.

NUNCA HE VISTO EN LOS OJOS DE NIEVES. De todos mis entrevistados, Nieves es a la única que no le conozco la cara. Pero sé como suena su voz. Y su voz duele.

"Yo no maté a nadie, yo no robé. Mi delito fue ser joven y estar en contra de la dictadura y rebelarme contra los militares," me contó Nieves por teléfono.

Cuando tenía 23 años fue arrestada por primera vez. El general Augusto Pinochet, en septiembre de 1973, acababa de dar un golpe militar contra el régimen democráticamente elegido de Salvador Allende. Nieves fue liberada pero a los pocos meses, en enero de 1974, los militares volvieron a detenerla y los tres años que siguieron fueron los peores de su vida.

Al recordar esos días, la madre de Nieves, Virginia M. de Ayress, dice todavía angustiada: "De qué sirve esta vida de mierda si no soy capaz de defender a los míos."

Yo supe de Nieves muy tarde, en 1998; varios años después que regresara la democracia a Chile. Pero su testimonio—sacado de la cárcel en la vagina de una compañera y dado a conocer originalmente es febrero de 1975—me atormentó:

"Así me torturó Pinochet: me tomaron prisionera junto a papá y mi hermano Tato de 15 años . . . fue un operativo impresionante (y) nos trasladaron a una de esas casas que tiene el SIM (Servicio de Inteligencia Militar).

". . . me tiraron al suelo donde había mucha agua, entonces me aplicaron corriente en todo el cuerpo, pero mayormente en los senos, vagina, ano, ojos, boca, nuca.

". . . luego llamaron a papá y comenzaron a torturarlo delante de mí para que yo hablara y a la vez me seguían pegando a mí . . . luego llamaron a mi hermano e hicieron lo mismo con él.

". . . me tiraban brutalmente los pezones y me hacían estos cortes con cuchillos o navajas. Por la vagina me metían sus manos inmundas, botellas, los dedos y palos y cosas de metal, luego, nuevamente los golpes eléctricos.

"Me sacaron y me hicieron simulacros de fusilamientos.

"En Tejas Verdes fui de las más torturadas junto con otra señora de cinco meses de embarazo . . . me dieron por muerta. Creo que en Tejas Verdes murió mucha gente, pero no sé cuántas ni cuántos, ni los nombres; siempre estaba incomunicada.

"Entre las nuevas torturas que día a día me hacían . . . me acostaban sobre una mesa, me amarraban cada mano y cada pie y me estiraban . . . entre dos hombres me abrían las piernas y por la vagina me metían ratones y durante todo ese rato me seguían estirando."

Nieves es una sobreviviente. Y volvió a circular este testimonio porque a finales de siglo "mucha gente no sabía o no quería acordarse, especialmente los jóvenes y los políticos chilenos" de los horrores de la dictadura pinochetista.

Nieves estuvo 40 meses en la cárcel y luego expulsada de Chile (en diciembre de 1976) por ser considerada "peligrosa para la soberanía nacional." Vivió en Alemania, Italia, un par de países en Africa, ciudad de México y Nueva York. "Nací en Chile pero soy del mundo," me dijo.

Y nunca dejó de denunciar las atrocidades cometidas durante el régimen de Pinochet. Sobre todo, cuando el ex–dictador se tuvo que enfrentar a la justicia en Londres y en su propio país.

A pesar de los pesares, Nieves está convencida que le ganó la guerra a los militares golpistas. Cuando los militares le metían ratones en la vagina, su objetivo era—además de la tortura—esterilizarla al producirle toxoplasmosis. Pero no lo lograron.

Nieves tiene una hija adolescente que cumplió 20 con el nuevo siglo. Y su voz fuerte, inquebrantable, valiente, se licua cuando habla de ella. "Mi hija es mi triunfo sobre los militares," me dijo orgullosa antes de colgar. Es el triunfo de la vida sobre la muerte.

RUBÉN BERRÍOS: EL SUEÑO DE LA INDEPENDENCIA

En otras épocas o en otro lugar, Rubén Berríos pudo haber sido un guerrillero. Pero nació en Puerto Rico y decidió ser independentista. Berríos, como muchos latinoamericanos, no puede entender que una persona prefiera vivir colonizada a vivir libre. Aunque esa colonia sea Estados Unidos. Y por eso ha dedicado su intelecto y sus fuerzas a luchar por lo que, parecería, muy pocos quieren en Puerto Rico: la independencia.

Una periodista puertorriqueña me dijo en una ocasión la siguiente frase para describir el ambiguo, estatus político de Puerto Rico: "Hay pájaros que se quedan en la jaula aunque tengan la reja abierta." Y Berríos es de los que ha tratado de quitarle el miedo al pájaro para que se eche a volar.

En los últimos plebiscitos y en la mayoría de las encuestas, la causa independentista ni siquiera araña el cinco por ciento. Las opciones de la estadidad y del estado libre asociado, están enfrascadas en un agrio equilibrio que ha dejado a Puerto Rico en un estatus de ambigüedad permanente. Y quizás ese balance se rompa con Vieques.

El 19 de abril de 1999 dos bombas de 500 libras cada una mataron accidentalmente en Vieques al guardia puertorriqueño David Sanes. Las bombas habían sido lanzadas desde un avión F-14 de la Marina norteamericana. Y desde entonces el fervor independentista—que tanto apoyo tuvo en los años 1914, 1936 y 1945—resurgió con una fuerza inusitada.

"Ni una bomba más" fue el grito de guerra de políticos, activistas y puertorriqueños en general exigiendo un alto inmediato a los ejercicios de la Marina estadounidense en Vieques. En otras palabras, le estaban diciendo a la Marina: fuera de mi casa. Lo que pocos estaban midiendo es que correr a los estadounidenses de Vieques implicaba el riesgo de que se retiraran, permanentemente, de todo Puerto Rico. Y eso es precisamente lo que estaba buscando Berríos y otros independentistas. Terminar con un siglo de colonización. Estados Unidos—difícil de creer en esta época—insiste por la fuerza en imponer su voluntad en la isla de Vieques.

Conocí a Berríos en Vieques, un día antes de que fuera arrestado. El jueves 4 de mayo del 2000 agentes federales, del FBI y policías locales desalojaron a más de 200 manifestantes que durante 361 días hicieron de Vieques un territorio independiente.

Un problema de diverticulosis le había hecho bajar 30 libras, pero a sus 60 años aún se veía fuerte y decidido. Casi un año acampado en la isla no había evitado que llevara unas uñas impecables y una barba blanca perfectamente bien cortada, combinando con su holgada camisa y pantalón verde sin calcetines. En la pequeña choza de techo metálico donde vivía descubrí, junto a platos de yautía, arroz, plátano y zanahoria, muchos libros sobre América Latina—"Puerto Rico ni es, ni ha sido ni podrá ser jamás norteamericano. Y por lo tanto es latinoamericano y va a ocupar su lugar en el concierto de naciones libres latinoamericanas," me decía, mientras barajeaba los títulos—y una biografía de Kemal Ataturk (1881–1938) el fundador de la nueva Turquía.

Todo esto era una inequívoca señal de la visión histórica que Berríos y sus seguidores tenían para Puerto Rico. En el pasado: colonia. Para el futuro: independencia.

Berríos, no hay duda, es un soñador. Pero todas las revoluciones comenzaron con un sueño.

"¿Usted cree que Vieques está abriendo la posibilidad de que Puerto Rico sea independiente por primera vez en un siglo?" le pregunté, mientras nos cubríamos en la playa de un sol lacerante.

"Bueno, la independencia de Puerto Rico depende del respeto que los puertorriqueños nos guardemos a nosotros mismos, y de que perdamos la impotencia," me dijo. "Y la impotencia está falleciendo con esto de Vieques porque tenemos a raya a la marina de los Estados Unidos."

"¿Vieques hizo el cambio? ¿Vieques fue el catalizador que va a permitir la independencia?"

"Yo creo que en unos años veremos que Vieques es el catalizador para la soberanía de Puerto Rico. No tengo la menor duda de esto. La historia de Puerto Rico se va a escribir antes y después de Vieques."

Para Berríos, Puerto Rico es una nación con un idioma, una identidad, una cultura e historia muy distintas a la de Estados Unidos. Y por lo tanto, no ve posibilidades de que se convierta en el estado 51 de la unión americana.

"¿Usted cree que la estadidad está ahora más lejos que nunca en la historia de Puerto Rico?"

"Eso. La estadidad es una pesadilla de una noche de verano. Eso ni le conviene a los norteamericanos ni le conviene a los puertorriqueños ni le conviene a los latinoamericanos . . . Puerto Rico es una nación distinta. En el campo, aquí, tenemos una frase bien vieja: 'Ningún jíbaro se echa un guabal al pecho.' Es decir, ningún jíbaro se pone una araña en el medio del pecho. Y el jíbaro americano no se va a echar esta araña al pecho."

Berríos fue arrestado y expulsado de Vieques unas horas después de nuestra entrevista. El lunes 8 de mayo del 2000—exactamente un año después de que Berríos estableciera su campamento en la isla nena—se reanudaron los ejercicios militares de la Marina norteamericana en Vieques.

Los que creían que el tema de Vieques iba morir con los hechos terroristas del 11 de septiembre del 2001 están muy equivocados. Lo que existe es un cambio de estrategia para sacar a la marina norteamericana de Vieques y eventualmente—para los buscan la independencia—arrancarle a Estados Unidos la soberanía de Puerto Rico.

Tras la muerte de más de tres mil personas en el World Trade Center de Nueva York, el Pentágono en Washington y en Pennsylvania era muy delicado realizar protestas violentas en contra de la presencia de la marina estadounidense en Vieques. Nadie quería dar la impresión de ser antiamericano o de sugerir algún tipo de alianza con los terroristas.

Así, lo que cambió en Puerto Rico fue el tono de las protestas contra la presencia de la marina de Estados Unidos. Lo que no cambió fue la determinación de la mayoría de los puertorriqueños (de acuerdo con las encuestas) de terminar con los ejercicios militares y sacar a la marina de Vieques. Eso es lo que me dijo Rubén Berríos, el líder del Partido Independentista, en una cálida conversación en sus viejas oficinas de San Juan a finales del año 2001.

Berríos sonaba optimista. Nunca ha dudado de la legitimidad de su lucha por ver a Puerto Rico como un país independiente. Y me sorprendió que, tras los actos terroristas del 11 de septiembre, aún se encuentre intacta la intensidad de sus convicciones.

"Puerto Rico, algún día, será independiente," me dijo viéndome directo a los ojos.

"¿Pero le tocará a usted verlo?" le pregunté con un poco de insolencia.

"Claro que sí," respondió, para luego matizar. "Espero que sí."

LA ÚLTIMA VEZ QUE HABÍA VISTO a Berríos fue en la misma isla de Vieques antes de que fuera arrestado. La piel del líder independentista había perdido un poco el color que le pintó el sol viequense durante casi un año. Pero su mente no había parado de maquinar, de mil maneras, la fórmula para independizar a Puerto Rico.

"Puerto Rico es, a la altura del siglo XXI . . . una nación que no disfruta de su soberanía," había dicho Berríos en un discurso poco después de los atentados terroristas en Estados Unidos. "La razón es sencilla: nos ha tocado ser colonia de Estados Unidos (en) el siglo XX." Pero eso, cree Berríos, no tiene por qué ser una condición permanente; él está convencido que el tema de Vieques ha despertado la puertorriqueñeidad y la incomodidad en muchos boricuas de ser una colonia. Puerto Rico para los puertorriqueños, parece ser el grito de guerra.

Ahora bien, Berríos tampoco es un iluso. El sabe perfectamente que en las últimas elecciones su partido, el Independentista, no ha alcanzado siquiera el cinco por ciento del voto. Y con las bien financiadas campañas de los desean que Puerto Rico siga como está—en un estado libre asociado—o que se convierta en el estado 51 de Estados Unidos, es muy poco probable que los independentistas logren su objetivo a través de un plebiscito. ¿Entonces?

Entonces lo que Berríos propone es un cambio de estrategia. "Estados Unidos hará lo que hagamos que haga," le gusta decir al líder independentista de pelo encanecido y sonrisa fácil. "Los puertorriqueños tenemos que diseñar una estrategia para el siglo XXI."

Y la estrategia consiste en que los distintos partidos políticos creen una Asamblea Constituyente, una Asamblea Constitucional de Status o algún otro mecanismo similar para "forzar a Estados Unidos a responder a la voluntad de los puertorriqueños." La pregunta es: ¿cuál es esa voluntad?

Los temores de muchos puertorriqueños de que la independencia los convertiría en una isla pobre del tercer mundo son entendibles. Pero Berríos contraataca diciendo que el período de transición para obtener la soberanía sería largo y que nada evitaría que Puerto Rico tuviera un muy beneficioso acuerdo (comercial, migratorio, cultural . . .) con Estados Unidos. Lo importante es, para él, arrancarle la soberanía de la isla a los norteamericanos.

La apuesta de Berríos es que, cuando los puertorriqueños pierdan el temor de verse sin Estados Unidos, haya una alternativa política viable. Y para eso el asunto de Vieques sigue siendo fundamental. Para Berríos, si Vieques (la isla nena) lográ liberarse de Estados Unidos, el siguiente paso lo tendrá que dar la isla grande.

En otras palabras, después del terror de septiembre, la lucha por Vieques está más viva que nunca.

Berríos va contra corriente pero sabe que los grandes cambios en la historia comienzan con una idea y mucha determinación. Y por eso me llama tan poderosamente la atención. Si Berríos hubiera nacido en otro país, no tendría más opción que convertirse en revolucionario. Pero le tocó nacer en Puerto Rico. Él es, sin duda, el rebelde más civilizado que he conocido. Y lo único que quiere es lo mismo que los norteamericanos quisieron para sí mismos: un país libre y soberano donde vivir.

Me llama mucho la atención la lucha de Berríos porque, cómo yo, está buscando su casa. La diferencia es que él sí sabe dónde está. Su problema, sin embargo, es que su casa está ocupada por otros.

Berríos puede tener un sueño imposible pero lleva una enorme ventaja: está del lado correcto de la historia al tratar de ponerle un alto a más de 100 años de colonizaje en Puerto Rico. ¿Acaso es mucho pedir?

Éstas han sido algunas de mis guerras y mis amores. Y en mi mente no puedo separar unas de otras. Todas han dejado cicatriz.

CUATRO | EL ETERNO REGRESO

ME DUELE MÉXICO

. . . fuera de lugar en todos lados, mi hogar en ningún sitio.

. . . en mi propio país, también, algunas veces, me siento como exiliado.[44]

—JAWAHARLAL NEHRU (CITADO DE THE GLOBAL SOUL DE PICO IYER, VINTAGE BOOKS, 2000)

. . . el mexicano se me aparece como un ser que se encierra y se preserva: máscara el rostro, máscara la sonrisa.

—OCTAVIO PAZ (EL LABERINTO DE LA SOLEDAD, FCE 1959)

México: las manos vacías de pan
pero la cabeza llena de sueños

—CARLOS FUENTES (EL INSTINTO DE INES, 2001)

Estoy parado en el zócalo de la capital, en el mero centro de México. Es el primero de diciembre del 2000. No estoy sólo. Decenas de miles de mexicanos escuchamos el discurso de Vicente Fox, el primer

---

[44] " . . . out of place everywhere, at home nowhere. (. . .) in my own country, also, sometimes. I have an exile's feeling." Jawaharlal Nehru.

presidente de oposición desde 1911. Por fin llegó la alternancia a la presidencia de México después de 71 años de abusos del Partido Revolucionario Institucional (PRI). Y con la alternancia llegó a México la verdadera democracia representantiva.

"Mexicanos al grito de guerra . . ." Estoy, aquí, en el mismísimo centro del país, cantando el himno nacional. Es una sensación extraña. Hacía 20 o 25 años que no lo cantaba porque odiaba hacer cualquier cosa que mostrara lealtad o cercanía a los gobiernos priístas que se apropiaron ilegítimamente de todo: del poder, de los colores de la bandera, de las estrofas del himno nacional . . .

Pero hoy es diferente.

Canto el himno nacional y se me pone la piel de gallina. A pesar del frío siento escurrir un par de lágrimas sobre mi cara, calientitas, hasta perderse en las comisuras de la boca. Estoy sinceramente emocionado.

DURANTE 12 AÑOS fui tristemente célebre entre mis compañeros periodistas y algunos políticos por siempre hacerle la misma pregunta a los presidentes de México. Desde 1988 cuando entrevisté por primera vez al expresidente Carlos Salinas de Gortari, pasando por Ernesto Zedillo en 1996 y culminando en el 2000 con Vicente Fox, no recuerdo haber tenido una conversación con estos mandatarios mexicanos sin preguntarles sobre el dedazo.

El dedazo era la práctica de todos los presidentes priístas de designar a su sucesor. Era un decisión personal y final. Y una decisión que coincidía con los resultados de elecciones fraudulentas y amañadas. Era, desde mi punto de vista, el principal obstáculo para que la verdadera democracia representantiva se impusiera en México. Por eso insistía en el tema. Además de mi responsabilidad como periodista sentía que era una obligación como mexicano.

Estos son otros tiempos en que los periodistas mexicanos se pueden dar el lujo—bien ganado—de preguntar lo que se les pegue la gana a cualquier funcionario sin sufrir castigos o represalias. Pero antes del 2000 muchos periodistas hubieran puesto su trabajo en riesgo con una pregunta agresiva cortante, al presidente de la república.

Lo fascinante del fenómeno del dedazo era que todo el mundo lo sabía pero nadie quería hablar sobre el tema públicamente. Con la publicación del libro La Herencia[45] de Jorge Castañeda en 1999—en la que todos los expresidentes mexicanos vivientes: Luis Echeverría, José López Portillo, Miguel de la Madrid y Carlos Salinas de Gortari, hablaron sobre la manera personal y antidemocrática en que fueron elegidos—se desmitificó, por fin, el tema del dedazo. Pero antes del 99 era tema casi prohibido en los altos círculos del poder en México. Por eso siempre incomodaron mis preguntas al respecto.

Desde mi trinchera en Miami me sentía seguro. Con cada pregunta sobre el dedazo, lejos de poner en peligro mi empleo, lo solidificaba. Y la creciente comunidad mexicana en Estados Unidos—me lo hacían saber—apreciaba enormemente cuando un periodista cuestionaba al presidente de México sobre sus abusos.

En las elecciones del 6 de julio de 1988 tuve un intercambio de 38 segundos con el entonces candidato presidencial Carlos Salinas de Gortari que, a todas luces, había sido designado como el ganador por el mandatario en turno Miguel de la Madrid. Encontré a Salinas de Gortari acorralado, haciendo fila votar y acompañado de su hija y guardaespaldas.

"Dicen que el presidente de México es el que elige a su sucesor. En este caso ¿Miguel de la Madrid lo escogió a usted como su sucesor?" le pregunté.

"Pues la cola es larga," me dijo, refiriéndose a las decenas de personas antes de él listas para votar. "Quiere decir que son los mexicanos al votar los que eligen a su presidente."

Salinas, evidentemente, no quería decir la verdad. Su contestación era parte de un viejo juego político en el que era necesiario ocultar el proceso de selección del nuevo presidente. Horas más tarde, se realizaría uno de las más escandalosos fraudes electorales en la historia moderna de México.

Los primeros reportes de la votación tras el cierre de las urnas indicaban que el candidato izquierdista Cuauhtemoc Cárdenas iba, sorprenden-

---

[45] La Herencia. Jorge G. Castañeda, Alfaguara, abril 1999.

temente, a la delantera. Pero, de pronto, el sistema computarizado de conteo de votos dejó de funcionar. "Se cayó el sistema," dijeron los encargados del conteo. En realidad, el sistema se calló por varios días hasta que vieron la forma de darle, fraudulentamente, la victoria a Salinas. Como ejemplo basta mencionar que 1762 casillas tuvieron el 100 por ciento de los votos a favor de Salinas, como en las mejores épocas de la Unión Soviética; nadie se enfermó, nadie faltó, nadie votó por la oposición, todos lo hicieron (supuestamente) por Salinas.

El 29 de agosto de 1994 al poco tiempo de dejar el poder, tuve la oportunidad de entrevistar a Salinas en la residencia oficial de Los Pinos. Y allí le volví a preguntar sobre el dedazo que lo había puesto en la presidencia.

"(El expresidente) Luis Echeverría, en septiembre del 90, decía: 'La tradición en México es que el mandatario en turno elija a su sucesor.' ¿Eso se acabó en México?" le pregunté.

"Yo diría que cada quien hace la reflexión conforme a su propia experiencia," me contestó evadiendo el tema.

SALINAS DE GORTARI se fue de México luego que su hermano Raúl fuera detenido y acusado de ser el autor intelectual de la muerte del líder priísta José Francisco Ruiz Massieu. Había—hay—también muchas preguntas sobre la fortuna de Raúl y de cómo la acumuló sin que el entonces presidente se enterara.

Años después (el 6 de octubre del 2000), en una pausa de su largo exilio en Dublín, Irlanda, volvimos a tocar el tema en una larga conversación en la ciudad de México. Y ahí le pregunté sobre cómo él, personalmente, había escogido como candidatos presidenciales a Luis Donaldo Colosio y luego a Ernesto Zedillo (tras el asesinato de Colosio en marzo del 94). Y en esa ocasión las respuestas fueron otras.

"Usted escogió a Zedillo ¿no?"

"Yo jugué un papel fundamental para que el doctor Zedillo fuera el candidato del PRI a la presidencia de la república," dijo Salinas, reconociendo el asunto en público por primera vez. "Sí, y también (tuve) un papel fundamental para que Luis Donaldo Colosio fuera el candidato del PRI a la presidencia de la república."

"Dos veces usted, personalmente, escogió a quién sería."

"Dos veces jugué un papel esencial para que el PRI postulara como candidatos a la presidencia de la república a Donaldo Colosio y a Ernesto Zedillo."

ERNESTO ZEDILLO, elegido presidente en 1994, nunca quiso reconocer lo que todo el mundo sabía; que gracias al dedo de Salinas de Gortari él llegó a Los Pinos. Ahí, en el salón Vicente Guerrero y junto a María Elena Salinas, tuve la oportunidad de hablar con Zedillo el 29 de octubre de 1996. El intercambio estuvo cargado de tensión.

"La tradición en México, y no es ningún secreto, es que el presidente en turno escoja a su sucesor, en lo que los mexicanos conocen como el dedazo. Y muchos mexicanos piensan que usted no hubiera podido obtener esa candidatura del PRI sin Salinas de Gortari. ¿Usted le debe esa candidatura a Salinas de Gortari?" pregunté

"Mire. En primer lugar quiero corregir algo que usted dijo. El presidente de México no escoge a su sucesor. Lo que dice la tradición oral, política de México, es que el presidente en turno tiene una enorme influencia, aunque no determinante en el candidato . . ." dijo Zedillo tratando de ocultar lo obvio.

"¿No es determinante?

". . . en el candidato que escoge el Partido Revolucionario Institucional."

"A lo que me refiero es que la candidatura . . . Yo estuve aquí (en 1994), no hubo ningun congreso; incluso, el expresidente Salinas de Gortari, en una carta pública, habló claramente de cómo defendió su candidatura frente a presiones de otros políticos, incluyendo al expresidente Luis Echeverría. Y recuerdo haber hablado con Santiago Oñate, el presidente del PRI, el 26 de febrero (de 1996) en Washington, y me dijo textualmente: 'El candidato presidencial se escoge con intervención directa del presidente.' Lo que queremos establecer—y usted nos prometió hablar con la verdad—es que los mexicanos sepan cómo lo escogieron a usted como candidato." Argumenté.

"No. Pero usted, mejor, vaya y pregúntele al PRI. Verdad. A mí se me informó de mi partido que yo sería candidato (y) asumí la responsabilidad."

Negativa total. La incomodidad de Zedillo con esa y otras preguntas fue tal que nunca quiso volver a hablar conmigo.

Manuel Clouthier, el desaparecido líder del Partido Acción Nacional (PAN) solía decir que "la cochi no suelta la mazorca ni aunque le den palos" para referirse a la actitud antidemocrática del PRI de mantenerse en el poder a como diera lugar. Pero algo cambió en México al fin del siglo.

El partido de Salinas de Gortari y de Zedillo perdió las elecciones presidenciales cuando por primera vez un organismo independiente—el Instituto Federal Electoral—y no el gobierno estuvo a cargo de la organización de los comicios y del conteo de votos. Con las elecciones del 2 de julio del 2000 terminaron 71 años de trampas, fraudes y mentiras que le habían permitido al PRI eternizarse en el poder. Vicente Fox, el mismo día de su cumpleaños número 58, se convertía en el primer presidente elegido democráticamente desde 1911. 16 millones de mexicanos votaron por este ranchero y expresidente de Coca-Cola.

Hablé con Fox el lunes 3 de julio, un día después de su triunfo sobre el candidato priísta Francisco Labastida. Estaba cansado pero todavía efusivo. Traje, corbata y botas vaqueras. Y, desde luego, lo que resaltó en nuestra conversación fue la llegada, al fin, de la verdadera democracia representativa.

"¿GANÓ EL PAN O PERDIÓ el PRI?" pregunté.

"Pues me parece que ganó México," dijo Fox. "Lo primero; hubo una competencia fuerte, a veces áspera, ruda en el proceso electoral. Pero al final pues ganamos los mexicanos y ganó la democracia. Setenta y un años llevábamos con el mismo gobierno. De hecho, es la primera vez en la historia de éste país donde se transfiere el poder de un partido político a otro. Nunca había sucedido. Así es de que, cada minuto y cada día, estamos haciendo historia y estamos caminando senderos prístinos que nunca antes habíamos pisado."

"Pero ¿fué un voto de rechazo al PRI?"

"Sí, sí, de manera importante. Yo diría que quizá hasta la mitad de los votos bien pudieran haber sido por esa causa. Hay un hartazgo. Pero por el otro lado también hubo propuesta, propuesta que interesó mucho a los ciudadanos. Nuestra propuesta, sobre todo, de ser un gobierno incluyente, un gobierno de transición, un gobierno plural. Fuimos el único que planteó ésto y me parece que ahí estuvo uno de los puntos importantes de nuestro triunfo."

FOX HABÍA LOGRADO, antes de comenzar como presidente, la hazaña más importante de su carrera política; ser el catalizador de la democracia en México. Era el fin del dedazo. Y difícilmente podría igualar en seis años de gobierno lo que hizo ese 2 de julio del 2000.

El problema personal para Fox era que nada, absolutamente nada, de lo que pudiera lograr durante su gobierno podría equipararse al desmantelamiento de 71 años de un sistema autoritario. Pero con Fox vino también, la inevitable desilusión de darse cuenta que la democracia no es una varita mágica que genera por sí misma trabajos y resuelve crisis financieras.

La victoria de Fox terminó por consolidar un movimiento democratizador en todo el hemisferio. La desaparición de la dictadura chilena de Augusto Pinochet, de los Somoza en Nicaragua, de los frecuentes golpes militares en Argentina, Brasil, Uruguay y Paraguay e, incluso, la humillante renuncia por fax del dictador peruano Alberto Fujimori fueron señales inequívocas de la dirección que está tomando América Latina. Con la excepción de Cuba. Pero incluso hoy en día no es tan fácil ser un dictador. Fidel Castro, que fue recibido con aplausos y confeti durante la cumbre Iberoamericana en Guadalajara en 1991, fue prácticamente expulsado de la Conferencia para el Desarrollo en Monterrey, México, en marzo del 2002. Castro se convirtió en menos de una década en un visitante incómodo y en el apestado de moda. Cuando pienso en Castro recuerdo el libro *El Otoño del Patriarca,* probablemente, mi favorito. Lo curioso es que Gabriel García Márquez lo haya escrito pensando en el dictador chileno Augusto Pinochet. A mí en cambio me hace pensar en su amigo cubano, Fidel.

Y si bien es cierto que el movimiento democratizador está casi completo en el hemisferio, el problema de la pobreza no da marcha atrás. Hoy hay más pobres en América Latina que nunca antes y ni las fórmulas neoliberales ni la multimillonaria ayuda norteamericana ni los préstamos —en ocasiones francamente suicidas— del Banco Mundial o del Fondo Monetario Internacional han sido suficientes para crear y distribuir riqueza de una manera equitativa. Y eso —el doloroso y punzante crecimiento de la pobreza— es la principal amenaza para la estabilidad y supervivencia de los nuevos regímenes democráticos en la región. De nada sirven presupuestos bien balanceados y una deuda externa pagable si los latinoamericanos en su mayoría son cada vez más pobres.

La llegada de la democracia tampoco ha significado mayor justicia. Cuando Fox era candidato prometió investigar, enjuiciar y meter en la cárcel a los "peces gordos" o criminales de administraciones pasadas. Me gustaba mucho más Fox como candidato que como presidente. La impunidad y la corrupción, en distintos grados, siguen siendo brutales características de las nuevas democracias latinoamericanas. Lo viejo no ha muerto y lo nuevo no ha nacido del todo en América Latina. No es fácil echarse a correr con uno de los pies amarrados.

En estas condiciones, el periodismo crítico e investigativo es fundamental. En los países de América Latina los periodistas compensan la falta de justicia, desarrollando labores que le corresponderían a la policía, al procurador general o al defensor oficial de los derechos humanos. Y en naciones, como Estados Unidos y dentro de la Unión Europea, un periodismo vigilante y alerta le da voz a los grupos que tradicionalmente han sido discriminados o echados de lado.

No hay compensación plena ante la falta de justicia, pero el periodismo algunas veces logra equilibrar los grandes desbalances sociales. Algunas veces.

NACÍ CON EL PRI EN LA PRESIDENCIA y muchas veces temí morirme con el PRI en la presidencia. Afortunadamente, eso, no ocurrirá. Y estaba tan contento de que mi país podía tener un futuro sin el PRI que me fui, con un grupo de amigos, a jugar futbol al lado de la Catedral metropolitana y a un ladito del zócalo. Ciertamente era una señal de irreverencia.

Pero también era como decir: este país es de nosotros. Un par de policías nos veían, a los lejos, asombrados. En otras circunstancias nos hubieran ordenado salir de ahí. "Aquí, junto a la Catedral, en el zócalo, frente al Palacio Nacional, no se juega futbol," habrían pontificado. "Estos son lugares que hay que respetar." Si nos hubiéramos negado a salir, los policías habrían llamado a un refuerzo de seguridad y probablemente el gol final sería de ellos. Éstos, sin embargo, era otros tiempos. Nos vieron jugar y nos dejaron en paz. Las reglas de la democracia empezaban a aplacar al pasado autoritario de México.

México empezaba a cambiar. Sin embargo, el triunfo de Fox sí me generó una fuerte interrogante a nivel personal. Siempre había pensado en regresar a México para ayudar, en lo que pudiera, a que llegara la democracia, la de a de veras. Y ahora que ya había llegado ¿qué debía hacer? ¿debería continuar con mis planes de regresar algún día? ¿descartaba la posibilidad de meterme en la política, en México? ¿o debía, mejor, plantearme un futuro semipermanente en el periodismo?

La realidad es que como periodista, a veces, me canso de sólo observar, de ser testigo y me dan unas ganas inmensas de saltar al otro lado de la cámara para hacer algo. Lo que sea. Pero hacer. Las preguntas son ¿qué? y ¿dónde?

Esa inquietud me consume. Estoy viviendo un momento de transición pero no sé hacia dónde. Las mismas preguntas que me hice de jóven— ¿quién soy? ¿qué quiero hacer con el resto de mi vida?—han resurgido. Pero el problema es que ahora ya tengo una trayectoria. ¿Debo seguir haciendo lo mismo por el resto de mi vida: presentando noticieros de televisión, haciendo entrevistas y reportajes, escribiendo libros . . . ? ¿Es Walter Cronkite y compañía un posible modelo a seguir para un periodista hispanoparlante? ¿O debo cambiar y arriesgarme—como cuando me fui de México—y lanzarme al mundo de la política? Aún si la respuesta a esta última pregunta fuera "sí," tendría que resolver el problema de dónde hacerlo. ¿Quiero regresar a hacer política en México, un país que cada día conozco menos? Para dejar abierta esa opción he mantenido mi ciudadanía mexicana.

El asunto lo he tomado tan en serio que estudié una maestría de relaciones internacionales en la Universidad de Miami, en el poco tiempo libre que me dejaba el noticiero, para no estar en desventaja frente a tantos políticos mexicanos que tienen estudios de posgrado en el exterior. Pero, irónicamente, este ejercicio académico me preparó para poner en el contexto debido mi trabajo como periodista, en lugar de darme, como lo había esperado en un principio, las herramientas necesarias para lanzarme al mundo de la política. Esa opción, por el momento, no está desechada. Pero, de pronto, han surgido nuevas interrogantes en caso que decidiera quedarme permanentemente en Estados Unidos.

¿Sería preferible convertirme en ciudadano norteamericano y aspirar a algún puesto en el congreso o en el senado? He considerado, incluso, la alternativa de involucrarme con UNICEF, Naciones Unidas o algún organismo dedicado a los inmigrantes. Pero muchas veces me resulta obvio que la labor periodística, sola, es insuficiente en mis proyectos personales. Antes de decidir qué hacer, sin embargo, tengo que saber cuál es mi país y dónde está mi casa.

La otra reflexión es que cada día desconozco más al país donde nací. No es suficiente visitar México tres o cuatro o cinco veces al año. Incluso diez veces no bastarían para ponerme al día. Nada puede reemplazar el vivir permanentemente en un lugar. Cuando escribo sobre México, en mis artículos—que se publican por la Internet y en periódicos de casi todos los países del continente—ahora hay un tinte de lejanía. Es la visión del que ve de afuera hacia adentro. Y eso me duele. Mi país, poco a poco, está dejando de ser mío.

Cuando escribo sobre México lo hago ahora casi como un extranjero. Hay diez, 15, 20 periodistas mexicanos que probablemente han escrito sobre el tema antes que yo y con un lujo de detalle al que no puedo aspirar desde lejos.

Eso, también, lo he utilizado a mi favor. He aprendido a hacer preguntas más cortas y directas—como acostumbra la prensa norteamericana— y a preocuparme poco por la molestia e incomodidad del entrevistado ante el interrogatorio. El estilo quizás pueda generar buenos encontronazos para la televisión pero tengo que reconocer que no tienen la profundidad ni el contexto o actualidad de una conversación entre dos personas que viven en las mismas circunstancias.

Cuando llegué a Estados Unidos en 1983 me llamaba mucho la atención la visión estereotipada de los mexicoamericanos respecto a México. Sus puntos de referencia—la comida, los hoteles de moda, los políticos locales, los equipos favoritos en el futbol . . .—nada o muy poco tenían que ver con el presente. Y ahora a mí me está pasando algo similar.

El México que dejé es muy distinto al de principios de este siglo. La música que escuchaba sólo se encuentra en discos de 33 revoluciones. Los escritores que leía tienen artritis y algunos, incluso, se resisten a usar una computadora. Los equipos de futbol que seguía—los Pumas de la Universidad y las Chivas del Guadalajara—tienen a jugadores que podrían ser mis hijos. Y mis compañeros de escuela y universidad tienen menos pelo que en mis recuerdos y más panza de lo aconsejable médicamente.

Además, ciertos resentimientos y odios que me llevé de México ya están caducos. Particularmente en la política. Hablar de censura de prensa en estos días es ridículo. Hay presiones, sí, pero nada parecido a lo que me empujó a irme del país. Así que al tratar de explicar ahora por qué me fui a vivir a Estados Unidos hace casi dos décadas recibo frecuentemente unas miradas de sospecha. Las razones que entonces tenían un gran peso emocional para mí se han desvanecido en la realidad diaria de la sociedad mexicana y son prácticamente desconocidas para las nuevas generaciones. Y el México que dejé—dominado por un sólo partido autoritario, abusivo, corrupto, omnipresente—se halla únicamente en los libros de texto. Y en mi memoria.

En cada visita busco actualizarme. Pero es imposible saber qué ideas se debaten, qué música se escucha, qué restaurantes son los más ricos y qué frases se utilizan en unos cuantos días. Cuando me fui de México era común decir la frase: "¿qué onda?" Hoy el "¿qué onda?" ha sido reemplazado por el "¿cómo ves?" y el "cuate" o "chavo" por el *broder*." Sigo diciendo "órale" o "híjole" pero me suenan, ahora, un poquito fuera de lugar.

En mi época de joven las estaciones de radio tenían una carga considerable de música en inglés; hoy el español predomina. Y entonces era dificilísimo encontrar a un periodista a quien creerle. Había que leer entre líneas. Recuerdo incluso mi infructuosa búsqueda de una revista francesa—Paris Match—que tenía a principios de los 80 un reportaje crítico respecto al presidente José López Portillo. Ese tipo de reportajes no se podían leer en México. Las pocas revistas de ese número que lograron entrar al país fueron rápidamente recogidas y confiscadas. Hoy, tanto en la televisión como en la radio y en la prensa escrita mexicana, es frecuente encontrar a periodistas honestos, contestatarios, críticos.

Hago un enorme esfuerzo por no quedarme atrás en los cambios que vive México. Pero es una carrera que no puedo ganar. Cada vez hay más cosas que desconozco. Me está pasando con México como con el chile; mi resistencia a la salsa picante ha ido en franco declive como mi conocimiento intrínseco de la nación donde crecí. A veces creo que me he ido desmexicanizando.

La ciudad de México, que recorrí en mi juventud en camiones, auto y metro, me es cada vez más ajena. Antes podía hasta intuir la duración de un semáforo, las rutas de menos tráfico de acuerdo con la hora del día y los lugares a dónde ir el fin de semana sin necesidad de urgar el periódico. Todavía me atrevo a manejar allí pero lo hago con una clara atrofia; voy más pegado al freno que al acelerador y he perdido la costumbre de sonar el claxón ante la más mínima excusa.

Estoy acostumbrado, también, a vivir en una sociedad—la norteamericana—donde las cosas se pueden resolver por teléfono, fax o la Internet. No tengo que cambiar de placa de auto cada dos años ni perder toda una mañana para renovar mi licencia de manejar o para ir al banco; casi todo se puede hacer por correo. En comparación, México me aparece como una sociedad cargada de obstáculos burocráticos y donde el más simple de los trámites puede convertirse en una verdadera pesadilla de esperas y contratiempos. En eso no extraño a México.

Pero al perderme los retrasos, los trucos, las explicaciones sin lógica—"hoy no vino a trabajar el encargado de la oficina," "se nos fue la luz y perdimos su información en el sistema," "para eso va a tener que hablar con el licenciado y está muy ocupado, venga mañana . . ."—dejé de estar en contacto con un México que ha cambiado mucho en las últimas dos décadas. La frustración de la sociedad mexicana—con la pobreza, con la corrupción consuetudinaria, con los abusos de las autoridades—es palpable. Así se explica, en parte, la derrota del PRI en el 2000 y el triunfo de Fox. Sin embargo, un sexenio no es suficiente para cambiar estructuralmente a un país saqueado durante décadas por las clases dirigentes.

Me perdí del proceso a través del cual los mexicanos convirtieron la frustración en acción y sacaron al PRI de la presidencia. Como muchos, dudé hasta el último momento que algo así pudiera ocurrir. Algo se me escapó. Hubo señales que no supe leer. Obviamente no estuve en contacto con el verdadero sentir de la mayoría de los votantes mexicanos hasta que se dieron a conocer los primeros resultados. Y ya no albergo la esperanza de ponerme al día a menos que en algún momento decida regresar a vivir a México.

Con tantos años por fuera he desarrollado—estoy seguro—una visión idealizada (y por lo tanto falsa) de lo que es México. Y esa visión quedó hecha trizas el 23 de marzo de 1994 cuando fue asesinado en la ciudad de Tijuana el candidato presidencial del PRI Luis Donaldo Colosio.

Me encontraba en Miami cuando recibí una llamada de Porfirio Patiño, el jefe de la oficina de Univision en la ciudad de México. "Le dispararon a Colosio y yo creo que está muerto," me dijo. "No mames, Porfirio," le contesté con una carcajada, pensando que era otra de sus bromas con que pone a prueba mi debilitado conocimiento del país. Pero Porfirio, firme siempre en los momentos difíciles, insistió: "Le dispararon en un mitin en Tijuana."

Inmediatamente interrumpimos la programación y salí al aire a dar la noticia del atentado contra Colosio pero sin decir que estaba muerto. Y no informé de su muerte hasta tener una segunda confirmación independiente. Pero Porfirio tenía razón.

Quienes me vieron al aire por televisión dicen que perdí la compostura; tenía la voz entrecortada, nerviosa, los ojos a punto de estallar y no parecía estar muy concentrado. La verdad es que la noticia quebró por un momento mi balance mental y las preconcepciones que tenía sobre mi propio país. Jamás pensé que en México, podría ser asesinado de esa manera un candidato presidencial y menos uno tan popular como con Colosio. Inmediatamente recordé la incredulidad de los norteamericanos cuando se enteraron de la muerte de John F. Kennedy. Para los mexicanos fue algo similar.

1994 fue el año en que México debía celebrar su entrada al primer mundo con la puesta en marcha del Tratado de Libre Comercio. En cambio, 1994 fue el año en que salieron a relucir todas las contradicciones, vicios y defectos de un sistema político establecido desde 1929. Primero fue el levantamiento del movimiento zapatista en Chiapas, el mismo primero de enero, a nombre de los diez millones de indígenas mexicanos que reciben trato de ciudadanos de segunda o de tercera categoría. Luego en marzo el asesinato de Colosio y en septiembre el del líder priísta José Francisco Ruiz Massieu, excuñado de los hermanos Salinas de Gortari. El miedo a la violencia, el posible resurgimiento del México bronco, fue uno de los factores fundamentales en las elecciones presidenciales de ese año, y el cual fue explotado hábil y cobardemente, por Ernesto Zedillo, el candidato priísta que reemplazó a Colosio. En 1994 México tronó.

NUNCA, NADIE, ME HABÍA HECHO esperar tanto tiempo para otorgame una entrevista como lo hizo el subcomandante Marcos. Llegué junto con el camarógrafo Ángel Matos al pueblito de La Realidad, en la selva Lacandona de Chiapas, que se había convertido en una especie de frontera entre la zona controlada por la guerrilla zapatista y la dominada por el ejército mexicano. Habíamos establecido el contacto con Marcos en marzo del 96 a través de un simpatizante del movimiento rebelde en la ciudad de México y él, personalmente, nos acompaño hasta Chiapas para asegurarse que nadie del gobierno del presidente Ernesto Zedillo nos estuviera siguiendo.

El subcomandante Marcos, supuestamente, sabía de la entrevista y la había autorizado. Pero al llegar a La Realidad no aparecía por ningún lado. Lo estuve esperando 30 horas. Cada vez que nos desesperábamos, los campesinos que nos alojaban decían "ya merito viene."Nos dejaron dormir en el piso de uno de los salones de clase de la improvisada escuela del pueblito, donde me contagié con un severo caso de hongos en las manos. Semanas después todavía tenía ampollas en las manos. Y comimos suficientes frijoles, tortillas, chile y café como para que el estómago no se quejara. Un día, una de las señoras del pueblo nos tuvo lástima y nos cocinó dos huevos.

La espera fue una buena lección. Los indígenas chiapanecos están entre los más pobres del continente y pasar dos días con ellos me hizo entender por qué se estaban alzando en armas. Tras siglos de discriminación y de marginación, ya no tenían nada que perder. Y con un ingreso inferior a un dólar diario jamás podrían asegurarle una vida mejor a sus hijos. Era el ciclo de la pobreza heredada de generación en generación.

En uno de los muchos momentos de calma jugué futbol con los guerrilleros. Era domingo. Y hasta los guerrilleros descansan de vez en cuando. Difícilmente habría entre ellos alguien mayor de 25 años, sin contar a sus dirigentes. La semana la combinaban ayudando a sus familias en el campo y entrenándose en los montes en el arte de la guerra de guerrillas. Pero el domingo, eso sí, jugaban futbol. Era fácil identificarlos; nunca había jugado futbol contra un equipo que usara botas negras hasta la rodilla.

Era difícil creer que estos muchachos de piel morena y rasgos indígenas habían puesto contra la pared al gobierno de México cuando iniciaron su rebelión armada el primero de enero de 1994, el mismo día que entró en efecto el Tratado de Libre Comercio entre México, Estados Unidos y Canadá. ¿Qué querían? ¿Derrocar al gobierno? ¿Impulsar ideas de izquierda? ¿O, sencillamente, lanzar un grito desesperado para intentar salir de la pobreza y marginación?

Desde un principio, fue el manejo hábil de los medios de comunicación el que puso a los zapatistas, en el mapa, obligando—primero al gobierno de Carlos Salinas de Gortari y luego al de Ernesto Zedillo—a escucharlos y a negociar con ellos. Y, sin duda, su carismático líder, el subcomandante Marcos, había tenido mucho que ver en el fuerte impacto que tuvieron en la sociedad mexicana.

Por fin, una tarde, llegaron por nosotros dos guerrilleros de la selva, protegidos con pasamontañas y nos dijeron "ahora sí ya viene; síganos." Caminando, dejamos atrás La Realidad, cruzamos un maizal y en medio de una área tupida de árboles estaba el subcomandante Marcos. Tenía prendida su pipa; olía a maple. Cargaba un fusil M-16 y una desteñida gorra verde sobre el pasamontañas. A pesar de la máscara, las ojeras eran inconfundibles, rojizas, casi enfermizas. "No duermo de noche y como una vez al día," me dijo. Su bota derecha tenía un enorme agujero a la altura del juanete. Y estaba muy alerta ante los peligros de vivir aislado. "La selva," me dijo, "te empieza a hacer una cabeza muy cuadrada. Pierdes el contacto con la realidad . . . y es donde te vuelves intolerante."

Me sorprendieron sus manos. Pequeñas, delgadas, blancas, sin callos, con unas uñas limpias, recién cortadas. No eran las manos rasposas y curtidas por la tierra de los campesinos. Eran las manos de un líder que entraba frecuentemente a la Internet en una *laptop* modelo *notebook:* las de un insaciable consumidor de noticias a través de una radio de onda corta, las de un lector de Shakespeare y del español Vázquez Montalbán, las de un curioso que deseaba saber si Hong Kong acabaría pareciéndose a China o viceversa, las de un entrevistado que prefería hacer preguntas a contestarlas.

En muy poco tiempo el subcomandante Marcos había dominado el artesanado del *sound bite.* "La gente cuando no puede hablar, agarra un arma," me comentó justificando su movimiento armado. Y sobre las tácticas que había utilizado para que su movimiento se conociera en todo el mundo, dijo: "Las revoluciones del siglo 21 son revoluciones de la palabra."

"¿Sigue justificando la violencia para alcanzar sus fines?" le pregunté.

"Nosotros señalamos que el movimiento zapatista es *sui generis* en el sentido de que es una guerra para hacerse escuchar," me dijo. "Es una guerra que no plantea la destrucción, el aniquilamiento del enemigo y su sustitución por nosotros . . ."

"¿Nunca habrá un Marcos presidente de México?"

"No. Dios nos libre," contestó el subcomandante. "Dios libre a México, Dios libre a Marcos de ese problema."

"Algunos ven en el pasamontañas, por supuesto, heroismo,"le comenté. "¿Pero usted entiende que (otros) lo ven también como un caso de oportunismo o incluso de cobardia?"

"Sí, hay mucha gente que me escribe para decirme que no doy la cara por cobarde."

"¿Y no tienen derecho a preguntárselo?"

"Sí, tienen derecho a reclamarlo. Sobre todo por el referente. Tú no eres héroe de nada, dicen, porque los héroes mexicanos siempre han dado la cara, han tenido rostro . . ."

"¿Pero por qué no se quita ya la máscara, por qué no se la quita ahora, aquí mismo?" le insistí.

"Porque se ha constituido, independientemente de nosotros, en un símbolo. En la posibilidad de que los seres que hasta ahora estaban sin nombre, sin rostro, gente que no es importante, el común, pueden tomar una actitud decidida frente a la vida y frente al medio en el que están."

"¿Y hasta cuándo se va a quitar la máscara?"

"Cuando podamos transformarnos en una fuerza política civil y pacífica, tanto las armas como los pasamontañas van a tener que desaparecer."

"No soy Rafael Guillén," me contó, negando así la versión oficial del zedillato de que el líder guerrillero era un exprofesor universitario. Cuando le mostré una revista con una foto del académico, la hizo a un lado. "La de Rafael Guillén es una mentira de las tantas." Sólo reconoció que hacía 15 años que no veía a su familia y que tenía cinco hermanos, no siete como aseguraba el gobierno.

En realidad poco sabemos de la vida personal del subcomandante Marcos. Sólo que a principios del 2001, cuando encabezó una marcha pacífica desde Chiapas hasta la ciudad de México, reconoció públicamente que tenía una compañera a la que llamaba Mar. ¿Y su nombre de guerra? "Marcos es el nombre de un compañero que murió, y nosotros siempre tomábamos los nombres de los que morían en esta idea de que uno no muere sino que sigue en la lucha," me dijo.

"¿O sea que hay Marcos para rato?" le pregunté para cerrar la entrevista.

"Sí. Aunque me muera yo, otro agarrará el nombre de Marcos y seguirá, seguirá luchando."

Cuando Vicente Fox era candidato presidencial ofreció resolver el problema de la guerra de Chiapas en "15 minutos." Bueno, los 15 minutos ya pasaron y aún no hay paz en el sur de México. La realidad es que no se puede ver el asunto de Chiapas de manera aislada. El subcomandante Marcos y la guerrilla zapatista son un importantísimo símbolo en el país. No sólo representan a todo un sector de la población que ha sido históricamente discriminado sino que se han establecido como una alternativa concreta ante la corriente globalizadora que recorre el mundo. Para los indígenas que viven en esta parte del hemisferio, la globalización no los ha sacado de la pobreza. Además, la mundialización del comercio y la frenética desaparición de culturas autóctonas es un riesgo real para el mundo indígena.

Los zapatistas son para el México institucional una espina que no se puede olvidar. Cada vez que los políticos en la ciudad de México, sean panistas, perredistas o priístas, hacen declaraciones triunfalistas sobre el estado de la economía y sobre el respeto a los derechos humanos, basta voltear a ver hacia el sur para darnos cuenta de que nada ha cambiado. Por eso, cuando el subcomandante Marcos me dijo en la entrevista que aunque él muera otro tomará su nombre y seguirá luchando, sugiere que hay un México que se resiste a ser invisible. El racismo contra los indígenas es una realidad que, aún hoy en día, no se reconoce de manera oficial ni ha generado programas gubernamentales eficientes para contrarrestarlo.

La insurrección zapatista debe entenderse como una resistencia de lo que es único en México y se rehusa a morir. Y curiosamente en un mundo que tiende, cuando se borran las fronteras, a la homogenización de las culturas, los zapatistas—como a su manera también han hecho grupos musulmanes, palestinos e, incluso, europeos que critican a la Unión Europea—representan el argumento más fuerte del movimiento antiglobalizador.

Lo interesante de este fenómeno antiglobalizador, que muchos critican por ser anacrónico y por aferrarse al pasado, es que en Estados Unidos se desconoce, o bien, no se le ha dado la importancia que tiene. Los ciclos de aislamiento que caracterizan la política exterior norteamericana han coincidido con los gritos de exigencia de distintos grupos por ser reconocidos. Si Estados Unidos hubiera escuchado las señales de alarma y el creciente sentimiento antinorteamericano en el mundo árabe, posiblemente se podrían haber implementado políticas que evitaran actos terroristas como los del 11 de septiembre y los ataques a las embajadas norteamericanas en Tanzania y Kenya. Pero esas señales no se escucharon. De la misma manera, el gobierno de México no quiso oir que en el sur, en el México profundo que crece emparentado con la selva lacandona de Chiapas, había mensajes de angustia que pronto se transformarían en la más importante rebelión armada desde la revolución de 1910. Y por taparnos los ojos, las consecuencias sobrepasaron nuestra imaginación y, también, nuestra capacidad de resolver esos conflictos en el corto o mediano plazo. Nadie puede acabar con las corrientes antiglobalizadoras en 15 minutos. Ni siquiera un charro con botas como Vicente Fox.

MI AMIGO PORFIRIO PATIÑO, bien en contacto con un México que se me escapa de las manos, es quien más cuestiona mi "mexicaneidad." Pero no lo hace de manera brusca. Por el contrario, en nuestras numerosas pláticas sobre la situación del país siempre me voy con la incómoda sensación de que mi distancia con México es cada vez mayor. "Tú ya no eres mexicano," me dice para molestarme y luego se echa una carcajada.

Mis visitas a México son mucho más realistas que antes. Hace unos años pretendía saber tanto sobre el país como cualquiera de sus habitantes. Era una negación de una realidad que me dolía. En verdad, era lógico que me distanciara. Sin embargo, no quería reconocerlo.

Una gran amiga y confidente de mis años universitarios, Ada Carrasco, me dijo en una ocasión que no pretendiera saber qué piensan los mexicanos si me quedaba en el piso 36 de un hotel en Paseo de la Reforma y llevaba dólares en mi cartera. "Tienes que saber qué valor tienen las monedas." Su comentario me caló hondo. Pero aún cuando no me quedo en hoteles de cinco estrellas sino en el refugio del apartamento de mi madre y a pesar que reconozca las monedas de uno y 10 pesos, siento esa extraña sensación de estar llegando a un lugar que no es enteramente mío. Sí, a veces me siento como un exiliado en mi propio país.

Ada nunca me ha dejado mentir. Ni tampoco sabe mentir. Nadie que yo conozca escribe tan bien, del alma, como ella. Nadie. Sus cartas y *e-mails* vienen, todas, desde adentro. Pero, irónicamente, no quiere escribir nada para publicar. Será porque tiene miedo que la descubran: vulnerable, sensual, sensible. Nuestra relación ha estado marcada por una gran afinidad, curiosidad y ganas de vivir. Y también porque nuestros padres, ambos arquitectos, estudiaron en la misma universidad y se pelearon —creemos— por la misma novia. El papá de Ada nunca me aceptó. Decía que yo era un "figurín." Nunca acabé de entender exactamente a qué se refería, ni siquiera el día que me corrió de su casa. "Ada es una hija de familia," me advirtió. "Yo también," le contesté antes que me cerrara la puerta contra la nariz. Pero eso únicamente afianzó mi deseo de mantenerme en contacto con Ada.

Nos une también la humillación pública: una vez participamos en el festival de la canción en la Universidad Iberoamericana y la experiencia fue desastrosa. A Ada se le olvidó la canción y mi voz, sola, hizo chillar a las ratas a pesar de que traté de esconderla a guitarrazo limpio. Al final, quienes nos oyeron, aplaudieron —poco— por pena. Pero hay más que esa vergonzosa experiencia en que terminó mi efímera carrera de rocanrolero.

Con Ada compartí besos no dados, viajes nunca hechos y sueños jamás realizados. Siempre nos quedamos en el borde, con la cuerda del violín a punto de reventar. Y así, porque prácticamente no nos tocamos, tampoco nos olvidamos. Pusimos el tiempo en pausa y dejamos una vida pendiente. Al final, no tendríamos más remedio que, como Proust, recobrar el tiempo perdido . . . a través de la Internet y en un montoncito de cartas y llamadas telegrafiadas. Como en un partido de futbol, esperamos por el tiempo extra para desempatar el partido de dos vidas suspendidas.

Ada supo perfectamente por qué me fui de México. "Me da vértigo ver lo rápido que vives," me dice. Pero no todos mis amigos entienden.

Me duele cuando en México me preguntan insistentemente "¿por qué te fuiste a gringolandia, a los *yunai esteits?*" Es obvio que las circunstancias que me impulsaron a irme de México y las que me jalaron a Estados Unidos han cambiado. Pero a pesar de mis detalladas explicaciones a familiares, colegas periodistas y amigos, mi experiencia —la dolorosa salida, la confusa llegada, el caótico esfuerzo y, a veces, el éxito en el extranjero— es incomunicable. Estamos parados en mundos distintos.

Cuando regreso a la ciudad de México a hacer promoción para mis libros o para preparar algún reportaje soy tratado por otros periodistas como el mexicano que se fue. Y si de vez en cuando obtengo algún reconocimiento en el extranjero por mi trabajo periodístico, es más fácil que tenga eco en Bogotá, Managua y San Salvador que en la ciudad de México. No soy profeta en mi tierra. Soy el de afuera. El otro.

Mi madre y mis hermanos hacen siempre un esfuerzo por verme cuando estoy de visita en el Distrito Federal. Pero no es lo mismo reunirnos una vez al año con todos los niños en una casa de vacaciones o el ir cada tres o cuatro meses a cenar a un restaurante que vivir la cotidianidad de una familia grande como la nuestra. Y eso es lo que más extraño. No soy parte de sus vidas diarias. Eso duele.

No soy de aquí ni soy de allá.

La distancia me ha permitido ver a mi país con una perspectiva muy distinta del que nunca ha vivido fuera. Y quizás la mexicanidad se me ha exacerbado precisamente por la lejanía. Pero en cada regreso acabo por no acoplarme. Algo me brinca.

También me brincan los contrastes que nunca he entendido, ni entonces ni ahora. Me duele México cuando me doy cuenta que las promesas de acabar con la pobreza de 60 millones de personas se renueva sexenalmente pero que cada día parece haber más pobres. Me duele México cuando me doy cuenta que el país tiene una de las peores distribuciones de ingresos del mundo. Me duele México cuando veo cómo políticos pobres (y corruptos) terminan con millones en sus cuentas de banco, cuando hay que tenerle más miedo al policía que al criminal, cuando se trata a los indígenas como ciudadanos de tercera clase, cuando sacerdotes, empresarios y periodistas abusan de su poder impunemente, cuando el racismo provoca risa y no indignación, cuando una de las naciones con más recursos y bellezas naturales del mundo no logra despegar de sus prejuicios y lastres económicos. Pero, de nuevo, mi mirada ha perdido la frescura del que se empapa con la realidad mexicana todos los días.

Así como experimento una sensación de extrañeza al visitar México, también me encuentro fuera de lugar en Estados Unidos. Estados Unidos ha sido una nación extraordinariamente generosa conmigo; aquí pude lograr lo que me sonaba a impensable en México: tener éxito en una profesión muy competitiva, vivir holgadamente, reportar y escribir libremente sin temer las consecuencias, viajar por el mundo, influir en la región del planeta en que me tocó nacer. Es decir, Estados Unidos me dio lo que México no me podía dar pero sigue siendo una nación que no es la mía. Todavía, a pesar de las dos décadas aquí, no se me ha enterrado dentro de la piel; me sigo sintiendo mexicano.

Me gustan más los tacos al pastor que las hamburguesas, los aguacates de Michoacán que los de la Florida y el agua de Jamaica que el *kool-aid*. Prefiero una tarde en Malinalco que en Disney World y una noche de rumba en Acapulco que en Atlanta. No cambiaría un solo juego de la Copa Mundial de Futbol *(soccer)* por dos Superbowl, tres juegos de la Serie Mundial de béisbol y cuatro finales de la Copa Stanley de hockey sobre hielo. Puedo hablar el español sin pensarlo y no puedo soñar en inglés. Oigo a Sting pero entiendo mejor a Bosé y a Serrat y a Mecano y a Maná.

Estoy lejos pero tengo muy presente a México. El premio nobel de la paz, Adolfo Pérez Esquivel, asegura que un desaparecido durante la guerra sucia en América del Sur es el "ausente presente" entre sus familiares; no está ahí pero siempre piensan en la forma en que pudo haber desaparecido, en las comidas que le gustaban, los libros que leía y la música que escuchaba, en las circunstancias que culminaron con su muerte. Algo similar me ocurre con México.

México es para mí el "ausente presente." Cuando no estoy ahí las memorias de mis años mexicanos son constantes. No lo puedo evitar.

Sería mucho más fácil que el proceso de adaptación a Estados Unidos se hubiera dado por completo, que me olvidara de México y así sentirme en la libertad de convertirme en ciudadano norteamericano. Pero las cosas son mucho más complicadas en el mundo interior.

Mi sentido de identidad está compuesto por muchas más cosas de las que me rodean en el presente. Y una parte importante es México, ese país que me atrae tanto despierto como en sueños pero que ya no sabe cómo darme la bienvenida; desconoce si soy mexicano o extranjero.

En realidad soy un poquito de los dos.

CUBA DEL NORTE

Miami es la ciudad más
vilipendiada del mundo . . .
una ciudad cariñosa y peligrosa

—ZOÉ VALDÉS (MILAGRO EN MIAMI)

Era un sábado tormentoso. Llovió todo el día. Y así
como los que despellejan pollo para vivir casi nunca
comen pollo y los mecánicos no quieren ver una
tuerca de auto el fin de semana, los periodistas que
vivimos de dar información, de vez en cuando, también nos alejamos de las noticias. Por salud mental.

Pues bien, ese sábado 23 de junio del 2001 no
había leído los periódicos ni había prendido el televisor. Jugué futbol por la mañana y luego llevé a mi
hijo Nicolás a comerse una hamburguesa con papas,
ketchup verde y Coca-Cola.

"¿Ya te enteraste de lo de Castro?" me dijo el
hombre que nos atendía.

"No," le contesté, imaginándome el típico ritual
de insultos y diatribas contra el dictador cubano.

"Se desmayó esta mañana en la mitad de un discurso en La Habana," contó con firmeza. "¿Que no
te enteraste?"

Este cubanoamericano, que ya me conocía por las

frecuentes visitas con mi hijo al restaurante y que pasó siete años en las cárceles de Castro, no podía creer que alguien que vive de las noticias—como yo—no estuviera enterado de lo que, para él, era la noticia más importante sobre su país en las últimas cuatro décadas. La posibilidad de que Castro se muriera, con miles de personas sirviendo de testigos, no tenía precedente.

El debate en Miami, esa tarde, fue interminable. "El viejo se muere," decían varios en el restaurante Versalles de la calle Ocho. Se trata de una isquemia cerebral; principios de Alzheimer, aseguraba un neurólogo por la tele. La versión oficial, sin embargo, fue mucho más simple: insolación. El líder cubano, que estaba a punto de cumplir los 75 años, se fatigó por el calor excesivo y por la falta de líquidos. Cientos de presentes en el evento, aparentemente, se tambalearon por el sol al igual que Castro. Pero él, bien maquillado, reapareció esa misma noche en un programa de televisión en el que bromeó sobre el incidente; quería "hacerse el muerto" para ver qué tipo de entierro le planeaban. Las botellas de ron y las celebraciones en Miami, dijo Castro, tendrían que esperar.

Otra vez.

Es imposible entender a Miami sin pensar en Cuba. La isla es el punto de referencia para la mayoritaria comunidad exiliada. Y quien llegue aquí tiene que someterse a lo que yo llamo el bautismo del exilio. "¿Qué piensas tú de Castro, chico?" es la pregunta de iniciación. Y de la respuesta depende de qué lado quedas parado.

LA ENTREVISTA CON FIDEL

Era la cacería perfecta. El animal se encontraba enjaulado en un hotel de lujo de Guadalajara, México. Sólo había que apuntar y disparar. Lo que yo no me imaginaba es que este animal acorralado iba a ser muy peligroso y que usaría todos sus recursos para defenderse. Todos. Hasta la fuerza física de sus guardaespaldas.

En julio de 1991 se realizó en Guadalajara la primera reunión Cumbre Iberoamericana con la participación de todos los presidentes y jefes de estado de América Latina, España y Portugal. Y Castro, a pesar de ser el único dictador de la región, también fue invitado. Los organizadores decidieron alojar a todos los invitados en el hotel Camino Real, de un solo piso, con grandes jardines entre las hileras de cuartos y suites. Era un verdadero zoológico político. En una ala del hotel estaban los presidentes de Argentina, Uruguay y Chile, en otra los de Honduras, El Salvador y Guatemala, y así sucesivamente. Era, en realidad, muy cómodo para los mandatarios; sólo tenían que caminar unos pasos para ver a sus colegas.

Pero donde se equivocaron los organizadores es que a los periodistas nos permitieron entrar al hotel, a la misma zona donde se encontraban los mandatarios, sin ninguna restricción. En las siguientes Cumbres Iberoamericanas no cometerían el mismo error. Eso lo que provocó fue que los periodistas nos convirtiéramos cazadores en en una especie de un zoológico. No había presa difícil.

Fidel Castro era y es, sin duda, una de las entrevistas más complicadas de conseguir. Primero, porque concede muy pocas y un dictador, es una rareza en la fauna democrática del continente. Segundo, porque sus canchanchanes se aseguran que el entrevistador simpatice con la revolución o, al menos, le haga una buena dósis de preguntas fáciles. Y tercero, porque hay una larga lista negra de periodistas a quienes jamás se les permitiría entrevistar al dictador.

Yo, al trabajar en Univision—una cadena de televisión norteamericana localizada en Miami, la mismísima capital del exilio cubano—caía en la categoría de periodistas que nunca tendrían acceso a Fidel. Nunca. Sin embargo, en Guadalajara y por sólo unas horas, cambiaron las reglas del juego.

Entré al hotel Camino Real como Pedro por su casa y me fui derechito a la suite donde estaba Castro. Esperé junto a varios periodistas por unos minutos y apareció el líder cubano. Era la primera vez que lo veía. Me pareció más alto y su barba más blanca que en televisión. Su uniforme verde olivo y negras botas de combatiente se veían muy cómicas y fuera de lugar en el caliente verano jaliciense. Nos saludó con una actitud paternalista. ¿Y este viejo jorobado es el que tiene secuestrada la voluntad democrática de los cubanos? me pregunté. Algunos periodistas le soltaron suaves preguntas que Fidel bateó con la gracia de un beisbolista de las grandes ligas y luego se fue a ver a su amigo Joaquín Balaguer, el presidente de la República Dominicana.

Lo seguí hasta la habitación del presidente dominicano y acampé. No me iba a ir de allí hasta lograr entrevistar a Fidel. Era ahora o nunca. Jamás en mi vida periodística tendría otra oportunidad similar. Durante años había hecho solicitudes formales para entrevistar a Castro—en las embajadas de Cuba en la ciudad de México y en Lima, en la sección de intereses de Cuba en Washington—y ni siquiera había recibido confirmación de que mi solicitud hubiera sido tomada en cuenta. Silencio. Ni siquiera recibí un no. Es decir, para ellos, para los burócratas cubanos de la isla, yo no existía.

Le conté a mi camarógrafo Iván Manzano cuál era el plan de cacería. "Cuando veas venir a Castro no dejes de filmar," le dije, "que me le voy a lanzar con el micrófono." Una media hora después, Fidel salió de la habitación de Balaguer rodeado de sus guardaespaldas. Conté ocho; tres adelante, uno a cada lado y otros tres atrás. Me paré en el pasillo del hotel por el que venía Castro, los guardaespaldas me trataron de hacer a un lado pero me quité sus brazos de encima y le lancé la primera pregunta al dictador. Era sólo un anzuelo. Si mordía, si empezaba a contestar, sería más fácil continuar la conversación.

"Comandante, hablamos con el presidente de Argentina (Carlos Menem) y él dijo que el marxismo era una pieza de museo . . . ," le comenté.

"Yo te diré que, en mi opinión, es demasiado nuevo para ser pieza de museo, mientras que el capitalismo tiene tres mil años," contestó Castro mordiendo el señuelo.

Sus guardaespaldas se tranquilizaron. Castro siguió caminando, pero a un paso más lento y con su mano tocó mi hombro izquierdo, como si quiera abrazarme. Tan pronto sentí su brazo sobre la espalda, me aparté. Y él bajó su brazo.

"Yo no puedo dejar que Castro me abrace," pensé mientras escuchaba las palabras del dictador. Primero, porque no quería dar la impresión de que simpatizaba con él y segundo, porque el exilio cubano en Miami y mis compañeros periodistas jamás me lo perdonarían.

Le hice un par de preguntas sobre el futuro del comunismo tras la caída del muro de Berlín. Castro evadió como pudo las sugerencias de que el próximo país en caer sería Cuba. Pero mientras contestaba volvió a intentar ponerme el brazo sobre el hombro.

Sé que suena improbable que mientras uno está caminando y haciéndole preguntas a Castro esté pensando, también, en otras cosas. Sin embargo no podía dejar de pensar en lo que quería lograr Fidel poniéndome el brazo encima; ¿descalificar mis preguntas? ¿que los televidentes me identificaran con su régimen? ¿que con su gesto me rechazara el exilio en Miami? ¿qué quería? Nunca, ninguno de mis entrevistados, había intentado abrazarme en la mitad de una conversación.

Pero, de nuevo, tan pronto como sentí el brazo de Fidel me hice a un lado. Al hacerlo, Castro me miró con reprobación y sus guardaespaldas se acercaron. Sabía que me quedaba segundos de entrevista. Así que le lancé una pregunta que, sin duda, le iba a doler ya que tocaba la misma esencia de su sistema dictatorial y de su larga estancia en el poder.

"Muchos creen que este es el momento para que usted pida un plebiscito," le dije.

"Respeto la opinión de esos señores," me contestó molesto, "pero realmente no tienen ningún derecho a reclamarle ningún plebiscito a Cuba."

"Plebiscito" fue la palabra clave. Era una idea que estaba circulando en la Cumbre Iberoamericana para presionar a Castro en la democratización de la isla y Castro no había comentado al respecto. Pero al pronunciarla uno de los guardaespaldas metió su codo en mi estómago y se interpuso entre Fidel y yo. Y tan pronto como terminó de contestar Castro, el mismo guardaespaldas me desplazó con otro codazo, este sí más fuerte, y me tiró al césped. El micrófono salió volando. Fidel Castro no dijo nada. Es más, ni siquiera me volteó a ver y siguió caminando.

La entrevista con Castro, si es que le podemos llamar así, duró exactamente 63 segundos.

¡AY MIAMI! ¡Qué difícil es entenderte!

Siempre tengo frío en Miami. El aire acondicionado está a todo lo que da en cines, restaurantes, *malls* y centros de trabajo. Además se sirven cantidades monumentales de hielo en los refrescos. Miami, la ciudad más tropical de Estados Unidos, puede ser también la más friolenta. Pero más allá de sus contrastes, Miami es un desafío, a la naturaleza, a la política y, muchas veces, a la lógica.

Mi llegada a Miami fue mucho más turbulenta que, años antes mi llegada a Los Ángeles, California. El traslado de la ciudad de México a Los Ángeles fue casi natural, suave; de la ciudad con más mexicanos en todo el mundo a la segunda ciudad con más mexicanos. Miami, en cambio, fue algo distinto.

En Miami yo soy parte de una minoría —mexicana— dentro de otra minoría —cubanoamericana. Y el simple hecho de identificarme como mexicano me enfrentaba a varios sectores del exilio cubano que siempre han sospechado de la cercanía de los gobiernos de México con la dictadura de Fidel Castro. Por más que trataba de explicarle a muchos cubanos que nunca compartí la mayoría de las políticas del PRI —incluyendo la cercanía con la tiranía cubana— la duda parecía siempre estar presente.

Ese rechazo inicial poco a poco se transformó en insultos. Y uno de los peores insultos que uno puede recibir de un exiliado cubano es que te llamen comunista. Así, por el simple hecho de ser mexicano, algunos en el exilio cubano me acusaron de ser izquierdista. Si en realidad yo fuera marxista, les decía a mis críticos, nunca hubiera decidido venir a los Estados Unidos, a la tierra del capitalismo. Pero de nada sirvieron mis explicaciones. Yo era sólo un mexicano en un mar cubano y las muchas señales de tolerancia se perdían en las acusaciones sin base y en los estereotipos.

El exilio cubano de Miami a mediados de los años 80 estaba controlado ideologicamente por un grupito de políticos y comunicadores de ultraderecha. Lo irónico de su postura era que su intransigencia hacia cualquier acercamiento a Cuba y su apoyo ciego al embargo contra la isla resultaba a veces contraproducente y sólo terminaba reforzando al régimen de la Habana.

Tendrían que pasar muchos, muchos años, para que la comunidad cubana entendiera que yo no era un izquierdista. El cambio de percepción se inició con el nacimiento de mi hija Paola, quien lleva sangre cubana en sus venas y se concretó con la crítica e implacable cobertura que realicé en Cuba durante la visita del Papa Juan Pablo II en enero de 1998.

CONSEGUIR LA VISA DE ENTRADA a Cuba me tardó varios años. En tres ocasiones—en Washington, en Lima, en la ciudad de México—solicité una visa sin ningún éxito. Es más; nunca me quisieron confirmar que habían recibido mi solicitud. Las sospechas de que por vivir en Miami y trabajar en un medio independiente como Univision sería muy crítico del gobierno cubano eran obvias. Pero con la visita del Papa se abrió una posibilidad.

Tras muchas conversaciones con altos funcionarios cubanos y múltiples advertencias, le aprobaron visas a un grupo de periodistas de Univision en el que yo estaba incluído. El énfasis de nuestra cobertura sería, por supuesto, la visita de Juan Pablo II y la aparente apertura religiosa de Cuba. Pero para mí estaba muy claro que había que tratar a Cuba como lo que era: una dictadura.

Así que tan pronto llegué a la isla me puse en contacto con un grupo de disidentes y periodistas independientes. Y su visión de la isla fue devastadora. Ellos, al hablar con la prensa extranjera, corrían un riesgo altísimo. No sólo perder sus empleos sino hasta la cárcel. Sin embargo, la visita papal era una oportunidad única de que el mundo conociera los grandes niveles de represión que se viven en Cuba.

Conocí, por ejemplo, a un periodista que apenas le alcanzaba para comprar un par de lápices y unas cuartillas de papel porque había sido expulsado de su empleo. Y en las caras de un grupo de disidentes que entrevisté en las afueras de La Habana supe lo que era el miedo; ojos inyectados de rojo, voz temblorosa, oídos alertas.

La Habana es una ciudad silenciosa y oscura. De noche dan ganas de recorrerla a pie y de dejarse mojar en la cara con la brisa del malecón. Pero es, también, una ciudad que esconde su miedo.

En las calles de la capital, de Santiago, Camagüey y Santa Clara hablé con numerosos cubanos que se convertían en sordos y mudos ante la más simple pregunta sobre Fidel Castro. Y me tocó ver cómo las jineteras que pululaban en los hoteles para extranjeros—unas adolescentes, casi niñas—se prostituían por un cena, un chocolate e, incluso, una muñeca Barbie.

Desde mi llegada a la isla estuve bien vigilado. El auto compacto que habíamos reservado se convirtió, como por arte de magia, en un enorme Mercedes Benz negro con chófer. "Para que vaya cómodo, señor Ramos," me dijeron. Al menos una de las varias antenas del auto podría haber estado transmitiendo las intensas conversaciones que tenía con el productor Rafael Tejero y el camarógrafo Raúl Hernández. Tanto Rafael como Raúl son exiliados cubanos y con su espontaneidad característica despotricaron contra la isla y contra Castro en cada oportunidad ante los ojos pelones de nuestro chofer/espía.

Las misas que ofició el Papa estuvieron repletas de "segurosos" o miembros de la seguridad del estado. Así se explica la ausencia de protestas. Y era fácil identificar a los policías vestidos de civil; algún funcionario piadoso les mandó comprar lentes para el sol a casi todos y en muchos casos no se habían tomado la molestia de quitarles un sellito con las letras "U.V." (de protección contra los rayos ultravioleta) pegado contra el oscuro cristal.

Mis reportajes, conversaciones y presentaciones vía satélite por la televisión fueron monitoreadas y grabadas por el gobierno cubano. Así me lo hicieron saber un par de funcionarios de nivel medio preocupados por mi cobertura noticiosa y que me hicieron una "visita de cortesía" al hotel en que me estaba quedando en la capital. La segunda "visita de cortesía" fue de todo menos cortés. Un funcionario, de más alto rango, me advirtió que si seguía entrevistando a disidentes y periodistas independientes nunca más podría regresar a Cuba. "Los disidentes son el 0,02 por ciento de la población," me aseguró sin citar sus fuentes. "No hay por qué hablar de ellos."

Por supuesto, yo continué reportando en Cuba como en cualquier otra dictadura; señalando los abusos, la falta de libertades, la pobreza de la población, el miedo a las autoridades, los sofisticados sistemas de vigilancia y represión . . . Y ellos cumplieron su promesa. Desde entonces no he podido volver a Cuba. Me han dado el mismo trato que antes de la visita del Papa; a pesar de haber solicitado la entrada en un par de ocasiones los funcionarios cubanos y de la Sección de Intereses en Washington ni siquiera han respondido mis llamadas de teléfono.

En mi cobertura periodística fue evidente que no tenía ninguna simpatía por Castro y su régimen. Y así lo comenté a mi regreso a Miami. "Ustedes tenían razón," le comenté a varios periodistas cubanos. "La represión y falta de libertades en Cuba es exactamente como ustedes me habían dicho hace mucho tiempo."

Nunca he simpatizado con ninguna dictadura o regimen autoritario; ni de derecha ni de izquierda. Mis odios han estado bien repartidos entre Pinochet y Castro. Pero al regresar de Cuba me pareció honesto el reconocer públicamente que las atrocidades y constantes violaciones a los derechos humanos que se cometen en la isla no son una exageración del exilio cubano.

Ese "ustedes tenían razón" que le expresé a la comunidad cubana de Miami fue suficiente para que su trato—a veces frío o sospechoso—se transformara. A partir de entonces—creo—entendieron que se puede ser mexicano, periodista y estar en contra de cualquier régimen dictatorial. "El gobierno mexicano," lo repetí muchas veces, "no habla por mí." Pero en Miami tardaron muchos años en creerme.

Todo exilio se refuerza cuando percibe que se enfrenta al resto del mundo. Y eso exactamente fue lo que ocurrió con el exilio cubano durante la crisis desatada por un niño llamado Elián González.

El jueves 25 de noviembre de 1999, dos pescadores encontraron flotando en un neumático a un niño de cinco años de edad, frente a las costas del sur de la Florida. El niño había estado flotando aproximadamente unas 50 horas, en un mar infestado de tiburones. Otras once personas que iban junto con él perdieron la vida en su intento de viajar deste Cuba hasta Estados Unidos, incluyendo a su madre Elisabet y a su novio.

Tan pronto como el caso de Elián se dio a conocer por medio de la prensa, comenzó una fuerte batalla por su custodia que involucraría a Juan Miguel González, el padre de Elián, a Lázaro González y a su familia exiliada en Miami, a los gobiernos de Estados Unidos y de Cuba, numerosas organizaciones civiles y religiosas y a un ejército de abogados y de oportunistas arrimados.

El debate en Miami se había planteado de esta manera: cuando falta la madre ¿con quién debe quedarse un niño: con su padre quien vive en una dictadura o con sus familiares en un país libre? Una encuesta del diario The Miami Herald (del 9 de abril del año 2000) indicaba que el 83 por ciento de los cubanos que viven en Miami, deseaban que Elián se quedara en Estados Unidos. Pero este sentimiento iba en contra de la práctica internacional de reunir a menores de edad con el padre o la madre sobreviviente, de varias encuestas a nivel nacional y de un sinnúmero de editoriales y artículos provenientes de todo el mundo.

Durante los 150 días que pasaron desde que llegó Elián al sur de la Florida hasta que fue arrancado por la fuerza el sábado 22 de abril del 2000 de la casa de Lázaro González, Miami se aisló del resto del mundo. Lo que era válido en otras partes no regía en Miami. Muchos acusaron al exilio cubano de intransigente; en el diario español El Mundo uno de sus reporteros escribió que "el culebrón de Elián ha servido para volver a colgar en Miami la etiqueta de 'República Bananera.'" De esa época surgió la injusta broma de que la principal ventaja de Miami era estar muy cerca de Estados Unidos.

Y durante la crisis desatada por Elián, quien poco después de su llegada cumplió los seis años de edad, la opinión pública internacional lanzó sus más fuertes ataques a la postura del exilio cubano en Miami. Pero a pesar de esto, el exilio cubano no cedió en su apoyo a la familia de Lázaro González que quería que Elián se quedara en Estados Unidos.

Desde lejos era prácticamente imposible entender la postura de los cubanos en Miami. ¿Cómo es posible que no le quieran entregar el niño a su padre? se preguntaban. La explicación era bastante compleja. Para muchos cubanos era impensable obligar a un niño a regresar a la dictadura castrista. Durante la llamada operación Pedro Pan miles de niños cubanos salieron de la isla sin sus padres para que no crecieran en un sistema comunista. Y eso mismo es lo que una mayoría en Miami quería para Elián; un futuro sin comunismo, sin represión.

Otros cubanos, más jóvenes y liberales, entendían que el lugar de un niño es con su padre—independientemente de dónde viviera—pero no se atrevían a criticar públicamente la postura de sus mayores; habría sido interpretado como una traición a los esfuerzos de sus padres y abuelos de darles una vida mejor en un país libre como Estados Unidos.

Como periodista el caso de Elián ha sido uno de los más complicados que me ha tocado cubrir. La postura neutral que debemos mantener los periodistas en noticias como éstas era vista con sospecha por ambos lados. Si informábamos en el Noticiero Univision sobre las declaraciones de Castro, éramos criticados en Miami. Y si enfatizábamos la postura de Lázaro González y de su hija Marisleysis—quien acabó ejerciendo una labor de madre sustituta para Elián—nos acusaban de estar infiltrados por "la mafia de Miami."

El caso de Elián sacó lo mejor y lo peor del periodismo en Miami. Dentro de la sala de redacción de Univision las posturas estaban divididas. Trabajo con varios periodistas cubanos que tenían, también, sentimientos encontrados sobre Elián. Y aunque hicimos un extraordinario esfuerzo por informar con objetividad y precisión durante la cobertura del caso de Elián, no estoy muy seguro de que el balance informativo haya predominado. La noticia tocó a muchos periodistas de una manera muy personal. Tanto así que había veces en que era difícil diferenciar sus opiniones personales de sus sugerencias sobre qué cubrir y cómo hacerlo. Todos, creo, salimos embarrados de una manera u otra en el caso de Elián.

Yo también tuve, por supuestos, mis dilemas. Como padre quisiera que mis hijos se quedaran conmigo en caso de que su madre faltara. Punto. Pero no desearía que ninguno de mis dos hijos—que por cierto tienen sangre cubana—terminara viviendo en una dictadura. Y mucho menos que alguno de ellos hubiera sido tratado con el lujo de fuerza y de abuso de autoridad que sufrió Elián esa madrugada en la que fue arrancado de la casa de sus familiares en Miami. La fotografía de un policía fuertemente armado apuntando al pescador que carga a Elián dentro de un closet es digna de una tiranía, no de la democracia más antigua del mundo.

La decisión sobre Elián, al final, fue de otros; ni de su padre, ni de sus familiares en Miami.

No hubo claros ganadores en el caso de Elián. Sin embargo, el principal perdedor fue Elián. Me molestó muchísimo como Elián era constantemente manipulado por importantes figuras del exilio cubano—tomándose fotos, sacándole declaraciones políticas, hablando frecuentemente por él, filmándolo con motivos ulteriores—de la misma manera en que me repugna y me da asco el ver a Fidel Castro y a sus ministros abrazar al niño en manifestaciones y eventos multitudinarios en Cuba.

Otro perdedor, desde mi punto de vista, fue Fidel Castro. A pesar de haber logrado que el niño regresara a Cuba, nunca antes su dictadura había sido tan brutalmente atacada a nivel internacional. Hoy en día no hay nadie que pueda decir que no sabe que en Cuba se violan constantemente los derechos humanos. Nadie. Elián permitió que desaparecieran los últimos velos de falsa legitimidad que cubrían al régimen cubano. Y dentro de las múltiples críticas por negarse a que un niño ante la ausencia de su madre regresara con su padre, el exilio desenmascaró al régimen castrista.

Y, desde luego, otro de los perdedores de esta crisis fue Al Gore. Su ambigua postura con respecto a Elián no le permitió distanciarse de la administración de Bill Clinton cuando el retiro forzoso del niño de la casa de sus tíos en la Pequeña Habana, fue ordenado. George W. Bush, en cambio, capitalizó a las mil maravillas el incidente. Tanto así que incluso desde su misma percepción, fue gracias al voto cubano que ganó en el estado de la Florida, en las elecciones presidenciales de 2000 y con la Florida, la Casa Blanca. Elián llevó de la mano a Bush a la Casa Blanca.

Un sábado por la tarde, cuando Elián todavía estaba en la casa de Lázaro, en la Pequeña Habana, fuí a verlo aunque no como periodista. Ese día no tenía que presentar el noticiero. Pero quería ver con mis propios ojos al niño que tenía al mundo atrapado, al niño más famoso del planeta. Y lo vi tres veces; jugando en el jardín de la casa y coqueteando con los múltiples invitados y las cámaras de televisión. Sus ojos tenían una chispa. Viva. Alerta. Pero su rápida sonrisa inicial escondía—me pareció—el dolor de un niño muy confundido tras la muerte de su madre. (En alguna ocasión, incluso, llamó "mamá" a Marisleysis.) Y lo que más tristeza me dio es que ese niño por el que tanto se peleaban parecía en sus carreras por el jardín el ser más solo del planeta. No aguanté más el espectáculo y me fui.

El caso de Elián pudo haber reforzado en algunos la imagen de intolerancia del exilio cubano. Y ciertamente el exilio cubano, como todo exilio, ha sido intolerante con los abusos de poder de Fidel Castro. Por eso el embargo estadounidense contra la isla, por eso los votos de castigo de Estados Unidos en la Comisión de Derechos Humanos de Naciones Unidas, por eso las críticas constantes a las naciones que comercian con la dictadura, por eso la indignación ante los periodistas que van a la isla y no reportan sobre la represión política y la prostitución juvenil.

Respecto a Cuba hay, en líneas generales, dos aproximaciones a nivel internacional. Pero ambas tienen el mismo objetivo: la democratización de la isla. Estados Unidos cree que la forma de promover la democracia y el fin de la era de Castro es reforzando el embargo y limitando los contactos turísticos, diplomáticos, académicos, culturales y comerciales con la isla. La mayoría de los países del mundo creen exactamente lo contrario. Creen que más comercio, más contactos diplomáticos y culturales, más turismo, eventualmente tendrá un efecto negativo en la dictadura castrista. Pero ante la ausencia de una estrategia de consenso internacional contra Fidel, poco ha cambiado políticamente en la isla en más de cuarenta años.

Estados Unidos tiene una gran contradicción su política exterior: no trata a todas las dictaduras de la misma manera. China es, como Cuba, una dictadura comunista donde se violan constantemente los derechos humanos. Sin embargo Estados Unidos tiene relaciones diplomáticas con China y comercian prácticamente sin ninguna restricción. De hecho, China está entre los principales socios comerciales de Estados Unidos. Eso no pasa con Cuba.

El expresidente Clinton me dijo que esa disparidad de trato entre China y Cuba se explicaba por el derribo por parte del régimen cubano de dos avionetas del grupo Hermanos al Rescate. Los chinos no han derribado ningún avión estadounidense, insistió Clinton. George W. Bush me lo explicó diciendo que el comercio de Estados Unidos con China se realiza, fundamentalmente, con individuos no con el gobierno. Y que en el caso de Cuba el comercio sólo reforzaría el poder de Castro. Sea como sea, Estados Unidos tiene un hoyo negro en su política exterior.

Si el embargo no ha funcionado para terminar con el régimen castrista ¿por qué no tratar otra fórmula? Para muchos exiliados cubanos es, más que un asunto económico, una cuestión moral: les resulta muy doloroso, siquiera, pensar en negociar con quien tanto daño les ha hecho. Esa postura, sospecho, no va a cambiar pronto y Estados Unidos mantendrá el embargo mientras un Bush esté en la Casa Blanca. Sin embargo, donde sí se puede crear un consenso internacional es en una política de aislamiento hacia el dictador cubano. No puede ser que Castro siga siendo tratado en foros mundiales como si fuera un gobernante legítimamente elegido. Y son los países latinoamericanos quienes deben liderar este esfuerzo, Un Castro aislado, sin micrófono en el mundo, podría ser orillado a la irrelevancia y eso forzaría su caída.

Una política de pinzas hacia Castro no se ha intentado y pudiera acabar con la dictadura: bombardeando al pueblo cubano con productos, contactos e ideas del exterior y aislando, internacionalmente, a su líder y a sus secuaces. Dudo que Castro pudiera salir ileso de una ofensiva así. Pero ¿se atreverían los líderes del exilio a proponer algo nuevo o preferirán —como hicieron los españoles con Franco— esperar a la muerte del dictador?

La insistencia del exilio cubano de mantener y reforzar el embargo estadounidense contra la isla, a pesar de que no ha logrado destronar a Castro, ha contribuido a crear la imagen de intolerancia en torno a los cubanoamericanos. Pero esa imagen es un estereotipo y no está sustentada en la realidad. Por principio, el exilio cubano no es monolítico ni se expresa con una sola voz.

Convivo todos los días con cubanos que escuchan mis opiniones y que pueden no estar de acuerdo con ellas pero las respetan y, eso sí, las discutimos. Tengo un buen amigo, Felipe Mourín, que me ha acompañado desde mis principios como periodista en Miami y con quien converso diariamente. Muchas veces nuestros intercambios son ríspidos, sonoros. Pero él me ha abierto los ojos a cosas que alguien que no es cubano difícilmente puede ver.

La comunidad cubanoamericana es un ejemplo de lo que otros grupos de latinos podrían lograr en Estados Unidos en materia de política. En Miami, los principales puestos políticos están ocupados por cubanos; desde la alcaldía hasta las comisiones menos importantes. Y cuando hay elecciones, los cubanos, generalmente, salen a apoyar a los suyos. Ciudades con altos porcentajes de hispanos en California, Texas, Illinois, Colorado, Arizona y Nueva York podrían (y deberían) seguir este ejemplo. Si los mexicoamericanos hubieran entendido esto a tiempo. Los Ángeles habría tenido ya un alcalde latino en el 2001 y Houston otro, en el 2002.

Si Miami fuera tan intolerante como dicen ¿por qué hay tantas compañías internacionales estableciéndose aquí? ¿por qué los latinoamericanos han hecho de este puerto su segundo hogar? ¿por qué el español se puede hablar en esta ciudad sin temor a ser discriminado? ¿por qué las más importantes cadenas latinas de radio y televisión están en Miami? ¿por qué el sur de la Florida es una de las zonas de mayor crecimiento del país? ¿por qué políticos hispanos controlan algunos de los puestos más importantes de la ciudad y del condado? ¿por qué los latinos de Miami están en las posiciones de mayor influencia en los medios de comunicación, el arte y los negocios? ¿por qué?

Porque más allá del estereotipo, Miami es una ciudad que sabe recibir bien al que viene de fuera. Y con ellos al cambio. Joaquín Blaya —el ejecutivo chileno que transformó la industria de la televisión y de la radio en español en Estados Unidos— suele decir, con mucha razón, que Miami es un lugar que trata a los latinos como ciudadanos de primera. Y eso no se puede decir de muchas ciudades estadounidenses.

Además, en lugar de americanizarme en Miami me he latinoamericanizado. Mi amiga del alma, Rosaura Rodríguez, siguiendo un espíritu muy bolivariano, está convencida que vivir en Miami le ha permitido comprender en su totalidad la problemática de América Latina —la pobreza, la corrupción, las esperanzas de la democracia y los retos de la globalización . . .—y desarrollar un claro sentido de solidaridad y de pertenencia. Si se hubiera quedado, como muchas de sus amigas, en Cartagena, su mundo sería, bueno, un mundito. En cambio, sus libros y novelas reflejan a una mujer libre y abierta a las mezclas y a las convergencias. Miami expandió su universo.

Mi experiencia con Miami va paralela a la de ella; me ha hecho más latinoamericano y me ha librado de los vicios del nacionalismo. Pero, también, hay que reconocer que Miami tiene una fijación con el tema de Cuba. Eso es imposible de negar.

Miami es muchas veces Cuba del Norte. Los cubanos han transformado—política, económica y culturalmente—esta ciudad y cuando se les mete algo entre ceja y ceja es muy difícil pararlos. Así como para mí México es un "ausente presente," la isla lo es para los cubanos de Miami. La diferencia es que con Cuba, a tan sólo 90 millas de los Cayos de la Florida, pareciera que muchas veces hasta se puede oler.

Un estudio que leí hace algunos años aseguraba que únicamente el cinco por ciento de los cubanos en Miami regresarían a una Cuba libre. No lo sé. Pero lo que sí está claro es que los vínculos entre Cuba y el sur de la Florida son indisolubles. Con Castro y sin Castro. Habrá siempre una Cuba del sur y una Cuba del norte. Y la del norte ha sido mi casa por más de una década.

Miami no ha sido tan fácil para mí. Pasé de las sospechas a las críticas y a los insultos. Y aguanté porque siempre encontré una gran mayoría que no sospechaba, ni criticaba ni insultaba y que, por el contrario, sabía también abrazar, apoyar y querer. Pronto entendí que la comunidad cubano-americana tampoco es un bloque homogéneo y que el constante flujo de inmigrantes de otras partes—Colombia, Venezuela, el Caribe, Centroamérica, México . . .—la ha convertido en un prototipo de la diversidad multiétnica y multicultural que se vive en Norteamérica. Al igual que Los Ángeles, Miami es ya el futuro de Estados Unidos. Y el futuro me sabe a un café bien mezcladito.

CANAS, AVIONES, VIAJES Y OLORES

Si pudiera vivir nuevamente mi vida,
en la próxima trataría de cometer más errores.
No intentaría ser tan perfecto, me relajaría más.
Sería más tonto de lo que he sido; de hecho
tomaría muy pocas cosas con seriedad.

—JORGE LUIS BORGES (INSTANTES)

CANAS

Mi primer problema frente a las cámaras fue que tenía cara de niño. Ahí, alguna ejecutiva que se quería pasar de lista, me propuso que me pintara canas para tener mayor credibilidad. No fue necesario hacerlo. Al poco tiempo detecté mi primera cana. Ocurrió unos días después de que mi hija Paola se fuera a vivir a Madrid con su madre. Estoy absolutamente convencido de que esa cana (y las cientos que le siguieron) surgieron por la tristeza de estar tan lejos de ella.

Gracias a amigos como Sergio Saavedra y su familia salí a flote. Los riquísimos desayunos mexicanos de los domingos en su casa cerca de Mission Viejo en California fueron básicos para no volverme loco de tanto extrañar a mi hija. Pero, sin embargo las canas sólo se multiplicaron.

Mi problema, años más tarde, es que tantas canas me hacían ver mayor de lo que era. Otro ejecutivo de la televisión, con más canas que yo, me propuso que me las pintara. Tampoco le hice caso. Siempre me ha parecido que hay algo de falso en los hombres que se pintan el pelo. Y como estoy en un negocio—el de las noticias—donde la falsedad no vende, prefiero verme canoso y creíble antes que tener un color de pelo artificial.

Literalmente, he envejecido frente a las cámaras de televisión. Comencé mi primer noticiero en Univision a los 28 años de edad. Ahora, a los 44, el cambio es muy visible. La tranquilidad frente a la cámara va acompañada de patas de gallo y de canas rebeldes. Y la verdad, es mejor esta etapa, periodísticamente hablando, que la del pelo castaño, la piel tersa y el mar de nervios en el estómago cada vez que salía al aire.

Al final de cuentas, es mejor tener canas que no tener pelo. Y en el negocio de la televisión la diferencia es fundamental. Siempre he tenido la sospecha de que mis jefes me pueden aguantar con todas las canas del mundo. Pero no sin pelo.

Mientras escribo estas líneas no existe ni un solo *anchor* a nivel nacional en la televisión norteamericana que sea pelón. Ni uno. Y esto, me parece, es una clara indicación de que trabajo en un negocio donde la cuestión estética es esencial. Ningún ejecutivo de televisión que se respete se atrevería a decir que contrató a una persona sencillamente porque se ve bien. Se expondría a demandas multimillonarias de candidatos mejor calificados. Siempre las contrataciones van acompañadas de sesudas explicaciones: tiene mucha experiencia, viene de un mercado más grande, ha cubierto dos guerras . . . Sin embargo, la realidad es que parte de nuestro trabajo depende de que a nuestros jefes, además de que les guste nuestro trabajo, también les guste la manera en que aparecemos frente a las cámaras. Quisiera decir que las cosas son distintas pero mentiría.

El mundo de la televisión está repleto, no necesariamente de los más inteligentes, pero sí de algunas de las personas más persistentes que conozco. Igual su cede entre reporteros y escritores que productores y técnicos. La competencia es tan dura que sólo llegan hasta al final aquellos que hicieron un esfuerzo extra, una llamada más, los que hicieron antesala hasta que alguien se dignó a recibirlos, los que trabajaron de gratis mientras surgía una vacante, los que tomaron el puesto de madrugada con tal de meter un pie en la industria, los que le echaron más ganas que los demás.

En la televisión también hay muchos tímidos y aunque parezca difícil de creer de alguien que es visto por millones de personas todos los días, soy una persona tímida. Muchas veces para mi constituye un verdadero esfuerzo el presentarme a hablar ante un grupo grande de personas. Esa timidez es algo que he superado pero que siempre, de alguna manera, está presente.

Y con esto recuerdo a uno de mis maestros de psicología en la universidad que nos aseguraba que uno escoge su carrera para compensar sus debilidades. Sin duda, mi timidez ha más que compensada al ser visto, millones de veces cada noche, en un noticiero de televisión, al ser escuchado por la radio y al ser leído en los diarios, la Internet y estas mismas páginas.

Pero junto con la timidez va la independencia. Mis principales cualidades y defectos van ligados a la independencia. Aprendí desde muy niño a valerme por mí mismo, a aceptar responsabilidades y a no culpar a nadie, nunca, por lo que a mi me ocurriera. En mi caso, la fórmula ha funcionado. Uno tiende a repetir los comportamientos que dan resultado. Y con canas o sin canas, y con una timidez bien controlada, seguiré haciendo las cosas a mí manera y con la mayor independencia posible. No sabría hacerlo de otra forma.

Es inevitable que la gente que me ve todas las noches por televisión, sienta algún tipo de interés en saber un poco más sobre mí. Lo considero parte de mi trabajo. Pero siempre digo que me conocen únicamente de la cintura hacia arriba. O sea, mis secretos, mis relaciones, mis sueños, no son del consumo público. A pesar de llevar una agenda muy intensa frente a las cámara de televisión, trato de llevar una vida personal al margen de los chismes y de las revistas de farándula.

Cuando la gente me reconoce en la calle, particularmente en Miami, no falta quien comente: "¡Mira qué chiquitico!" O que me digan que esperaban verme más alto, más fuerte, más joven. "Es el maquillaje, la silla tan alta, las luces," suelo responder cuando la imagen que tenían de mí no corresponde con la flaca realidad. Pero independientemente que me consideren mejor o peor que por televisión, sexy o demasiado serio, nunca he dejado de agradecer el que me dejen colarme en sus casas, media hora, cada noche. Y luego desaparecer con un *click* del control remoto.

AVIONES

Volar es para mí, algo casi mágico. Me sigue sorprendiendo la magia de meterme a una máquina para volar desde Miami y 14 horas después aparecer en Sidney, Australia. Son las mismas 14 horas que se extendían algunos de mis días cuando era estudiante y trabajaba medio tiempo en la ciudad de México. En lugar de un Boeing 747 eran una serie interminable de metros y camiones. Y entonces no llegaba a ningún lado.

Un millón de millas. Eso dice la tarjeta que acabo de recibir de una compañía de aviación. En un mapa sobre el escritorio de mi oficina voy marcando los países que he visitado. Y hace poco ya, pisé los cinco continentes.

Creo que mi obsesión por viajar y conocer los lugares más distantes e interesantes tiene su origen en la imposibilidad de hacerlo cuando era un adolescente. Por un tiempo fue una verdadera tortura trabajar en una agencia de viajes organizando para otros, las odiseas que hubiera deseado para mí.

Y cuando pude volar surgió en mí un terror por los aviones.

Volar, no hay duda, es más seguro que manejar un automóvil. Ahí están los montones de estadísticas. Sin embargo ¿por qué crea tanta ansiedad el subirse a un avión en estos días?

Lo que el auto nos da —y que carecemos al volar— es la sensación de estar en control de la situación. En un avión me siento totalmente vulnerable; mi vida depende de otros. Un error humano o una falla mecánica en un carro me puede dejar al lado de la carretera; los mismos problemas en un avión me ponen a un ladito del cementerio. Pero por más que me digan que es más peligroso viajar en auto que en avión, no puedo evitar la tensión en el cuello y las palmas de las manos goteando de sudor antes de volar.

En realidad mi miedo a volar no es injustificado. Todo comenzó en un bimotor de Air Sinaí que cruzó el desierto para llevarnos a mis padres y a mí de El Cairo a Tel Aviv. Al poco tiempo de vuelo descubrí que el airecito que estaba sintiendo en las piernas no era de ningún sistema de enfriamiento sino de un hoyo en el fuselaje. El ruido evitaba cualquier conversación. Uno de los pasajeros —quizás un diplomático— acostumbrado a este vuelo se había tapado los oídos con algodones. Estaba dentro de una licuadora voladora, una verdadera chatarra.

Más tarde me enteraría que se trataba de uno de los primeros aviones comerciales que se construyeron, de esos que han dado la vuelta por el mundo y que terminan en un país tercermundista como Egipto. El vuelo pasó sin pena ni gloria, pero fue la primera vez que tuve miedo en un avión. Nunca antes me había planteado la posibilidad de morir en un accidente aéreo. De hecho un avión de Air Sinaí se estrelló en una tormenta de arena poco después de que nosotros hiciéramos ese recorrido. Nunca supe si se trataba del mismo bimotor en el que me había subido; no me hubiera sorprendido.

Durante la guerra del golfo pérsico, mi experiencia en un C-130 hizo que el peligro fuera mucho más claro. Me preocupa doblemente cuando tengo que subirme a un avión piloteado por un militar. Sobre todo porque están obligados a tomar decisiones en el aire ajenas a la seguridad del vuelo. Y eso es exactamente lo que me ocurrió cuando viajé a Venezuela para entrevistar al presidente Hugo Chávez.

A PESAR DE QUE DOS de sus más cercanos colaboradores me aseguraron que podría entrevistar al presidente en Caracas, fue Chávez quien decidió a último momento que lo siguiera hasta la población de Guarumito, cerca de la frontera con Colombia.

El avión presidencial iba repleto así que nos subieron a una avioneta de hélices para llegar al lugar de la entrevista en el estado Táchira. Viajaba con dos camarógrafos, Ángel Matos y Martín Guzmán, y con la productora Marisa Venegas. En la avioneta de ocho plazas también iban otros reporteros y una funcionaria pública. Partimos de Caracas y a los pocos minutos Martín detectó un humo blanco colándose al interior de la avioneta. Fue la primera señal de alarma.

"Humo, humo," anunció uno de los periodistas. Pero el piloto y el co-piloto, ambos jóvenes militares que apenas pasaban de los 25 años, no se dieron por enterados.

"Heeeey piloto," grité angustiado, "le están diciendo que hay humo." "Ya lo escuché," contestó muy serio el piloto, "estamos revisando los instrumentos." Apagaron el sistema de calefacción, la cabina se enfrió y dejó de salir humo.

La avioneta continuó su ascenso hasta alcanzar los 24 mil pies de altura. Llevábamos unos 20 minutos de vuelo. De pronto, la cabina se volvió a llenar de un humo blanco. "Híjole," pensé, "ahora sí ya nos llevó la chingada."

"Eso es polvito," dijo la funcionaria pública.

"Nada de polvito," la retó uno de los periodistas. "Yo fumo y eso no es polvito."

No, no era polvito.

El piloto descendió la nave a 10 mil pies de altura y anunció: "Voy a despresurizar la cabina, van a sentir un dolor en sus oídos y si alguien se siente mareado o le falta el aire, díganmelo para que les dé su mascarilla de oxígeno." Al despresurizar la cabina dejó de salir humo.

Pero la mayoría de los pasajeros estábamos pidiéndole al piloto que aterrizara cuanto antes. El piloto no quiso. "Hay que llegar a la Fría (donde comenzaría la ira presidencial," nos explicó. "Tenemos una misión. Esa es mi recomendación y no me gustaría que hubiera una discusión entre los pasajeros y el piloto."

La presión sobre el piloto militar era obvia. Había sido el propio presidente Hugo Chávez, jefe de las fuerzas armadas de Venezuela, quien le dio la orden de llevarnos a la frontera con Colombia y ni siquiera esta emergencia lo había convencido de abortar la misión. Sin embargo, al negarse a aterrizar estaba poniendo nuestra vidas en peligro.

Yo tenía mucho miedo. Mi mandíbula se movía involuntaria e incontrolablemente y los músculos de mi pecho tenían su propio baile. Las palmas y la frente me sudaban copiosamente.

No habían pasado ni cinco minutos de la explicación del joven piloto cuando volvió a salir humo dificultándonos, incluso, la respiración dentro de la cabina. Yo iba sentado atrás del piloto y noté que estaba pálido. Pidió un aterrizaje de emergencia en la base militar de Barquisimeto y no dijo nada más hasta que puso la avioneta en tierra.

No soy una persona religiosa pero al aterrizar se nos acercó un sacerdote católico —¿qué hacía este religioso en una base militar?— y nos regaló a cada uno de los pasajeros una tarjetita de la virgen de la Divina Pastora. Todavía hoy la guardo.

Independientemente de los inevitables riesgos, volar ya no es lo que era antes. Recuerdo a la perfección cómo mi padre y mi madre se preparaban durante días para un vuelo y cómo iban vestidos con sus mejores ropas.

Hoy en día volar ha perdido su encanto. Es un negocio de masas que nos obliga a sentarnos en asientos diseñados para niños, ingerir comida con consistencia de plástico y sufrir las humillaciones de unas pocas líneas aéreas que se resisten a darnos explicaciones creíbles con respecto a sus constantes retrasos y aumentos de precios. Y a esto hay que sumarle las interminables revisiones de seguridad tras los atentados terroristas del 11 de septiembre del 2001.

Pero sin los aviones mi vida habría sido la de un frustrado provinciano resignado a soñar con las fotografías de lejanos lugares escondidas en una revista. Y prefiero el presente imperfecto de la aviación moderna —con sus masivas incomodidades— a los días en que estaba tristemente anclado a la tierra.

VIAJES

Recuerdo la salida del sol sobre el río Ganges en la India, una tarde haciendo fila para ver a un enano y blanco Lenin en la Plaza Roja, un paseo en bicicleta por Beijing, las tardes lluviosas de Kyoto y una noche interminable en Managua esperando los resultados de las elecciones que terminaron con once años de sandinismo. Me siguen aterrando el silencio y la oscuridad de La Habana, los ojos de un muerto kuwaití y los niños perdidos durante la guerra de Kosovo. Sonrío al acordarme de un vuelo en globo sobre Tanzania y otro en helicóptero sobre los grandes corales de Australia. Huelo, todavía, las mezclas maravillosas de los mercados de Oaxaca y Marrakesh. Aún no termino una romántica cena de velas y vino en Santorini, una comida en Barcelona, un pescado frito en pan de Estambul, ni las sesiones maratónicas de tacos al pastor en la ciudad de México. Y las playas de Virgen Gorda, Turcos y Caicos, Cancún, la isla Hayman y Moyo en Indonesia se me aparecen mentalmente como postales y escapes en cada crisis de estrés. No hay ciudades geográficamente más bellas que Río de Janeiro, Ciudad del Cabo y Sidney. Pero hay dos viajes que, sin duda, llevo clavados en los ojos y en el alma.

La caída del muro de Berlín, en noviembre de 1989, me confirmó que el periodismo es el privilegio de constatar de primera mano cómo cambia la historia. Yo estaba de viaje en Miami cuando vi por televisión las primeras imágenes de los jóvenes alemanes destruyendo poco a poco el muro de Berlín ante la mirada impávida y pasiva de los soldados de ambas Alemanias.

Obtuve un pasaporte de emergencia del consulado mexicano en Miami y partí tan rápido a Berlín que ni siquiera tuve oportunidad de comprarme un abrigo. Esa, la primera madrugada en que los jóvenes berlineses rescataban su libertad a pico y pala, estaba helando. Pero había una actividad frenética; cientos, miles de personas, golpeando con lo que tuvieran a su alcance, el muro de Berlín.

No tendría que pasar mucho tiempo para que el muro empezara a caerse a pedacitos. Las primeras piedras y rocas dieron paso a tablones de concreto que retumbaban al caer sobre el suelo. Y lo impresionante es que los soldados de Alemania Oriental, que en otras ocasiones hubieran disparado a matar a cualquiera que intentara cruzar o destruir el muro, tenían sus rifles colgando, inmóviles.

La libertad se colaba, por fin, a Alemania Oriental. Y no me pude resistir a destruir, con mis propias manos, martillo y cincel, un pedazo de ese muro. Las piedritas que rescaté, manchadas de rojos, amarillos y verdes del graffitti, me han acompañado en todas mis mudanzas.

Nunca he presenciado un espectáculo más impresionante. La destrucción del muro de Berlín, golpe a golpe, lágrima a lágrima, no tiene equivalente entre el montón de noticias que me ha tocado cubrir en más de dos décadas. Toda una era terminaba. La historia cambiaba ante mis ojos. Y yo sólo repetía entusiasmado: "¡Por esto soy lo que soy! ¡Por esto!"

EL VIAJE A LA INDIA con mi madre y mi tío Armando para ver al líder religioso Sai Baba tuvo una naturaleza muy distinta a la caída del muro de Berlín. Uno era un asunto político; el otro espiritual. Pero en ambos había una sensación de liberación.

La India siempre me había intrigado pero cuando jugué con la posibilidad de llevar a mi tío Armando, entonces de 87 años, a ver a Sai Baba el plan tomó fuerza. Sí, me emocionaba sacar por primera vez a mi tío de México y subirlo a un avión. Sí, para él sería una experiencia vital, inolvidable, conocer al *avatar*, a quien consideraba la encarnación de dios, al líder espiritual de más de 50 millones de personas en el mundo. Y para mi personalmente, sería un reto ante mi creciente incredulidad religiosa.

De niño y de adolescente, la iglesia católica me dejó frustrado y enojado, tanto por el comportamiento abusivo de algunos de sus sacerdotes como por su negativa a discutir abiertamente dogmas centenarios. Por eso el viaje a la India me abría la posibilidad de entrar en contacto con mi espiritualidad sin necesidad de formar parte de la religión institucionalizada y anquilosada.

El viaje, en sí, resultó una extraordinaria lección. La pobreza no me asusta; la he visto por todos lados en América Latina. Pero la pobreza de la India llama particularmente la atención porque el sistema de castas, aunque diluído, obstaculiza la movilidad social. Los pobres de la India tienen pocas salidas; sus padres fueron pobres, sus abuelos y bisabuelos fueron pobres. Es la pobreza heredada de generación en generación. Y pocos puede escaparse del peso milenario de un sistema acostumbrado a pisar y a controlar a millones.

Para llegar al *ashram* de Sai Baba en la población rural de Puttaparthi tuvimos que viajar de Delhi, la capital, a Bangalore y de ahí tomar un auto hasta llegar al refugio espiritual de Prashanti Nilayam. Nos recibieron con el típico saludo—*Sairam, Sairam*—y conseguimos un cuarto para los tres por dos dólares la noche. Y era sólo eso: un cuarto. No tenía camas ni muebles ni espejo ni toallas ni nada. Rentamos unas colchonetas, un par de sábanas y compramos el esencial mosquitero. Los mosquitos de la India pueden picar más que la curiosidad espiritual.

Tras la llegada nos preparamos para ver a Sai Baba, quien se presentaba públicamente dos veces al día en una ceremonia conocida como *dharsans*. Mi escepticismo no me dejaba en paz. ¿Sería Sai Baba un personaje divino al igual que Rama, Krishna, Jesucristo, Mahoma, Buda y Zoroastro? Nos vestimos de blanco y junto con 20 mil personas entramos a un enorme salón techado sostenido por columnas pero sin paredes. No se pueden tomar fotos a Sai Baba y tuvimos que pasar por un detector de metales antes de que nos separaran a hombres de mujeres. En la larga espera prevalecía un extraño silencio para un grupo tan grande. Algunos meditaban y otros leían dos libros que estaban de moda, sobre los poderes curativos de la orina: *Auto-Urine Therapy* y *The Water of Life*.

Al rato comenzó a oler a incienso y a oirse música. A los lejos apareció una figura con pelo afro y vestida con una túnica naranja. Dos botones de oro eran sus únicas joyas. En ese 1995 se veía mucho más jóven de sus 72 años. Parecía flotar. Tras unos *bhajans* o cantos religiosos, Sai Baba inició un largo discuros de tres horas en telugu, su lengua natal. Afortunadamente había una traducción simultánea al inglés.

Trataba de explicarle a mi tío Armando lo que decía Sai Baba: "dios es como el fuego que está debajo de las cenizas . . . el ego es una serpiente que hay que destruir . . . el cuerpo no es nuestro, lo tenemos prestado" y —en una pregunta al aire que parecía dirigida directamente a mí— "¿cómo va el ojo a ver a dios cuando ni siquiera puede verse a sí mismo?" Pero mi tío no necesitaba mis malabares linguísticos del telugu al inglés y luego al español. Todo lo había leído antes.

En un momento dado, mientras Sai Baba caminaba por el enorme salón, observé dos lágrimas correr por la cara de mi tío. Sai Baba estaba lo bastante cerca como para establecer contacto visual con él. Y aparentemente eso fue lo que ocurrió. En un instante, se cruzaron las miradas de mi tío Armando con la de Sai Baba. Conectaron. Y mi tío interpretó ese encuentro visual como la aprobación tácita de su líder espiritual del camino que había decidido tomar en la vida. No necesitó más.

Vimos a Sai Baba otras tres veces pero después de ese primer e intenso encuentro mi tío Armando ya podía regresarse a México. Mi madre y yo conversamos hasta el cansancio las palabras de Sai Baba, su intención de

enseñar "la esencia de todas las religiones," la inexplicable creación del
vibhuti—ceniza que parece producir tras un movimiento de sus manos—
y la experiencia de pasar varios días sin un espejo y con una dieta estrictamente vegetariana. Pero fue la paz que mi tío proyectaba tras el encuentro
de miradas con su líder espiritual lo que nos impactó más que cualquier
otra cosa.

Sai Baba no me convirtió en una persona religiosa. Mis dudas siguen
presentes. Sin embargo, nunca antes había estado tan en contacto con mi
vida interior ni tan consciente del universo no material. La mirada de paz
que transmite Sai Baba—la misma que presencié en otras ocasiones en el
Papa Juan Pablo II y en el Dalai Lama—me sigue intringando. No sé de
dónde viene. Pero cuando la recuerdo, inevitablemente, sonrío.

Al final, la principal lección la obtuve de la entereza moral y fuerza espiritual del hombre de 87 años que acompañé a la India y que hoy cree en
la divinidad de Sai Baba más que nunca.

Ese viaje no fue más que otro intento de vencer mi agnosticismo. Si el
monoteísmo católico nunca me convenció, no perdía nada en explorar el
panteísmo de algunas religiones de oriente. Primero, es cierto, estaba la
curiosidad por lo nuevo. Pero en realidad deseaba encontrar una explicación al origen de la vida. Dios está en todo o dios es vida son conceptos que
tienden a ajustarse más a mi manera de vivir; dios como fuente de energía
pero no como un señor que dirige, desde lo lejos, nuestras vidas.

La experiencia del viaje a la India me dejó un sentimiento ambivalente.
Por una parte me conecté, por primera vez en mi vida, a la idea de que algo
más poderoso que nosotros nos precedió. Ese es un gran paso para mí, un
escéptico irremediable. Pero por la otra, me entristeció darme cuenta que
ni siquiera ante la presencia de un hombre que dice ser uno de los hijos
de dios—como asegura Sai Baba—pude vivir una experiencia religosa.
Quise creer y no pude. Envidié a mi tío y a mi madre por tener una paz interna que yo desconozco. Y sin paz interior ¿cómo voy a encontrar mi
lugar en el mundo? ¿Cómo?

El viaje a la India incluyó, también, un extraño incidente al cuál todavía no logro dar explicación. Mientras mi madre—que tiene una percepción muy desarrollada y que tiende a sentir cosas fuera de lo estrictamente

normal—se preparaba para el viaje a la India vio caer un montoncito de pequeñas flores blancas del libro que leía. Ella recuerda que cuando las flores cayeron escuchó, quizás internamente, un sonido armónico. Bueno, ese mismo tipo de florecitas que se desprendieron del libro de mi madre en México estaban por todos lados en el *ashram* de Sai Baba. Fue el toque mágico del viaje.

OLORES

La lectura de Marcel Proust me influyó mucho de joven por la vinculación de los olores y de los recuerdos. Por su búsqueda—como la mía en este libro—del tiempo perdido. Y por la burla de un maestro universitario cuando le dije que la novela de Proust era la mejor que había leído en mi vida.

Pocos como Proust han ligado de una manera tan clara la nariz con el pasado. Las ya famosas magdalenas enviaron a Proust a su infancia francesa de la misma manera en que un bolillo caliente me regresa a mí al México de los años 60. Tampoco le debe extrañar a nadie que una de mis novelas favoritas sea El Perfume de Suskind donde describe la vida de un hombre casi ciego, en la edad media, que utiliza su olfato como guía infalible.

El olfato es muy importante para mí debido a que mi capacidad de oler está muy restringida. Me explico. He tenido tres narices. Así es. Nací con forceps y todo parece indicar que el cirujano obstetra que atendió a mi madre utilizó mi nariz para jalarme al mundo. La huella de los forceps sobre mi nariz permaneció sobre mi rostro durante varios días según recuerda mi mamá.

Desde luego, al crecer mi nariz esta tomó una notable curvatura hacia la izquierda que me impedía respirar correctamente. Siempre estuve muy conciente de las irregularidades de mi nariz. Hasta que al cumplir 15 o 16 años decidí hacer algo al respecto y me operé.

Tras esa primera operación noté que la comida no me sabía igual. Pero todo se corrigió con un poquito más de sal y de salsa picante que de costumbre. Mi nueva y recta nariz lo justificaba todo.

Pero un juego de basquetbol de nuestra escuela preparatoria terminó en pelea y el mismísimo arbitro—un estudiante del colegio contra el que nos enfrentábamos—se encargó de golpearme por detrás y destruir de un trancazo mi nariz. La cara de horror de mi madre y de mi abuelo Miguel al verme con la nariz hecha un chicharrón fue suficiente para tomar valor y regresar al quirófano.

Lo hice en el año de 1978, en pleno mundial de futbol. Y ese fue mi error. Me acuerdo perfectamente de cómo me desperté a la mitad de la operación—la anestesia no había sido suficiente—para descubrir a los médicos que me intervenían, viendo un partido de futbol. "¿Quién va ganando?" le pregunté a los doctores. Muy rápido incrementaron la anestesia y me perdí el resultado del partido. Mi nariz quedó bien pero no con la perfección que esperaba. "Está ya muy golpeada," me dijo el doctor a manera de explicación. Y yo quise decirle que si no hubiera estado viendo el partido de futbol mientras me operaba las cosas habrían salido mejor. Pero no me atreví. El mundial era el mundial. Irrepetible.

Aprendí a vivir con uno de los conductos de mi nariz más estrecho que el otro. Roncaba como león, ocasionándole a mi hermano Alejandro (con quien compartía el cuarto) innumerables noches de insomnio. Y, de nuevo, mi capacidad olfativa se redujo aún más. Había ya ciertos olores que no alcanzaba a distinguir. Comer se convirtió casi en un ejercicio visual y digestivo. La comida me sabía poco.

En Estados Unidos tendría otro accidente. En un partido amistoso de futbol mi nariz terminó planchada en el hombro de un compañero y a manera de postre recibí, segundos después, un balonazo sobre la cara. Era el momento de poner a prueba a los mejores cirujanos plásticos del mundo. Busqué a uno en Beverly Hills—Ronald Matsunaga—quien logró la imposible labor de reconstruir una nariz hecha añicos. *Mother nature is going to push your nose to the side,"* me decía preocupado Matsunaga sobre la tendencia a la curvatura de mi golpeada nariz. *"But we have to beat mother nature."* El resultado, tengo que reconocerlo, es bastante satisfactorio. Pero aún casi no huelo nada.

Mis células olfativas quedaron destruidas o dañadas tras tanto golpe y después de tres operaciones. Soy el último en enterarme cuando existe un mal olor y debo tener precauciones extras para no ser yo el motivo de miradas raras. Puedo detectar olores muy intensos. Y una vez que mi nariz registra un olor lo puedo llevar cargando por semanas. Es como si mi cerebro celebrara la captura de un olor y no lo dejara escapar. Durante mucho tiempo llevé a cuestas el olor de los soldados muertos que vi en Kuwait, la combinación de ajo y cebolla que plaga el metro de Moscú, la halitosis del expresidente venezolano Rafael Caldera y la sensación de humedad de unos cartones viejos durante la última mudanza de casa. Ese olor, curiosamente, fue muy similar al que me persiguió durante mi viaje a Afganistán. No puedo hacer nada al respecto. Una vez que mi nariz agarra un olor no lo suelta. Y mientras ese olor se desintegra en el registro de mi mente es casi imposible disfrutar de un perfume excitante o de un platillo particularmente sabroso.

Por lo anterior, mi memoria olfativa es reducida pero muy bien definida. Los primeros meses de vida de mis dos hijos van colgados a mi nariz. Recuerdo la crema para la piel que usaba mi primera novia y el olor del pasto recién mojado por la lluvia cuando reaparecía el sol en el jardín de mi casa en la ciudad de México. Mi papá olía a una incofundible mezcla de cigarrillo con loción, para mí, reconfortante y acogedora; en cualquier otra persona esa misma combinación habría sido insoportable. También, el aroma de los carros nuevos de papá me provoca una sonrisa. Y como Proust, al evocar esos olores como si se tratara de espíritus, vuelvo a vivir el pasado. ¡Qué rico es oler el cesped de mi infancia, a mi padre, a mi país!

Tengo más grabado olfativamente a México que a Estados Unidos. Los principales olores que cargo en mi mente fueron registrados antes de sufrir la tercera fractura de mi nariz. Así que esos son los que me han acompañado durante toda la vida. Desde 1985, tras recuperarme de la última operación, son muy pocos los nuevos olores que he registrado. Por eso, para mí, Estados Unidos es un país sin olor. Neutral. Y por eso, también, mi nariz apunta siempre hacia México.

EL ETERNO REGRESO

No soy de aquí

Ni soy de allá

—DE LA CANCIÓN DE FACUNDO CABRAL

Hay días en que me consumen unas ganas bárbaras por regresar a México, días en que la nostalgia me domina. Es la tristeza de estar donde no quiero estar. Milan Kundera, en su extraordinaria novela La Ignorancia,[46] dice que "la nostalgia es el sufrimiento causado por el deseo incumplido de regresar."

Es cierto. Pero a veces el regreso es imposible debido a que nuestra casa (es decir, donde se acumulan nuestros recuerdos, donde estamos acompañados, donde nos sentimos seguros y protegidos, donde soñamos) dejó de estar donde estaba. Eso nos pasa mucho a los inmigrantes, voluntarios o involuntarios. Creemos que nuestra casa está en nuestro país de origen y al regresar nos damos cuenta que las cosas han cambiado; ya no nos sentimos tan protegidos, seguros, acompañados ni tan soñadores en ese lugar. Y nos convertimos en *homeless*.

---

[46] Milan Kundera. La Ignorancia. Tusquets Editores México. 2000.

Esta palabra—*homeless*—me gusta más en inglés que en su limitada traducción al español: desamparado. *Homeless* es quien está sin casa, quien no encuentra su hogar. En inglés tiene una connotación más amplia que la de desamparado. Por mucho tiempo pensé que mi casa estaría siempre en México. Pero varias cosas ocurrieron. Uno, la casa donde pasé mi infancia fue vendida. Dos, la ciudad de México se fue convirtiendo para mí, poco a poco, en un lugar ajeno. Y tres, fui formando nuevos lazos en Estados Unidos que me alejaron de mi casa en la ciudad de México.

Mis hijos me atornillan a Estados Unidos. Ambos nacieron en Miami y, aunque legalmente pueden ser considerados mexicanos y tener un pasaporte de México, sus existencias tienen poco o nada que ver con el país en que nació su padre. Y por lo tanto, como dice la canción que algún día interpretaron a dúo Facundo Cabral y Alberto Cortez, "no soy de aquí ni soy de allá."

A pesar de los afectos que me ligan a Estados Unidos, el regreso sigue siendo un tema central en mi vida. Y este, desde luego, es un tema viejo. Ulises, en *La Odisea*[47] de Homero, implora: ". . . deseo y anhelo continuamente irme a casa." Sin embargo, los "dañinos vientos" del norte le impiden a su barco dirigirse a Itaca y no puede regresar. Ulises estuvo 20 años por fuera de su casa.

El tema principal de *La Odisea* es el viaje, no el regreso a casa. "Durante 20 años no había pensado en otra cosa que en regresar," coincide Kundera en su análisis de Ulises. "Pero, una vez de vuelta, comprendió que su vida, la esencia misma de su vida, su centro, su tesoro, se encontraba fuera de Itaca, en sus veinte años de andanzas por el mundo." Y esa contradicción es la que vivimos muchos inmigrantes o refugiados, Kundera incluído. Deseamos o decimos que queremos regresar aunque, en el fondo, sospechamos que quizás nunca lo haremos. ¿Por qué? Porque no somos la misma persona que se fue; el viaje nos ha cambiado.

El irnos, además, marca distancias con los que se quedan que son difíciles de superar. Temo, por ejemplo, que mis hermanos nunca aca-

---

[47] Homero. La Odisea. Editorial Porrúa. México. 2000.

barán de entender exactamente por que me fui. Después de todo ellos decidieron quedarse y llevan una vida llena de satisfacciones. "Todo el mundo cree que nos marchamos para disfrutar de una vida más fácil," dice Kundera quien dejó la antigua Checolovaquia para refugiarse en Francia. "No saben lo difícil que es abrirte camino en un mundo ajeno."

Cuando platico con alguno de los más de 20 millones de personas de origen mexicano que viven en Estados Unidos no tengo que explicar lo complicado que fue salir adelante. Ellos también han pasado por lo mismo; es un valor entendido. En cambio, cuando regreso de visita a México, siempre hay quien me sugiere que yo escogí el camino fácil. Los que se quedaron, a veces, nos reprochan el habernos ido. Somos, como sugería Kundera, "el Gran Traidor." Desde su punto de vista, ellos sí son los que aguantaron; nosotros no.

Esa diferencia, en ocasiones, es infranqueable. Aunque no única de los mexicanos y checos. Estoy seguro de que los exiliados cubanos en Estados Unidos tendrán experiencias de rechazo e incomunicación muy similares cuando Cuba sea libre y regresen temporal o permanentemente a la isla.

Pero aunque no nos entiendan, los que estamos fuera seguimos siempre rememorando. "Los recuerdos se van si dejan de evocarse una y otra vez en las conversaciones entre amigos," dice Kundera. "Los agrupados en colonias de compatriotras se cuentan hasta la náusea las mismas historias que, así, pasan a ser inolvidables." No hay nada más cierto. Tengo muy frescas en mi memoria las intensas y nostálgicas pláticas que tuve en California y en la Florida con mis buenos amigos de México—José Luis, Angélica, Benito, María Amparo, Marco Bracamontes, Marco Mendoza, Sergio Saavedra, Miguel Angel Tristán . . .—y la manera en que la música y las comidas mexicanas nos regresaban con un mordisco o una estrofa al sur de la frontera. La nostalgia comienza en la boca y se extiende luego a los oídos para apoderarse, más tarde, de la mente.

"Todo el mundo se equivoca acerca del porvenir," sentenció el inmigrante checo en La Ignorancia. Y no soy la excepción. El año que planeaba estar fuera de México se convirtió en dos y ahora ya se extiende a los 20. Los mismos, curiosamente, que pasó Ulises fuera de Itaca y Gandhi en

Sudáfrica. ¿Serán los 20 años en el extranjero una frontera vital que imposibilita el regreso?

Existe, sin lugar a dudas, un punto en que ya no hay regreso. Y ese es cuando nuestra vida en un nuevo lugar es más intensa que los recuerdos alimentados por la nostalgia. Finalmente, la acumulación de experiencias en el extranjero hace que los recuerdos pierdan la enormidad que tenían al principio del exilio para convertirse en otro capítulo más de una odisea.

EN ESTADOS UNIDOS me volví más organizado o menos espontáneo, según cómo se vea. He tenido más éxito del que jamás pensé que podría conocer en México. Controlo, en lo posible, mi destino. He ganado lo suficiente como para asegurar que mis hijos tengan una vida material mejor que la que yo tuve. Ahorro por miedo a sufrir las carencias que tuve de adolescente.

Me aterra, por ejemplo, la posibilidad de volver a abrir la chequera, como en esos difíciles días en Los Ángeles, y darme cuenta de que apenas me alcanza para sobrevivir. Esa es una pesadilla que tengo, frecuentemente, con los ojos bien abiertos. Manejo el dinero de una forma muy conservadora, invirtiendo cada mes, ahorrando para los malos momentos y prefiero pecar de precavido que correr un riesgo a mediano plazo. Compro sólo lo que puedo pagar en efectivo y pago religiosamente, cada mes, mis dos únicas tarjetas de crédito. No le debo nada a nadie . . . salvo a los bancos que financian mis propiedades. Diversifico lo que tengo de manera triangular en acciones, dinero constante y sonante y bienes raíces; si una o dos de esas áreas falla, puedo apoyarme en la restante. Y me aseguro, en lo posible, que a nadie cercano le falte nada vital. Vivo, financieramente hablando, en total oposición a la percepción de fragilidad que tuve de niño y de adolescente. De hecho, manejo el dinero de manera tal que nunca, nunca, ni yo ni los míos sintamos la vulnerabilidad económica que marcó mi vida en México. Me preparo siempre para lo peor y, como en las comidas, el mejor bocado es para el final.

Tengo más cosas que antes—ya no las puedo cargar en dos manos como cuando llegué a Los Ángeles—pero mucho menos tiempo para disfrutarlas. Sí, tengo más—¿no es eso, acaso, parte del sueño americano?

Pero también soy más que cuando me fui. Y eso es lo importante; sé pararme cuando me caigo, sé caminar solo y puedo separar, con los ojos cerrados, lo superfluo y lo trivial de lo esencial.

Lo que no tengo resuelto es el asunto del regreso a México.

Estados Unidos es mi trinchera. Desde aquí parto para hacer mis reportajes y entrevistas en todo el continente y aquí regreso con la confianza de que nada me va a pasar por las preguntas incómodas que hice. Esta nación ha protegido la libertad de expresión como uno de sus valores principales en la primera enmienda de la Constitución. Y para un periodista como yo (que ha visto y experimentado todo tipo de censura, autocensura, presiones empresariales y gubernamentales en el resto del continente) es reconfortante poder realizar el trabajo con absoluta libertad. Estados Unidos es mi trinchera periodística y estoy sumamente agradecido. Sin embargo, muchas veces no siento a Estados Unidos como si fuera mi país. Todavía no.

Me ha albergado por dos décadas, me ha dado empleo, me ha ayudado a salir adelante profesional y económicamente, ha cuidado mi libertad de expresión y me ha dado mis mayores alegrías: mis dos hijos nacieron aquí. A la vez espero haber reciprocado con mi esfuerzo, con mis reportajes, con mi visión de lo que es ser latino e inmigrante, con mi ejemplo (y con mis impuestos, claro) a mejorar en lo posible el lugar donde vivo. Pero aún batallo con la idea de hacerlo mi único país.

Y no sé, todavía, si lo será algún día. Podría ser. Pero antes muchas cosas tendrían que ocurrir. Entre ellas el olvidarme para siempre de regresar a vivir a México.

Así como en un momento dado hubo cosas que me expulsaron de México y otras que me jalaron a Estados Unidos, ahora hay veces en que los roles se revierten. Hay días en que regresar a México me parece más atractivo e interesante que un retiro seguro en Estados Unidos. Pero tan pronto empiezo a explorar posibilidades, las dudas empiezan a revolotear. Estoy seguro que si regresara a México lo extrañaría más de lo que me permite mi vida en Miami, un lugar tan ajeno a él.

Además, el irme dejó heridas en otros. "¿Por qué te fuiste? ¿Por qué nos dejaste?" El nosotros se transformó en yo y ellos. Ellos —mis padres, hermanos, amigos, compañeros de trabajo y escuela—se quedaron en México. Yo me fuí. Y eso es lo que más nos separa.

Al menos una vez al año los Ramos organizamos reuniones familiares. Para mí eso es casi que el paraíso. Es un regreso a medias. Me pone en contacto con lo que dejé y con los que más quiero que me quieran. Y a mis hijos y a sus primos—todos dispersos entre Madrid, Miami, Saltillo y la ciudad de México—esas reuniones les dan una idea de continuidad y de pertenencia. Esos, para mí, son regresos de a poquito.

Hace poco, en la realización de un programa especial de televisión nadé el Río Bravo o el Río Grande, como se le dice en Estados Unidos; quería experimentar en carne propia los peligros que sufren los inmigrantes en su intento por llegar al norte. Sin embargo, el cruce lo hice al revés: del lado norteamericano al lado mexicano. Además, no lo crucé totalmente sino que me quedé exactamente en la mitad del río para evitar que los agentes de la Patrulla Fronteriza de Estados Unidos que me acompañaban en dos lanchas me metieran en problemas legales. Para mí, esa experiencia—en la mitad de dos países, con fuertes corrientes afectando mi dirección, temblando de frío y con muchas dificultades para mantenerme a flote por el peso de la ropa mojada—sigue cargada de simbolismo. Muchas veces así me siento, peleando por definirme.

O quizás todo esto es un dilema artificial e innecesario. Tal vez soy, al mismo tiempo, de los dos países: hecho en México y desarrollado en Estados Unidos. Es imposible darle un valor cuantitativo a experiencias tan emotivas. ¿De dónde soy más: de aquí o de allá? No hay forma de medirlo.

A nivel legal he tratado de resolver esta contradicción manteniendo mi pasaporte de México junto a mi tarjeta de residencia o *green card* de Estados Unidos. De esta manera no traiciono a nadie, aunque ciertamente mi posición puede exasperar a las almas más nacionalistas de ambas naciones. Pero es un balance legal que no corresponde a lo que estoy sintiendo.

Por ejemplo, después de los ataques terroristas del 11 de septiembre me sentí, como nunca antes, parte de Estados Unidos. A pesar de ser un inmigrante, predominó mi sentido de pertenencia en una nación atacada, dispuesta a no dejarse amenazar y con la determinación de salir adelante.

El futuro y el presente, en esos críticos momentos del otoño del 2001, fueron mucho más fuertes que mi lejano pasado.

Estados Unidos es uno de los pocos países del mundo que permite el hacerse ciudadano a quien, por voluntad, se lo propone. Eso es imposible en naciones como Alemania o Japón. Es decir, la esencia de la sociedad norteamericana es su tolerancia a la diversidad y su aceptación de los inmigrantes: toda familia en Estados Unidos tiene su origen en otro país. Pero quizás más fuerte que la tolerancia y la aceptación de los extranjeros, la característica que hace a este país único es la posibilidad de reinventar nuestras vidas. La autodeterminación —ese derecho de cada individuo de escoger su destino— es lo que hace especial a esta nación. Las historias de éxito del llamado "sueño americano" se repiten por miles y millones en pequeños pueblos y en metrópolis porque están sustentadas en el derecho que tenemos de hacer con nuestras vidas lo que se nos pegue en gana. La misma mujer que en una sociedad tradicional de Asia o África podría haber sido obligada a casarse sin su consentimiento, en Estados Unidos es absolutamente libre de escoger a su propia pareja. Y un periodista, como yo, que en América Latina probablemente habría terminado pobre, censurado, frustrado y presionado puede llegar muy satisfecho a la mitad de su vida en Estados Unidos con medio mundo recorrido y más de un par de aventuras reporteriles bajo el brazo. Estados Unidos me permitió reinventarme y siempre me preguntaré si habría podido hacer lo mismo en México.

Ahora bien, esto resuelve la cuestión de la identidad pero no el de la pertenencia. Lo que ocurre es que, también, estoy buscando mi casa, mi hogar. Un lugar donde me sienta totalmente a gusto, donde lo tenga todo. Donde no extrañe ni me extrañen, donde no me sienta extranjero ni recién llegado, donde siempre sea bienvenido, donde no me tenga que presentar a cada rato, donde pueda decir "nosotros" sin forzar la lengua, donde no tenga que explicar mi acento ni disculparme por mi forma de ser; donde pueda ser yo sin máscaras. Y no sé si algún día voy a encontrar mi casa.

Hay una parte de mi vida que he formado con voluntad, esfuerzo, ganas y una buena dosis de resistencia y rebeldía. Eso ha marcado mi destino. Pero esa parte—que se afinca en mi profesión y en mi pasión: el periodismo—no está completa. No he echado ancla y ando, muchas veces, sin rumbo.

Quizás—y me inquieta mucho el pensarlo—no tiene ningún sentido considerar el regreso a un sitio que sólo existe en mi mente. Regresar a Piedras Negras # 10, a la casa de mi infancia, es muy placentero . . . pero en sueños. Y tal vez esta búsqueda de casa—que en realidad es una búsqueda de balance y de paz interior—está destinada a fracasar porque nunca, ni de niño, supe quedarme quieto y cada vez que llego me quiero ir.

No he llegado. O, peor todavía, a lo mejor he llegado muchas veces y me he ido otras tantas. Soy, todavía, un periodista atravesando fronteras, un hombre frente al espejo, un inmigrante sin casa.